U0926943

Gonglu Gongcheng Shiyan Jiance Renyuan Kaoshi Yongshu

公路工程试验检测人员考试用书

Gonglu
公　路
（第二版）

交通运输部工程质量监督局
交通运输部职业资格中心　组织编写
和　松　主编

人民交通出版社

内 容 提 要

本书为交通运输部工程质量监督局和交通运输部职业资格中心组织编写并审定的《公路工程试验检测人员考试用书》之一，主要依据试验检测人员考试大纲有关“公路”部分规定的内容和范围进行编写。全书分为公路工程质量检验评定与验收鉴定、路用材料和公路路基路面现场试验检测三篇。第一篇共六章，内容包括工程质量评定，路基土石方工程，排水工程，挡土墙、防护及其他砌筑工程，路面工程，验收鉴定；第二篇共三章，内容包括沥青混合料，水泥混凝土，路面基层和基层材料；第三篇共十章，内容包括几何尺寸，压实度，平整度，强度及模量，承载能力，抗滑能力，渗水，错台，车辙，施工控制。本书的编写除强调重要规定和试验操作要点外，同时还务求使读者了解和掌握试验检测方法的基本原理，真正达到考试和实际操作相一致的效果。

本书主要作为公路工程试验检测人员考试用书，也可供相关专业技术人员和大专院校公路相关专业师生参考使用。

图书在版编目(CIP)数据

公路工程试验检测人员考试用书. 公路 / 交通运输部工程质量监督局，交通运输部职业资格中心组织编写. — 2版. — 北京 ：人民交通出版社，2012.3

ISBN 978-7-114-09678-5

Ⅰ. ①公… Ⅱ. ①交… ②交… Ⅲ. ①道路工程—试验—资格考试—自学参考资料②道路工程—检测—资格考试—自学参考资料 Ⅳ. ①U41

中国版本图书馆 CIP 数据核字(2012)第 039206 号

书　　名：公路工程试验检测人员考试用书　公路(第二版)

著 作 者：交通运输部工程质量监督局
交通运输部职业资格中心

责任编辑：曲　乐　郑蕉林

出版发行：人民交通出版社

地　　址：(100011)北京市朝阳区安定门外外馆斜街 3 号

网　　址：http://www.ccpress.com.cn

销售电话：(010)59757973

总 经 销：人民交通出版社发行部

经　　销：各地新华书店

印　　刷：北京盈盛恒通印刷有限公司

开　　本：787 × 1092　1/16

印　　张：16

字　　数：370 千

版　　次：2010 年 5 月　第 1 版　2012 年 3 月　第 2 版

印　　次：2013 年 4 月　第 2 版　第 7 次印刷　累计第 15 次印刷

书　　号：ISBN 978 - 7 - 114 - 09678 - 5

定　　价：40.00 元

(有印刷、装订质量问题的图书由本社负责调换)

《公路水运工程试验检测人员考试用书(第二版)》

编审委员会

主 任 委 员: 李彦武

副主任委员: 王树芳　张晓冰　杨利华

委　　　员: 何玉珊　朱光裕　李福普　和　松
韩文元　解先荣　陈建勋　徐满意
谭　华　章关永　李闯民　包左军
周福田　李洪斌　刘　鹏　关振军
王　蕊　王永红

序

工程试验检测贯穿于设计、施工、监理、验收、养护、维修等各个环节，已成为控制和评判工程质量的重要基础，对保证工程质量起着举足轻重的作用。工程试验检测对专业性、技术性、实际操作性要求高，而检测人员素质的高低直接影响到试验检测结果的准确性。特别是近年来，许多新技术、新材料在工程上的广泛应用，使得检测岗位更需要高素质的复合型人才。因此，为保证试验检测数据的公正、准确、可靠、有效，就必须有行之有效的制度来加强对试验检测从业人员的管理，不断提高试验检测从业人员水平。

交通运输部历来对工程试验检测工作十分重视。1998 年，颁布了《公路水运工程试验检测人员资质管理暂行办法》等一系列规章制度，强化对试验检测人员的管理。2003 年，印发了《关于公布已取消和改变管理方式的交通部行政审批项目后续监管措施的通知》，明确要求对公路水运工程试验检测人员实施从业标准管理。2005 年，颁布了《公路水运工程试验检测管理办法》，再次明确自 2007 年 11 月 31 日起，试验检测从业人员需通过业务考试方能上岗，随后我局印发了《公路水运工程试验检测人员考试办法》，全面开展公路水运工程试验检测人员业务考试。2009 年以来，我局会同部职业资格中心在全国范围内先后组织了四次公路水运工程试验检测人员过渡考试，共有约 32 万人参加考试。

试验检测从业人员的素质，决定着试验检测工作的质量和水平。组织实施试验检测从业人员的考试和继续教育，是提高试验检测人员业务能力和水平的有效途径。为此，我局会同部职业资格中心组织编写了《公路水运工程试验检测人员考试用书》。该套用书结合当前我国公路水运工程建设技术水平和国家、行业有关标准、规范的发展情况，紧扣 2012 年新版试验检测考试大纲要求，全面系统地介绍了公路水运工程试验检测基础理论和实用技术，可作为公路水运工程试验检测人员考试的复习指导用书，同时也适用于广大试验检测人员业务学习和继续教育，具有较强的实用性和可操作性，基本能满足公路水运工程试验检测工作的实际需要。

在该套用书的编写过程中，部职业资格中心精心组织，克服时间紧、任务重的困难，按时完成了编写任务；人民交通出版社为编写工作的完成提供了有力的保证；有关专家认真审查、严格把关，提出了很好的意见和建议。在此向他们表示衷心的感谢！

交通运输部工程质量监督局 李彦武

2012 年 3 月

出版说明

质量是工程的生命，试验检测是工程质量管理的重要手段。客观、准确、及时的试验检测数据，是工程实践的真实记录，是指导、控制和评定工程质量的科学依据。加强公路水运工程试验检测，充分发挥其在质量控制、评定中的重要作用，已成为公路水运工程质量管理的重要手段。

随着我国公路水运工程建设标准、规范体系的不断完善和试验检测技术的日益发展，对试验检测人员的职业能力和水平提出了更新、更高的要求。原交通部1998年以来陆续颁布了《公路水运工程试验检测人员资质管理暂行办法》、《公路水运工程试验检测管理办法》和《公路水运工程试验检测人员考试办法》等一系列规章制度，启动了公路水运工程试验检测人员从业资格管理。2007年，原交通部基本建设质量监督总站以省为单位组织了公路水运工程试验检测人员业务考试；2009年以来，交通运输部工程质量监督局会同交通运输部职业资格中心，在全国范围内先后组织了四次公路水运工程试验检测人员过渡考试。

为满足试验检测行业发展要求，并为试验检测人员考试提供复习参考，部质监局会同部职业资格中心组织编写了《公路水运工程试验检测人员考试用书》。本套考试用书内容丰富、系统、涵盖面广，每本用书内容相对独立、完整、自成体系，结合当前我国公路水运工程建设技术水平和国家、交通运输部有关标准、规范的发展情况，收录了当前公路水运工程试验检测的前沿理论和新技术。整套考试用书有理论，有基本操作讲解，有实例，全面系统地介绍了公路水运工程试验检测理论和实用技术。作为公路水运工程试验检测人员考试的复习指导用书，本套考试用书在编写时，紧密结合考试大纲要求，适用于广大试验检测人员全面系统地学习和掌握公路水运工程试验检测技术，具有较强的实用性和可操作性，基本能够满足公路水运工程试验检测工作的实际需要。

本套考试用书包括《公共基础》、《公路工程试验检测人员考试用书》、《水运工程试验检测人员考试用书》，共9册。

《公共基础》由解先荣主编，主要介绍公路水运工程试验检测发展概况、公路水运工程试验检测管理有关法律法规、试验检测基础知识等。

《公路工程试验检测人员考试用书》包括《材料》、《公路》、《桥梁》、《隧道》、《交通安全设施及机电工程》5册。《材料》由李福普、李闯民主编，内容包括土工试验、集料、水泥和水泥混凝土、沥青和沥青混合料、钢材以及土工合成材料等的试验检测。《公路》由和松主编，主要介绍公路工程质量检验评定和路基路面现场测试等。《桥梁》由何玉珊、章关永主编，主要介绍桥梁工程质量等级评定、桥梁工程结构常用仪器设备的性能和使用、桥梁静动力荷载试验等。《隧道》由陈建勋主编，主要介绍超前支护与围岩施工质量检查、开挖质量检测、施工监控量测、混凝土衬砌质量检测等内容。《交通安全设施及机电工程》由韩文元、包左军主编，主要介绍交通工程试验检测基础知识，交通管理设施、监控设施、通信设施、收费设施等的试验检测。

《水运工程试验检测人员考试用书》包括《材料》、《地基与基础》和《结构》3册。《材料》由谭华主编，主要从所用的工程部位、组批原则、取样方法、检验项目、试验设备、试验步骤、试验结果分析等环节详细阐述了水运工程常用材料的试验检测。《地基与基础》由徐满意、周福田主编，主要介绍土工基础知识、常用的土工试验方法、主要的原位测试方法、主要的地基处理方法和复合地基桩身质量检测等。《结构》由朱光裕主编，主要介绍混凝土结构力学及缺陷现场检测、结构与构件的静动力试验、桩的静荷载试验、基桩高应变动力检测、锚杆试验与检测技术等。

本套考试用书以国家和交通运输部颁发的有关法规及标准规范为依据，虽经全面审查和补充修改，但其中仍难免有不足之处，诚挚希望广大读者在学习使用过程中及时将发现的问题函告我们，以便进一步修改和补充。该套考试用书在编写过程中得到人民交通出版社和有关专家的大力支持，在此一并致谢。

交通运输部工程质量监督局
交通运输部职业资格中心
2012年3月

前　言

根据最新出版的《公路水运工程试验检测人员考试大纲》(2012年版)对各专业考试科目划分和要求掌握内容范围的规定和调整,为指导参加考试人员结合大纲学习与掌握相关知识,交通运输部工程质量监督局和交通运输部职业资格中心组织有关专家对《公路工程试验检测人员考试用书》进行了修订。该系列考试用书同时也可作为从事试验检测管理与操作的工程技术人员及高等院校相关专业在实际工作和教学中的参考用书。

本书为系列考试用书之一。本书的编写强调结合部颁现行标准和规程相应条款和有关规定,既对涉及工程质量和试验检测结果的关键指标和评定要求作出释义说明,更着重对试验方法中基本原理和测试操作步骤的要点进行详细解释。因此,本书本着严谨和实用的原则,务求加深使用者对标准规定的理解和加强实际操作能力,最终达到提高工程质量评定和试验检测能力的目的。

本书分为公路工程质量检验评定与验收鉴定、路用材料和公路路基路面现场试验检测三篇,其中公路工程质量检验评定与验收鉴定章节的内容根据《公路工程质量检验评定标准》(JTG F80/1—2004)和《公路工程竣(交)工验收办法实施细则》(交公路发〔2010〕65号)编写;路基路面现场试验检测章节的内容根据《路基路面现场测试规程》(JTG E60—2008)编写;另外,为使路用材料及现场试验检测中水泥混凝土强度的编写内容与材料用书保持一致,本书相关章节直接参考材料用书的内容编写。本书具体内容为:第一篇共六章,包括工程质量评定,路基土石方工程,排水工程,挡土墙、防护及其他砌筑工程,路面工程,验收鉴定;第二篇共三章,包括沥青混合料、水泥混凝土、路面基层和基层材料;第三篇共十章,包括几何尺寸、压实度、平整度、强度及模量、承载能力、抗滑能力、渗水、错台、车辙、施工控制。

全书由和松主编,参加编写的包括窦光武、张波等,其中,第二篇路用材料源自于李福普、李闯民主编的考试用书《材料》分册,编入本书时作了部分修改。在此还要感谢周绪利、马骉、张生辉、王练柱、闫秀萍、侯英等专家对编写本书提供的帮助。由于时间仓促及编者水平和经验有限,书中难免有缺陷或疏漏之处,恳请专家和本书使用者提出宝贵意见,以便以后修订和完善。

编　者

2012年3月

前　言

目　　录

第一篇　公路工程质量检验评定与验收鉴定

第二篇 路 用 材 料

第一篇

公路工程质量检验评定与验收鉴定

本篇内容依据《公路工程质量检验评定标准》(JTG F80/1—2004)(以下简称《检评标准》)和《公路工程竣(交)工验收办法实施细则》(交公路发〔2010〕65号)(以下简称《实施细则》)编写。该标准于2005年1月1日起正式执行。标准制定的目的是为了加强公路工程质量管理,统一公路工程质量检验标准和评定标准,保证工程质量。标准适用于四级及四级以上公路新建、改建工程的质量检验评定,其环保、机电工程部分按相应具体规定执行;标准还适用于公路工程施工单位、工程监理单位、建设单位、质量检测机构和质量监督部门对公路工程质量的管理、监控和检验评定。《实施细则》制定的目的是对工程质量、参建单位和建设项目进行综合评价,并对工程建设项目作出整体性综合评价。本篇分为工程质量评定,路基土石方工程,排水工程,挡土墙、防护及其他砌筑工程,路面工程,验收鉴定共六章,并根据《检评标准》的相关规定对各章节内容进行了介绍。

第一章 工程质量评定

第一节 一 般 规 定

我国公路建设项目应按照原交通部《公路建设监督管理办法》(部令 2000 第 8 号)中规定的基本建设程序实施。工程质量评定过程如下。

(1)建设单位应在施工准备阶段根据建设任务、施工管理和质量检验评定的需要,组织施工单位和监理单位按《检评标准》附录 A 将建设项目划分为单位工程、分部工程和分项工程。施工单位、工程监理单位应按相同的工程项目划分进行工程质量的监控和管理。

单位工程:在建设项目中,根据签订的合同,具有独立施工条件的工程。

分部工程:在单位工程中,应按结构部位、路段长度及施工特点或施工任务划分为若干个分部工程。

分项工程:在分部工程中,应按不同的施工方法、材料、工序及路段长度等划分为若干个分项工程。

(2)在工程项目的基础上,进行质量检验评分。工程质量检验评分以分项工程为单元,采用 100 分制进行。在分项工程评分的基础上,逐级计算各相应分部工程、单位工程、合同段和建设项目评分值。

(3)在工程质量检验评分的基础上,进行工程质量等级评定。工程质量等级评定分为合格与不合格,应按分项工程、分部工程、单位工程、合同段和建设项目逐级评定。

工程质量评定主要包括三个方面:项目划分、工程质量检验评分和工程质量等级评定。项目划分一般是指将建设项目划分为单位工程、分部工程和分项工程的过程。

第二节 工程质量评分

工程质量评分以分项工程为单元,采用 100 分制进行,在分项工程评分的基础上,按照《检评标准》中第 3.2 节的方法逐级计算各相应分部工程、单位工程、合同段和建设项目评分值。

1. 分项工程评分方法

分项工程质量检验内容包括基本要求、实测项目、外观鉴定和质量保证资料四个部分。只有在其使用的原材料、半成品、成品及施工工艺符合基本要求的规定,且无严重外观缺陷和质量保证资料真实并基本齐全时,才能对分项工程质量进行检验评定。

基本要求具有质量否决权,经检查基本要求不符合规定时,不得进行工程质量的检验和评定。

在《检评标准》中以"△"标识的实测项目为关键项目，关键项目是指分项工程中涉及结构安全和使用功能的实测项目。这些实测项目合格率不得低于90%(属于工厂加工制造的桥梁金属构件不低于95%，机电工程为100%)，且检测值不得超过规定极值，否则必须进行返工处理。

实测项目的规定极值是指任一单个检测值都不能突破的极限值，不符合要求时该实测项目为不合格。

分项工程值取决于实测项目得分值。实测项目得分值的确定主要有两种：合格率评分法和数理统计评分法，具体见实测项目计分部分。

《检评标准》中附录B至附录I和附录K所列方法都属于数理统计评定方法，用数理统计方法评定的实测项目都被列为关键项目，不符合要求时则该分项工程评为不合格。这些项目包括：路基路面压实度、水泥混凝土弯拉强度、水泥混凝土抗压强度、喷射混凝土抗压强度、水泥砂浆强度、半刚性基层和底基层材料、横向力系数。以上项目在评定时都应有计算书，体现数理统计方法评定过程，并按要求得出结果或结论。

分项工程计分应遵循以下规定：评分值满分为100分，按实测项目得分采用加权平均法计算。存在外观缺陷或资料不全时，须予减分。

$$\text{分项工程得分}=\frac{\sum[\text{检查项目得分}\times\text{权值}]}{\sum\text{检查项目权值}}$$

$$\text{分项工程评分值}=\text{分项工程得分}-\text{外观缺陷减分}-\text{资料不全减分}$$

(1)基本要求检查

分项工程所列基本要求，对施工质量优劣具有关键作用，应按基本要求对工程进行认真检查。经检查不符合基本要求规定时，不得进行工程质量的检验和评定。

(2)实测项目计分

对规定检查项目采用现场抽样方法，按照规定频率和下列计分方法对分项工程的施工质量直接进行检测计分。

《检评标准》中附录B至附录I和附录K所述指标都是用数理统计方法评定的项目，这些项目都应按相应的要求进行评定。

除按数理统计方法评定的项目以外，其他检查项目均应按照是否符合规定值进行评定，并按合格率计分。

规定值是指单点(组)测定值应达到或满足《检评标准》中规定的要求值。

$$\text{检查项目合格率}(\%)=\frac{\text{检查合格的点(组)数}}{\text{该检查项目的全部检查点(组)数}}\times100$$

$$\text{检查项目得分}=\text{检查项目合格率}\times100$$

(3)外观缺陷减分

对工程外表状况应逐项进行全面检查，如发现外观缺陷，应进行减分。对于较严重的外观缺陷，施工单位须采取措施进行整修处理。

(4)资料不全减分

分项工程的施工资料和图表残缺，缺乏最基本的数据，或有伪造涂改者，不予检验和评定。

资料不全者应予减分，减分幅度可按《检评标准》3.2.4 条所列各款逐款检查，视资料不全情况，每款减 1～3 分。

2. 分部工程和单位工程质量评分

《检评标准》附录 A 所列分项工程和分部工程区分为一般工程和主要（主体）工程，分别给以 1 和 2 的权值。进行分部工程和单位工程评分时，采用加权平均值计算法确定相应的评分值。

$$\text{分部(单位)工程评分值}=\frac{\sum[\text{分项(分部)工程评分值}\times\text{相应权值}]}{\sum\text{分项(分部)工程权值}}$$

3. 合同段和建设项目工程质量评分

合同段和建设项目工程质量评分值按现行《公路工程竣（交）工验收办法》计算。

4. 质量保证资料

施工单位应有完整的施工原始记录、试验数据、分项工程自查数据等质量保证资料，并进行整理分析，负责提交齐全、真实和系统的施工资料和图表。工程监理单位负责提交齐全、真实和系统的监理资料。质量保证资料应包括以下六个方面：

(1)所用原材料、半成品和成品质量检验结果；

(2)材料配比、拌和加工控制检验和试验数据；

(3)地基处理、隐蔽工程施工记录和大桥、隧道施工监控资料；

(4)各项质量控制指标的试验记录和质量检验汇总图表；

(5)施工过程中遇到的非正常情况记录及其对工程质量影响分析；

(6)施工过程中如发生质量事故，经处理补救后，达到设计要求的认可证明文件等。

第三节　工程质量等级评定

1. 分项工程质量等级评定

分项工程评分值不小于 75 分者为合格，小于 75 分者为不合格；机电工程、属于工厂加工制造的桥梁金属构件不小于 90 分者为合格，小于 90 分者为不合格。

评定为不合格的分项工程，经加固、补强或返工、调测，满足设计要求后，可以重新评定其质量等级，但计算分部工程评分值时按其复评分值的 90%计算。

2. 分部工程质量等级评定

所属各分项工程全部合格，则该分部工程评为合格；所属任一分项工程不合格，则该分部工程为不合格。

3. 单位工程质量等级评定

所属各分部工程全部合格，则该单位工程评为合格；所属任一分部工程不合格，则该单位工程为不合格。

4. 合同段和建设项目质量等级评定

合同段和建设项目所含单位工程全部合格，其工程质量等级为合格；所属任一单位工程不合格，则合同段和建设项目为不合格。

第四节　工程划分表

工程划分表见表 1-1。

工 程 划 分 表　　表 1-1

单位工程	分部工程	分项工程
路基工程（每10km或每标段）	路基土石方工程*①（1～3km 路段）②	土方路基*，石方路基*，软土地基*，土工合成材料处治层*等
	排水工程（1～3km路段）	管节预制，管道基础及管节安装*，检查（雨水）井砌筑*，土沟，浆砌排水沟*，盲沟，跌水，急流槽*，水簸箕，排水泵站等
	小桥及符合小桥标准的通道*，人行天桥，渡槽（每座）	基础及下部构造*，上部构造预制、安装或浇筑*，桥面*，栏杆，人行道等
	涵洞、通道（1～3km路段）	基础及下部构造*，主要构件预制、安装或浇筑*，填土，总体等
	砌筑防护工程（1～3km 路段）	挡土墙*，墙背填土，抗滑桩*，锚喷防护*，锥、护坡，导流工程，石笼防护等
	大型挡土墙*、组合式挡土墙*（每处）	基础*，墙身*，墙背填土，构件预制*，构件安装*，筋带，锚杆、拉杆，总体*等
路面工程（每10km或每标段）	路面工程（1～3km路段）*	底基层，基层*，面层*，垫层，联结层，路缘石，人行道，路肩，路面边缘排水系统等

注：①表内标注 * 号者为主要工程，评分时给以 2 的权值；不带 * 号者为一般工程，权值为 1。
②按路段长度划分的分部工程，高速公路、一级公路宜取低值，二级及二级以下公路可取高值。

第五节　路基、路面压实度评定

(1)路基和路面基层、底基层的压实度以重型击实标准为准。沥青层压实度以《沥青路面施工技术规范》(JTG F40—2004)的规定为准。

对于特殊干旱、潮湿地区或过湿土，以路基设计施工规范规定的压实度标准进行评定。

(2)标准密度应做平行试验，求其平均值作为现场检验的标准值。对于均匀性差的路基土质和路面结构层材料，应根据实际情况增补标准密度试验，求得相应的标准值，以控制和检验施工质量。

(3)路基、路面压实度以 1～3km 长的路段为检验评定单元，按《检评标准》各有关章节要求的检测频率进行现场压实度抽样检查，求算每一测点的压实度 K_i。细粒土现场压实度检查可以采用灌砂法或环刀法；粗粒土及路面结构层压实度检查可以采用灌砂法、水袋法或钻孔取样蜡封法。应用核子密度仪时，须经对比试验检验，确认其可靠性。

检验评定段的压实度代表值 K(算术平均值的下置信界限)为：

$$K=\bar{k}-\frac{t_\alpha}{\sqrt{n}}S\geqslant K_0 \tag{1-1}$$

式中：$\bar{k}$——检验评定段内测点压实度的平均值；

t_α——分布表中随测点数和保证率(或置信度 α)而变的系数,可见表 1-2,采用的保证率:高速公路、一级公路:基层、底基层为 99%,面层为 95%;其他公路:基层、底基层为 95%,面层为 90%;

S——检测值的标准差;

n——检测点数;

K_0——压实度标准值。

(4)路基、基层和底基层:

$K \geqslant K_0$,且单点压实度 K_i 全部大于或等于规定值减 2 个百分点时,评定路段的压实度合格率为 100%;当 $K \geqslant K_0$,且单点压实度全部大于或等于规定极值时,按测定值不低于规定值减 2 个百分点的测点数计算合格率。

$K < K_0$ 或某一单点压实度 K_i 小于规定极值时,该评定路段压实度为不合格,相应分项工程评为不合格。

(5)路堤施工段落短时,分层压实度应每点符合要求,且样本数不少于 6 个。

(6)沥青面层:当 $K \geqslant K_0$ 且全部测点大于或等于规定值减 1 个百分点时,评定路段的压实度合格率为 100%;当 $K \geqslant K_0$ 时,按测定值不低于规定值减 1 个百分点的测点数计算合格率。

$K < K_0$ 时,评定路段的压实度为不合格,相应分项工程评为不合格。

$t_\alpha/\sqrt{n}$ 值 表 1-2

n \ 保证率	99%	95%	90%	n \ 保证率	99%	95%	90%
2	22.501	4.465	2.176	21	0.552	0.376	0.289
3	4.021	1.686	1.089	22	0.537	0.367	0.282
4	2.270	1.177	0.819	23	0.523	0.358	0.275
5	1.676	0.953	0.686	24	0.510	0.350	0.269
6	1.374	0.823	0.603	25	0.498	0.342	0.264
7	1.188	0.734	0.544	26	0.487	0.335	0.258
8	1.060	0.670	0.500	27	0.477	0.328	0.253
9	0.966	0.620	0.466	28	0.467	0.322	0.248
10	0.892	0.580	0.437	29	0.458	0.316	0.244
11	0.833	0.546	0.414	30	0.449	0.310	0.239
12	0.785	0.518	0.393	40	0.383	0.266	0.206
13	0.744	0.494	0.376	50	0.340	0.237	0.184
14	0.708	0.473	0.361	60	0.308	0.216	0.167
15	0.678	0.455	0.347	70	0.285	0.199	0.155
16	0.651	0.438	0.335	80	0.266	0.186	0.145
17	0.626	0.423	0.324	90	0.249	0.175	0.136
18	0.605	0.410	0.314	100	0.236	0.166	0.129
19	0.586	0.398	0.305	>100	$\frac{2.3265}{\sqrt{n}}$	$\frac{1.6449}{\sqrt{n}}$	$\frac{1.2815}{\sqrt{n}}$
20	0.568	0.387	0.297				

第六节 水泥混凝土弯拉强度评定

1)混凝土弯拉强度试验方法。

应使用标准小梁法或钻芯劈裂法,试件使用标准方法制作,标准养生时间 28d。高速公路和一级公路每工作班制作 2～4 组:日进度大于 1 000m 取 4 组,大于等于 500m 取 3 组,小于 500m 取 2 组。其他公路每工作班制作 1～3 组:日进度大于 1 000m 取 3 组,大于等于 500m 取 2 组,小于 500m 取 1 组。每组 3 个试件的平均值作为一个统计数据。

2)混凝土弯拉强度的合格标准。

(1)试件组数大于 10 组时,平均弯拉强度合格判断式为:

$$f_{cs} \geqslant f_r + K\sigma \tag{1-2}$$

式中:f_{cs}——混凝土合格判定平均弯拉强度(MPa);

f_r——设计弯拉强度标准值(MPa);

K——合格判定系数,见表 1-3;

σ——强度标准差。

合格判定系数 K 表 表 1-3

试件组数 n	11～14	15～19	≥20
K	0.75	0.70	0.65

(2)当试件组数为 11～19 组时,允许有一组最小弯拉强度小于 $0.85f_r$,但不得小于$0.80f_r$。当试件组数大于 20 组时,其他公路允许有一组最小弯拉强度小于 $0.85f_r$,但不得小于 $0.75f_r$;高速公路和一级公路均不得小于 $0.85f_r$。

(3)试件组数等于或少于 10 组时,试件平均强度不得小于 $1.10f_r$,任一组强度均不得小于 $0.85f_r$。

3)当标准小梁合格判定平均弯拉强度 f_{cs} 和最小弯拉强度 f_{min} 中有一个不符合上述要求时,应在不合格路段每公里每车道钻取 3 个以上 ϕ150mm 的芯样,实测劈裂强度,通过各自工程的经验统计公式换算弯拉强度,其合格判定平均弯拉强度 f_{cs} 和最小值 f_{min} 必须合格,否则应返工重铺。

4)实测项目中,水泥混凝土弯拉强度评为不合格时相应分项工程评为不合格。

第七节 水泥混凝土抗压强度评定

1)对混凝土的强度,应制取试件检验其在标准养护条件下 28d 龄期的抗压极限强度。试件制取组数应符合下列规定:

(1)不同强度等级及不同配合比的混凝土,应分别制取试件,试件应在浇筑地点或拌和地点随机制取。

(2)浇筑一般体积的结构物(如基础、墩台等)时,每一单元结构物应制取 2 组。

(3)桩身混凝土抗压强度应符合设计规定、并按下列要求制取试件：每根钻孔桩至少应制取2组；桩长20m以上者不少于3组；桩径大、浇筑时间很长时，不少于4组。如换工作班时，每工作班应制取2组。

(4)连续浇筑大体积结构物混凝土时，每80～200m^{3}或每一工作班应制取2组。

(5)上部结构，主要构件长16m以下应制取1组，16～30m制取2组，31～50m制取3组，50m以上者不少于5组。小型构件每批或每一工作班应制取不少于2组。

(6)小型构筑物(小桥涵、挡土墙)每一座或每工作班制取不少于2组；当原材料和配合比相同，并由同一拌和站拌制时，可几座或几处合并制取2组。

(7)应根据施工需要，制取与结构物同条件养护的试件作为考核结构混凝土在拆模、出池、吊装、预施应力、承受荷载等阶段强度的依据。

2)水泥混凝土抗压强度的合格标准。

混凝土抗压强度应以标准条件下养护28d龄期试件的抗压强度进行评定，其合格条件如下：

(1)应以强度等级相同、龄期相同以及生产工艺条件和配合比相同的混凝土组成同一验收批，同一验收批的混凝土强度应以同批内所有各组标准尺寸试件的强度测定值(当为非标准尺寸试件时应进行强度换算)为代表值。

(2)大桥等重要工程及中小桥、涵洞工程的试件大于或等于10组时，应以数理统计方法按下述条件评定：

$$R_n - K_1 S_n \geqslant 0.9R \tag{1-3}$$

$$R_{\min} \geqslant K_2 R \tag{1-4}$$

式中：R_n——同批n组试件强度的平均值(MPa)；

n——同批混凝土试件组数；

S_n——同批n组试件强度的标准差(MPa)；当$S_n<0.06R$时，取$S_n=0.06R$；

R——混凝土设计强度等级(MPa)；

$R_{\min}$——n组试件中强度最低一组的值(MPa)；

K_1、K_2——合格判定系数，见表1-4。

K_1、K_2 的 值　　表1-4

n	10～14	15～24	≥25
K_1	1.70	1.65	1.60
K_2	0.9	0.85	

(3)中小桥及涵洞等工程，同批混凝土试件少于10组时，可用非统计方法按下述条件进行评定：

$$R_n \geqslant 1.15R \tag{1-5}$$

$$R_{\min} \geqslant 0.95R \tag{1-6}$$

3)实测项目中，水泥混凝土抗压强度评为不合格时相应分项工程为不合格。

第八节 喷射混凝土抗压强度评定

(1)喷射混凝土抗压强度系指在喷射混凝土板件上,切割制取边长为100mm的立方体试件,在标准养护条件下养生28d,用标准试验方法测得的极限抗压强度,乘以0.95的系数。

(2)双车道隧道每10延米,至少在拱脚部和边墙各取1组(3个)试件。

其他工程,每喷射50～100m^3混合料或小于50m^3混合料的独立工程,不得少于1组。

材料或配合比变更时需重新制取试件。

(3)喷射混凝土强度的合格标准。

①同批试件组数$n \geqslant 10$时:

试件抗压强度平均值不低于设计值;

任一组试件抗压强度不低于0.85设计值。

②同批试件组数$n<10$时:

试件抗压强度平均值不低于1.05设计值;

任一组试件抗压强度不低于0.9设计值。

(4)实测项目中,喷射混凝土抗压强度评为不合格时相应分项工程为不合格。

第九节 水泥砂浆强度评定

1)评定水泥砂浆的强度,应以标准养生28d的试件为准。试件为边长70.7mm的立方体。试件6个为1组,制取组数应符合下列规定:

(1)不同强度等级及不同配合比的水泥砂浆应分别制取试件,试件应随机制取,不得挑选。

(2)重要及主体砌筑物,每工作班制取2组。

(3)一般及次要砌筑物,每工作班可制取1组。

(4)拱圈砂浆应同时制取与砌体同条件养生试件,以检查各施工阶段强度。

2)水泥砂浆强度的合格标准。

(1)同强度等级试件的平均强度不低于设计强度等级。

(2)任意一组试件的强度最低值不低于设计强度等级的75%。

3)实测项目中,水泥砂浆强度评为不合格时相应分项工程为不合格。

第十节 半刚性基层和底基层材料强度评定

(1)半刚性基层和底基层材料强度,以规定温度下保湿养生6d、浸水1d后的7d无侧限抗压强度为准。

(2)在现场按规定频率取样,按工地预定达到的压实度制备试件。每2 000m^2或每工作班制备1组试件:

$l_v \leqslant 10\%$时,可为6个试件;

l_v为10%～15%时,可为9个试件;

$l_v>15\%$时，可为13个试件。

(3)试件的平均强度R应满足下式要求：

$$R \geqslant \frac{R_d}{(1-Z_\alpha C_V)} \tag{1-7}$$

式中：R_d——设计抗压强度(MPa)；

C_V——试验结果的偏差系数(以小数计)；

Z_α——标准正态分布表中随保证率而变的系数。高速、一级公路：保证率95%，$Z_\alpha=1.645$。其他公路：保证率90%，$Z_\alpha=1.282$。

(4)评定路段内半刚性材料强度评为不合格时相应分项工程为不合格。

第十一节　路面结构层厚度评定

(1)评定路段内路面结构层厚度按代表值和单个合格值的允许偏差进行评定。

(2)按规定频率，采用挖验或钻取芯样测定厚度。

(3)厚度代表值为厚度的算术平均值的下置信界限值，即：

$$X_L = \overline{X} - \frac{t_\alpha}{\sqrt{n}} S \tag{1-8}$$

式中：X_L——厚度代表值(算术平均值的下置信界限)；

$\overline{X}$——厚度平均值；

S——标准差；

n——检查数量；

t_α——t分布表中随测点数和保证率(或置信度α)而变的系数，可查表1-2。采用的保证率：高速、一级公路：基层、底基层为99%，面层为95%；其他公路：基层、底基层为95%，面层为90%。

(4)当厚度代表值大于等于设计厚度减去代表值允许偏差时，则按单个检查值的偏差不超过单点合格值来计算合格率；当厚度代表值小于设计厚度减去代表值允许偏差时，相应分项工程评为不合格。

代表值和单点合格值的允许偏差见各节实测项目表。

(5)沥青面层一般按沥青铺筑层总厚度进行评定，高速公路和一级公路分2～3层铺筑时，还应进行上面层厚度检查和评定。

第十二节　路基、柔性基层、沥青路面弯沉值评定

(1)弯沉值用贝克曼梁或自动弯沉仪测量。每一双车道评定路段(不超过1km)检查80～100个点，多车道公路必须按车道数与双车道之比，相应增加测点。

(2)弯沉代表值为弯沉测量值的上波动界限，用下式计算：

$$l_r = \bar{l} + Z_\alpha S \tag{1-9}$$

式中：l_r——弯沉代表值(0.01mm)；

$\bar{l}$——实测弯沉的平均值；

S——标准差；

Z_α——与要求保证率有关的系数，见表 1-5。

Z_α 值 表 1-5

层　位	Z_α	
	高速公路、一级公路	二级、三级公路
沥青面层	1.645	1.5
路基、柔性基层	2.0	1.645

(3)当路基和柔性基层、底基层的弯沉代表值不符合要求时，可将超出 $\bar{l}\pm(2\sim3)S$ 的弯沉特异值舍弃，重新计算平均值和标准差。对舍弃的弯沉值大于 $\bar{l}+(2\sim3)S$ 的点，应找出其周围界限，进行局部处理。

用两台弯沉仪同时进行左右轮弯沉值测定时，应按两个独立测点计，不能采用左右两点的平均值。

(4)弯沉代表值大于设计要求的弯沉值时相应分项工程为不合格。

(5)测定时的路表温度对沥青面层的弯沉值有明显影响，应进行温度修正。当沥青层厚度小于或等于 50mm 时，或路表温度在 20℃±2℃范围内，可不进行温度修正。

若在非不利季节测定时，应考虑季节影响系数。

第十三节　路面横向力系数评定

(1)评定路段内的路面横向力系数按 SFC 的设计或验收标准值进行评定。

(2)SFC 代表值为 SFC 算数平均值的下置信界限值，即：

$$\mathrm{SFC_r} = \overline{\mathrm{SFC}} - \frac{t_\alpha}{\sqrt{n}} S \tag{1-10}$$

式中：$\mathrm{SFC_r}$——SFC 代表值；

$\overline{\mathrm{SFC}}$——SFC 平均值；

S——标准差；

n——采集数据样本数量；

t_α——t 分布表中随测点数和保证率(或置信度 α)而变的系数，可查表 1-2。采用的保证率：高速公路、一级公路为 95%；其他公路为 90%。

(3)当 SFC 代表值不小于设计或验收标准时，以所有单个 SFC 值统计合格率；当 SFC 代表值小于设计或标准值时，相应分项工程评为不合格。

第二章

路基土石方工程

第一节　一 般 规 定

土方路基和石方路基的实测项目技术指标的规定值或允许偏差按高速公路、一级公路和其他公路(指二级及以下公路)两档设定,其中土方路基压实度按高速公路和一级公路、二级公路、三四级公路三档设定。

土方路基和石方路基实测项目的检查频率,如果检查路段以延米计时,则为双车道公路每一检查段内的最低检查频率;多车道公路必须按车道数与双车道之比,相应增加检查数量。

路基压实度须分层检测,并符合本书第一章第五节规定。路基其他检查项目均在路基顶面进行检查测定。

路肩工程可作为路面工程的一个分项工程进行检查评定。

服务区停车场、收费广场的土方工程压实标准可按土方路基要求进行监控。

第二节　土 方 路 基

一、土方路基的基本要求

(1)在路基用地和取土坑范围内,应清除地表植被、杂物、积水、淤泥和表土,处理坑塘,并按规范和设计要求对基底进行压实。

(2)路基填料应符合规范和设计的规定,经认真调查、试验后合理选用。

(3)填方路基须分层填筑压实,每层表面平整,路拱合适,排水良好。

(4)施工临时排水系统应与设计排水系统结合,避免冲刷边坡,勿使路基附近积水。

(5)在设定取土区内合理取土,不得滥开滥挖。完工后应按要求对取土坑和弃土场进行修整,保持合理的几何外形。

二、土方路基的实测项目

土方路基实测项目见表 2-1。

三、土方路基的外观鉴定要求

(1)路基表面平整,边线直顺,曲线圆滑。不符合要求时,单向累计长度每 50m 减 1～2 分。

土方路基实测项目 表 2-1

项次	检查项目			规定值或允许偏差			检查方法和频率	权值
				高速公路、一级公路	其他公路			
					二级公路	三、四级公路		
1△	压实度（%）	零填及挖方(m)	0～0.30	—	—	94	按本书第一章第五节检查 密度法：每 200m 每压实层测 4 处	3
			0～0.80	≥96	≥95	—		
		填方（m）	0～0.80	≥96	≥95	≥94		
			0.80～1.50	≥94	≥94	≥93		
			＞1.50	≥93	≥92	≥90		
2△	弯沉（0.01mm）			不大于设计要求值			按本书第一章第十二节检查	3
3	纵断高程（mm）			+10，−15	+10，−20		水准仪：每 200m 测 4 断面	2
4	中线偏位（mm）			50	100		经纬仪：每 200m 测 4 点，弯道加 HY、YH 两点	2
5	宽度(mm)			符合设计要求			米尺：每 200m 测 4 处	2
6	平整度（mm）			15	20		3m 直尺：每 200m 测 2 处×10 尺	2
7	横坡(%)			±0.3	±0.5		水准仪：每 200m 测 4 个断面	1
8	边坡			符合设计要求			尺量：每 200m 测 4 处	1

注：①表列压实度以重型击实试验法为准，评定路段内的压实度平均值下置信界限不得小于规定标准，单个测定值不得小于极值（表列规定值减 5 个百分点）。不小于表列规定值 2 个百分点的测点，按其数量占总检查点的百分率计算减分值。

②采用核子仪检验压实度时应进行标定试验，确认其可靠性。

③特殊干旱、特殊潮湿地区或过湿土路基，可按路基设计、施工规范所规定的压实度标准进行评定。

④三级、四级公路铺筑沥青混凝土或水泥混凝土路面时，其路基压实度应采用二级公路标准。

(2)路基边坡坡面平顺、稳定，不得亏坡，曲线圆滑。不符合要求时，单向累计长度每 50m 减 1～2 分。

(3)取土坑、弃土堆、护坡道、碎落台的位置适当，外形整齐、美观，防止水土流失。不符合要求时，每处减 1～2 分。

第三节 石 方 路 基

一、石方路基的基本要求

(1)石方路堑的开挖宜采用光面爆破法。爆破后应及时清理险石、松石，确保边坡安全、稳定。

(2)修筑填石路堤时应进行地表清理,逐层水平填筑石块,摆放平稳,码砌边部。填筑层厚度及石块尺寸应符合设计和施工规范规定,填石空隙用石渣、石屑嵌压稳定。上、下路床填料和石料最大尺寸应符合规范规定。采用振动压路机分层碾压,压至填筑层顶面石块稳定,20t以上压路机振压两遍无明显高程差异。

(3)路基表面应整修平整。

二、石方路基的实测项目

石方路基的实测项目见表 2-2。

石方路基实测项目 表 2-2

项次	检查项目		规定值或允许偏差		检查方法和频率	权值
			高速公路、一级公路	其他公路		
1△	压实		层厚和碾压遍数符合要求		查施工记录	3
2	纵断高程(mm)		+10,-20	+10,-30	水准仪:每 200m 测 4 个断面	2
3	中线偏位(mm)		50	100	经纬仪:每 200m 测 4 点,弯道加 HY、YH 两点	2
4	宽度(mm)		符合设计要求		米尺:每 200m 测 4 处	2
5	平整度(mm)		20	30	3m 直尺:每 200m 测 2 处×10 尺	2
6	横坡(%)		±0.3	±0.5	水准仪:每 200m 测 4 个断面	1
7	边坡	坡度	符合设计要求		每 200m 抽查 4 处	1
		平顺度	符合设计要求			

注:土石混填路基压实度或固体体积率可根据实际可能进行检验,其他检测项目与石方路基相同。

三、石方路基的外观鉴定

(1)上边坡不得有松石。不符合要求时,每处减 1~2 分。

(2)路基边线直顺,曲线圆滑。不符合要求时,单向累计长度每 50m 减 1~2 分。

第四节 软土地基处治

一、软土地基处治的基本要求

(1)换填地基的填筑压实要求同本章第二节土方路基。

(2)砂垫层:砂的规格和质量必须符合设计要求和规范规定;适当洒水,分层压实;砂垫层宽度应宽出路基边脚 0.5~1.0m,两侧端以片石护砌;砂垫层厚度及其上铺设的反滤层应符合设计要求。

(3)反压护道:填筑材料、护道高度、宽度应符合设计要求,压实度不低于90%。

(4)袋装砂井、塑料排水板:砂的规格、质量、砂袋织物质量和塑料排水板质量必须符合设计要求;砂袋和塑料排水板下沉时不得出现扭结、断裂等现象;井(板)底高程必须符合设计要求,其顶端必须按规范要求伸入砂垫层。

(5)碎石桩:碎石材料应符合设计要求;应严格按试桩结果控制电流和振冲器的留振时间;分批加入碎石,注意振密挤实效果,防止发生"断桩"或"颈缩桩"。

(6)砂桩:砂料应符合规定要求;砂的含水率应根据成桩方法合理确定;应确保桩体连续、密实。

(7)粉喷桩:水泥应符合设计要求;根据成桩试验确定的技术参数进行施工;严格控制喷粉时间、停粉时间和水泥喷入量,不得中断喷粉,确保粉喷桩长度;桩身上部范围内必须进行二次搅拌,确保桩身质量;发现喷粉量不足时,应整桩复打;喷粉中断时,复打重叠孔段应大于1m。

(8)软土地基上的路堤,应在施工过程中进行沉降观测和稳定性观测,并根据观测结果对路堤填筑速率和预压期等做出必要调整。

二、软土地基处治的实测项目

软土地基处治的实测项目见表2-3~表2-6。

砂垫层实测项目 表2-3

项次	检 查 项 目	规定值或允许偏差	检查方法和频率	权值
1△	砂垫层厚度	不小于设计值	每200m检查4处	3
2	砂垫层宽度	不小于设计值	每200m检查4处	1
3	反滤层设置	符合设计要求	每200m检查4处	1
4	压实度(%)	90	每200m检查4处	2

袋装砂井、塑料排水板实测项目 表2-4

项次	检 查 项 目	规定值或允许偏差	检查方法和频率	权值
1	井(板)间距(mm)	±150	抽查2%	2
2△	井(板)长度	不小于设计值	查施工记录	3
3	竖直度(%)	1.5	查施工记录	2
4	砂井直径(mm)	+10,-0	挖验2%	1
5	灌砂量(%)	-5	查施工记录	2

碎石桩(砂桩)实测项目 表2-5

项次	检 查 项 目	规定值或允许偏差	检查方法和频率	权值
1	桩距(mm)	±150	抽查2%	1
2	桩径(mm)	不小于设计值	抽查2%	2
3△	桩长(m)	不小于设计值	查施工记录	3
4	竖直度(%)	1.5	查施工记录值	2
5	灌石(砂)量	不小于设计值	查施工记录	2

粉喷桩实测项目　　表 2-6

项次	检查项目	规定值或允许偏差	检查方法和频率	权值
1	桩距（mm）	±100	抽查 2%	1
2	桩径（mm）	不小于设计值	抽查 2%	2
3△	桩长（m）	不小于设计值	查施工记录	3
4	竖直度（%）	1.5	查记工记录	1
5	单桩喷粉量	符合设计要求	查施工记录	3
6	强度（kPa）	不小于设计值	抽查 5%	3

第五节　土工合成材料处治层

土工合成材料处治层的基本要求：

(1)土工合成材料质量应符合设计要求，无老化，外观无破损，无污染。

(2)土工合成材料应紧贴下承层，按设计和施工要求铺设、张拉、固定。

(3)土工合成材料的接缝搭接、黏结强度和长度应符合设计要求，上、下层土工合成材料搭接缝应交替错开。

第三章

排水工程

第一节 一般规定

排水工程应按设计要求及施工规范的要求施工，依照实际地形，选择合适的位置，将地面水和地下水排出路基以外。

本章第五节和第六节包括边沟、截水沟、排水沟等。

跌水、急流槽、水簸箕等其他排水工程可按照本章第六节的标准进行评定。

路面拦水带纳入路缘石分项工程，排水基层可按照第五章的标准进行评定。

沟槽回填土应符合设计要求及施工规范的规定。

排水泵站明开挖基础可按照《检评标准》中第8章的标准进行评定。

钢筋混凝土构件包含钢筋加工及安装分项工程，预应力混凝土构件包括预应力钢筋的加工和张拉分项工程。

第二节 管节预制

一、管节预制的基本要求

(1)所用的水泥、砂、石、水、外加剂和掺合料的质量规格应符合有关规范的要求，按规定的配合比施工。

(2)混凝土应符合耐久性(抗冻、抗渗、抗侵蚀) 等设计要求。

(3)不得出现露筋和空洞现象。

二、管节预制的实测项目

管节预制的实测项目，见表3-1。

管节预制实测项目 表3-1

项次	检查项目	规定值或允许偏差	检查方法和频率	权值
1△	混凝土强度(MPa)	在合格标准内	按本书第一章第七节检查	3
2	内径(mm)	不小于设计值	尺量:2个断面	2
3	壁厚(mm)	不小于设计壁厚−3	尺量:2个断面	2
4	顺直度	矢度不大于0.2%管节长	沿管节拉线量，取最大矢高	1
5	长度(mm)	+5，−0	尺量	1

三、管节预制的外观鉴定

(1)蜂窝麻面面积不得超过该面面积的1%。不符合要求时,每超过1%减3分;深度超过1cm的必须处理。

(2)混凝土表面平整。不符合要求时减1～2分。

第三节　管道基础及管节安装

一、管道基础及管节安装的基本要求

(1)管材必须逐节检查,不得有裂缝、破损。

(2)基础混凝土强度达到5MPa以上时,方可进行管节铺设。

(3)管节铺设应平顺、稳固,管底坡度不得出现反坡,管节接头处流水面高差不得大于5mm。管内不得有泥土、砖石、砂浆等杂物。

(4)管道内的管口缝,当管径大于750mm时,应在管内作整圈勾缝。

(5)管口内缝砂浆平整密实,不得有裂缝、空鼓现象。

(6)抹带前,管口必须洗刷干净,管口表面应平整密实,无裂缝现象。抹带后应及时覆盖养生。

(7)设计中要求防渗漏的排水管须做渗漏试验,渗漏量应符合要求。

二、管道基础及管节安装的实测项目

具体实测项目,见表3-2。

管道基础及管节安装实测项目　　表3-2

项次	检查项目		规定值或允许偏差	检查方法和频率	权值
1△	混凝土抗压强度或砂浆强度(MPa)		在合格标准内	按本书第一章第七节、第九节检查	3
2	管轴线偏位(mm)		15	经纬仪或拉线:每两井间测3处	2
3	管内底高程(mm)		±10	水准仪:每两井间测2处	2
4	基础厚度(mm)		不小于设计值	尺量:每两井间测3处	1
5	管座	肩宽(mm)	+10,−5	尺量、挂边线:每两井间测2处	1
		肩高(mm)	±10		
6	抹带	宽度	不小于设计值	尺量:按10%抽查	2
		厚度	不小于设计值		

三、管道基础及管节安装的外观鉴定

(1)管道基础混凝土表面平整密实,侧面蜂窝不得超过该表面积的1%,深度不超过10mm。不符合要求时,减1～3分。

(2)管节铺设直顺,管口缝带圈平整密实,无开裂脱皮现象。不符合要求时,每处减 1~2 分。

(3)抹带接口表面应密实光洁,不得有间断和裂缝、空鼓。不符合要求时,每处减 1~2 分。

第四节 检查(雨水)井砌筑

一、检查(雨水)井砌筑的基本要求

(1)井基混凝土强度达到 5MPa 时,方可砌筑井体。

(2)砌筑砂浆配合比准确,井壁砂浆饱满,灰缝平整。圆形检查井内壁应圆顺,抹面密实光洁,踏步安装牢固。

(3)井框、井盖安装必须平稳,井口周围不得有积水。

二、检查(雨水)井砌筑的实测项目

具体实测项目,见表 3-3。

检查(雨水)井砌筑实测项目 表 3-3

项次	检查项目	规定值或允许偏差		检查方法和频率	权值
1△	砂浆强度(MPa)	在合格标准内		按本书第一章第九节检查	3
2	轴线偏位(mm)	50		经纬仪:每个检查井检查	1
3	圆井直径或方井长、宽(mm)	±20		尺量:每个检查井检查	1
4	井底高程(mm)	±15		水准仪:每个检查井检查	1
5	井盖与相邻路面高差(mm)	雨水井	+0,-4	水准仪、水平尺:每个检查井检查	2
		检查井	+4,-0		

三、检查(雨水)井砌筑的外观鉴定

(1)井内砂浆抹面无裂缝。不符合要求时,减 1~2 分。

(2)井内平整圆滑,收分均匀。不符合要求时,减 1~2 分。

第五节 土 沟

一、土沟的基本要求

(1)土沟边坡必须平整、坚实、稳定,严禁贴坡。

(2)沟底应平顺整齐,不得有松散土和其他杂物,排水畅通。

二、土沟的实测项目

具体实测项目,见表 3-4。

土 沟 实 测 项 目　　表 3-4

项次	检 查 项 目	规定值或允许偏差	检查方法和频率	权值
1	沟底高程 (mm)	+0,−30	水准仪:每 200m 测 4 处	2
2	断面尺寸 (mm)	不小于设计值	尺量:每 200m 测 2 处	2
3	边坡坡度	不陡于设计值	尺量:每 200m 测 2 处	1
4	边棱直顺度 (mm)	50	尺量:20m 拉线,每 200m 测 2 处	1

三、土沟的外观鉴定

沟底无明显凹凸不平和阻水现象。不符合要求时,每处减 1～2 分。

第六节　浆砌排水沟

一、浆砌排水沟的基本要求

(1)砌体砂浆配合比准确,砌缝内砂浆均匀饱满,勾缝密实。

(2)浆砌片(块)石、混凝土预制块的质量和规格应符合设计要求。

(3)基础缩缝应与墙身缩缝对齐。

(4)砌体抹面应平整、压光、直顺,不得有裂缝、空鼓现象。

二、浆砌排水沟的实测项目

具体实测项目,见表 3-5。

浆砌排水沟实测项目　　表 3-5

项 次	检 查 项 目	规定值或允许偏差	检查方法和频率	权值
1△	砂浆强度 (MPa)	在合格标准内	按本书第一章第九节检查	3
2	轴线偏位 (mm)	50	经纬仪或尺量:每 200m 测 5 处	1
3	沟底高程 (mm)	±15	水准仪:每 200m 测 5 点	2
4	墙面直顺度 (mm)或坡度	30 或符合设计要求	20m 拉线、坡度尺:每 200m 测 2 处	1
5	断面尺寸 (mm)	±30	尺量:每 200m 测 2 处	2
6	铺砌厚度 (mm)	不小于设计值	尺量:每 200m 测 2 处	1
7	基础垫层宽、厚 (mm)	不小于设计值	尺量:每 200m 测 2 处	1

三、浆砌排水沟的外观鉴定

(1)砌体内侧及沟底应平顺。不符合要求时,减 1～2 分。

(2)沟底不得有杂物。不符合要求时,减 1～2 分。

第七节 盲 沟

一、盲沟的基本要求

(1)盲沟的设置及材料规格、质量等应符合设计要求和施工规范规定。

(2)反滤层应用筛选过的中砂、粗砂、砾石等渗水性材料分层填筑。

(3)排水层应采用石质坚硬的较大粒料填筑,以保证排水空隙度。

二、盲沟的实测项目

具体实测项目,见表3-6。

盲沟实测项目 表3-6

项次	检查项目	规定值或允许偏差	检查方法和频率	权值
1	沟底高程(mm)	±15	水准仪:每10~20m测1处	1
2	断面尺寸(mm)	不小于设计值	尺量:每20m测1处	1

三、外观鉴定

(1)反滤层应层次分明。不符合要求时,减1~2分。

(2)进出水口应排水通畅。不符合要求时,减1~2分。

第八节 排 水 泵 站

一、排水泵站的基本要求

(1)地基应具有足够的承载能力,不应扰动基底土壤。

(2)井壁混凝土应密实,混凝土强度达到合格标准后方可进行下沉。

(3)沉井下沉过程中,应随时注意正位,发现偏位及倾斜时须及时纠正。

(4)沉井封底应密实不漏水。

(5)水泵、管及管件应安装牢固,位置正确。

二、排水泵站的关键项目

具体实测项目,见表3-7。

排水泵站(沉井)关键项目 表3-7

项次	检查项目	规定值或允许偏差	检查方法和频率	权值
1△	混凝土强度(MPa)	在合格标准内	按本书第一章第七节检查	2

第四章

挡土墙、防护及其他砌筑工程

第一节　一般规定

对砌体挡土墙，当平均墙高小于6m或墙身面积小于1 200m² 时，每处可作为分项工程进行评定；当平均墙高达到或超过6m且墙身面积不小于1 200m² 时，为大型挡土墙，每处应作为分部工程进行评定。

悬臂式和扶壁式挡土墙，桩板式、锚杆、锚碇板和加筋土挡土墙应作为分部工程进行评定。

丁坝、护岸可参照挡土墙的标准进行评定。

本章第十节可用于《检评标准》第8章及本章未列出名称的其他砌石构造物的评定。

钢筋混凝土结构或构件，均应包含钢筋加工及安装分项工程，其评定见《检评标准》第8.3节。

第二节　砌体挡土墙

一、砌体挡土墙的基本要求

(1)石料或混凝土预制块的强度、规格和质量应符合有关规范和设计要求。

(2)砂浆所用的水泥、砂、水的质量应符合有关规范的要求，按规定的配合比施工。

(3)地基承载力必须满足设计要求，基底无积水，基础埋置深度应满足施工规范要求。

(4)砌筑应分层错缝。浆砌时坐浆挤紧，嵌填饱满密实，不得有空洞；干砌时不得松动、叠砌和浮塞。

(5)沉降缝、泄水孔、反滤层的设置位置、质量和数量应符合设计要求。

二、砌体挡土墙的实测项目

砌体挡土墙的实测项目，见表4-1、表4-2。

砌体挡土墙实测项目　　表4-1

项次	检查项目	规定值或允许偏差	检查方法和频率	权值
1△	砂浆强度(MPa)	在合格标准内	按本书第一章第九节检查	3
2	平面位置(mm)	50	经纬仪：每20m检查墙顶外边线3点	1
3	顶面高程(mm)	±20	水准仪：每20m检查1点	1
4	竖直度或坡度(%)	0.5	吊垂线：每20m检查2点	1

续上表

项次	检查项目		规定值或允许偏差	检查方法和频率	权值
5△	断面尺寸（mm）		不小于设计值	尺量：每 20m 量 2 个断面	3
6	底面高程（mm）		±50	水准仪：每 20m 检查 1 点	1
7	表面平整度（mm）	块石	20	2m 直尺：每 20m 检查 3 处，每处检查竖直和墙长两个方向	1
		片石	30		
		混凝土块、料石	10		

干砌挡土墙实测项目 表 4-2

项次	检查项目	规定值或允许偏差	检查方法和频率	权值
1	平面位置(mm)	50	经纬仪：每 20m 检查 3 点	2
2	顶面高程(mm)	±30	水准仪：每 20m 测 3 点	2
3	竖直度或坡度(%)	0.5	尺量：每 20m 吊垂线检查 3 点	1
4△	断面尺寸(mm)	不小于设计值	尺量：每 20m 检查 2 处	2
5	底面高程(mm)	±50	水准仪：每 20m 测 1 点	2
6	表面平整度(mm)	50	2m 直尺：每 20m 检查 3 处，每处检查竖直和墙长两个方向	1

三、砌体挡土墙的外观鉴定

(1)砌体表面平整，砌缝完好、无开裂现象，勾缝平顺，无脱落现象。不符合要求时减 1～3 分。

(2)泄水孔坡度向外，无堵塞现象。不符合要求时必须进行处理，并减 1～3 分。

(3)沉降缝整齐垂直，上下贯通。不符合要求时必须进行处理，并减 1～3 分。

第三节 悬臂式和扶壁式挡土墙

一、悬臂式和扶壁式挡土墙的基本要求

(1)混凝土所用的水泥、石、砂、水和外掺剂的规格和质量应符合有关规范的要求，按规定的配合比施工。

(2)地基强度必须满足设计要求。

(3)不得有露筋和空洞现象。

(4)沉降缝、泄水孔的设置位置、质量和数量应符合设计要求。

二、悬臂式和扶壁式挡土墙的实测项目

具体实测项目见表 4-3。

悬臂式和扶壁式挡土墙实测项目 表 4-3

项次	检查项目	规定值或允许偏差	检查方法和频率	权值
1△	混凝土强度(MPa)	在合格标准内	按本书第一章第七节检查	3
2	平面位置(mm)	30	经纬仪:每 20m 检查 3 点	1
3	顶面高程(mm)	±20	水准仪:每 20m 检查 1 点	1
4	竖直度或坡度(%)	0.3	吊垂线:每 20m 检查 2 点	1
5△	断面尺寸(mm)	不小于设计值	尺量:每 20m 检查 2 个断面,抽查扶壁式 2 个	2
6	底面高程(mm)	±30	水准仪:每 20m 检查 1 点	1
7	表面平整度(mm)	5	2m 直尺:每 20m 检查 2 处	1

三、悬臂式和扶壁式挡土墙的外观鉴定

(1)混凝土施工缝平顺。不符合要求时减 1～2 分。

(2)蜂窝、麻面面积不得超过该面面积的 0.5%,不符合要求时,每超过 0.5%减 3 分;深度超过 1cm 的必须处理。

(3)混凝土表面出现非受力裂缝,减 1～3 分。裂缝宽度超过设计规定或设计未规定时超过 0.15mm 必须处理。

(4)泄水孔坡度向外,无堵塞现象。不符合要求时必须进行处理,并减 1～3 分。

(5)沉降缝整齐垂直,上下贯通。不符合要求时应进行处理,并减 1～3 分。

第四节 锚杆、锚碇板和加筋土挡土墙

一、锚杆、锚碇板和加筋土挡土墙的基本要求

(1)混凝土所用的水泥、砂、石、水和外掺剂的规格和质量必须符合有关规范的要求,按规定的配合比施工。

(2)地基强度应符合设计要求。

(3)锚杆、拉杆或筋带的强度、质量和规格,必须满足设计和有关规范的要求,根数不得少于设计数量。

(4)筋带须理顺,放平拉直,筋带与面板、筋带与筋带连接牢固。

(5)混凝土不得出现露筋和空洞现象。

二、锚杆、锚碇板和加筋土挡土墙的实测项目

基础和肋柱预制分别按《检评标准》中第 8.4、8.11 节有关规定检查。其他实测项目见表 4-4～表 4-8。

筋 带 实 测 项 目 表 4-4

项次	检 查 项 目	规定值或允许偏差	检查方法和频率	权值
1	筋带长度	不小于设计值	尺量:每 20m 检查 5 根(束)	2
2	筋带与面板连接	符合设计要求	目测:每 20m 检查 5 处	2
3	筋带与筋带连接	符合设计要求	目测:每 20m 检查 5 处	2
4	筋带铺设	符合设计要求	目测:每 20m 检查 5 处	1

锚杆、拉杆实测项目 表 4-5

项次	检 查 项 目	规定值或允许偏差	检查方法和频率	权值
1	锚杆、拉杆长度	符合设计要求	尺量:每 20m 检查 5 根	2
2	锚杆、拉杆间距(mm)	±20	尺量:每 20m 检查 5 根	1
3	锚杆、拉杆与面板连接	符合设计要求	目测:每 20m 检查 5 处	2
4	锚杆、拉杆防护	符合设计要求	目测:每 20m 检查 10 处	2
5△	锚杆抗拔力	抗拔力平均值≥设计值 最小抗拔力≥0.9 设计值	拔力试验:锚杆数 1%,且不少于 3 根	3

面板预制实测项目 表 4-6

项次	检 查 项 目	规定值或允许偏差	检查方法和频率	权值
1△	混凝土强度(MPa)	在合格标准内	按本书第一章第七节检查	3
2	边 长(mm)	±5 或 0.5%边长	尺量:长宽各量 1 次,每批抽查 10%	2
3	两对角线差(mm)	10 或 0.7%最大对角线长	尺量:每批抽查 10%	1
4△	厚 度(mm)	+5,−3	尺量:检查 2 处,每批抽查 10%	2
5	表面平整度(mm)	4 或 0.3%边长	2m 直尺:长、宽方向各测 1 次,每批抽查 10%	1
6	预埋件位置(mm)	5	尺量:检查每件,每批抽查 10%	1

面板安装实测项目 表 4-7

项次	检 查 项 目	规定值或允许偏差	检查方法和频率	权值
1	每层面板顶高程(mm)	±10	水准仪:每 20m 抽查 3 组板	1
2	轴线偏位(mm)	10	挂线、尺量:每 20m 量 3 处	2
3	面板竖直度或坡度	+0,−0.5%	吊垂线或坡度板:每 20m 量 3 点	1
4	相邻面板错台	5	尺量:面板交界处检查 3 点	1

注:面板安装以同层相邻两板为一组。

锚杆、锚碇板和加筋土挡土墙总体实测项目 表 4-8

项次	检查项目		规定值或允许偏差	检查方法和频率	权值
1	墙顶和肋柱平面位置(mm)	路堤式	+50,−100	经纬仪:每 20m 检查 3 处	2(2)
		路肩式	±50		
2	墙顶和柱顶高程(mm)	路堤式	±50	水准仪:每 20m 测 3 点	2(2)
		路肩式	±30		
3	肋柱间距		±15	尺量:每柱间	0(1)
4	墙面倾斜度(mm)		+0.5%H 且不大于+50,−1%H 且不小于−100	吊垂线或坡度板:每 20m 测 2 处	2(2)
5	面板缝宽(mm)		10	尺量:每 20m 至少检查 5 条	1(1)
6	墙面平整度(mm)		15	2m 直尺:每 20m 测 3 处	2(1)

注:①平面位置和倾斜度“+”指向外,“−”指向内。

②H 为墙高。

③括弧外是无肋柱挡土墙的权值,括弧内为肋柱挡土墙的权值。

三、锚杆、锚碇板和加筋土挡土墙外观鉴定

(1)预制面板表面平整光洁,线条顺直美观,不得有破损翘曲、掉角啃边等现象。不符合要求时减 1~2 分。

(2)蜂窝、麻面面积不得超过该面面积的 0.5%,不符合要求时,每超过 0.5%减 2 分;深度超过 1cm 的必须处理。

(3)混凝土表面出现非受力裂缝减 1~3 分。裂缝宽度超过设计规定或设计未规定时超过 0.15mm 必须进行处理。

(4)墙面直顺,线形顺适,板缝均匀,伸缩缝贯通垂直。不符合要求时减 1~3 分。

(5)露在面板外的锚头应封闭密实、牢固,整齐美观。不符合要求时减 1~5 分。

第五节 桩板式挡土墙

桩按《检评标准》第 8.5.4 条相关规定评定,面板预制及总体按本书第四节相关规定评定。

第六节 墙背填土

一、墙背填土的基本要求

(1)墙背填土应采用透水性材料或设计规定的填料,严禁采用膨胀土、高液限黏土、腐殖土、盐渍土、淤泥和冻土块。填料中不应含有机物、冰块、草皮、树根等杂物或生活垃圾。

(2)墙背填土必须和挖方路基、填方路基有效搭接,纵向接缝必须设台阶。

(3)必须分层填筑压实,每层表面平整,路拱合适。

(4)墙身强度达到设计强度75%以上时方可开始填土。

二、墙背填土的实测项目

除距面板1m范围以内压实度实测项目见表4-9外，其他部分填土和其他类型挡土墙填土的压实度要求均与路基相同。

锚杆、锚碇板和加筋土挡土墙墙背填土实测项目 表4-9

项次	检查项目	规定值或允许偏差	检查方法和频率	权值
1△	距面板1m范围以内压实度(%)	90	按本书第一章第五节检查，每100m每压实层测1处，并不得少于1处	1

三、墙背填土的外观鉴定

(1)填土表面应平整，边线直顺。不符合要求时减1～3分。

(2)边坡坡面平顺稳定，不得亏坡，曲线圆滑。不符合要求时减1～3分。

第七节 抗 滑 桩

一、抗滑桩的基本要求

(1)混凝土所用的水泥、砂、石、水和外掺剂的质量和规格，必须符合设计和有关规范的要求，按规定的配合比施工。

(2)施工中应核对滑动面位置，如图纸与实际位置有出入，应变更抗滑桩的深度。

(3)做好桩区地面截、排水及防渗，孔口地面上应加筑适当高度的围埂。

二、抗滑桩检测的关键项目(表4-10)

抗滑桩检测的关键项目 表4-10

项次	检查项目	规定值或允许偏差	检查方法和频率	权值
1△	混凝土强度(MPa)	在合格标准内	按本书第一章第七节检查	3
2△	桩长(m)	不小于设计值	测绳量：每桩测量	2
3△	孔径或断面尺寸(mm)	不小于设计值	探孔器：每桩测量	2

第八节 挖方边坡锚喷防护

一、挖方边坡锚喷防护的基本要求

(1)锚杆、钢筋和土工格栅的强度、数量、质量和规格必须符合设计和有关规范的要求。

(2)混凝土及砂浆所用的水泥、砂、石、水和外掺剂必须符合有关规范的要求，按规定的配合比施工。

(3)边坡坡度、坡面应符合设计要求。岩面应无风化、无浮石，喷射前必须用水冲洗。

(4)钢筋应清除污锈,钢筋网与锚杆或其他锚固装置连接牢固,喷射时钢筋不得晃动。

(5)锚杆插入锚孔深度不得小于设计长度的95%,孔内砂浆应密实、饱满。

(6)喷射前应做好排水设施,对漏水的空洞、缝隙应采取堵水措施,确保支护质量。

(7)钢筋、土工格栅或锚杆不得外露,混凝土不得开裂脱落。

(8)有关预应力锚索的基本要求见《检评标准》第8.3.2.1款,锚索非锚固段套管安装位置必须符合设计要求。

二、挖方边坡锚喷防护检测的关键项目(表4-11)

锚喷防护检测的关键项目　　表4-11

项次	检查项目	规定值或允许偏差	检查方法和频率	权值
1△	混凝土强度(MPa)	在合格标准内	按本书第一章第八节检查	3
2△	砂浆强度(MPa)	在合格标准内	按本书第一章第九节检查	3
3△	锚杆拔力(kN)	拔力平均值≥设计值,最小拔力≥0.9设计值	拔力试验:锚杆数1%,且不少于3根	3
4△	锚索张拉应力(MPa)	符合设计要求	油压表:每索由读数反算	3

注:实际工程中未涉及的项目不参与评定。

第九节　锥、护坡

一、锥、护坡的基本要求

(1)石料质量、规格应符合有关规定。砂浆所用的水泥、砂、水的质量应符合有关规范的要求,按规定的配合比施工。

(2)锥、护坡基础埋置深度及地基承载力应符合设计要求。

(3)砌体应咬扣紧密,嵌缝饱满密实。

(4)锥、护坡填土密实度应达到设计要求,对坡面刷坡整平后方可铺砌。

二、锥、护坡检测的关键项目(表4-12)

锥、护坡检测的关键项目　　表4-12

项次	检查项目	规定值或允许偏差	检查方法和频率	权值
1△	砂浆强度(MPa)	在合格标准内	按本书第一章第九节检查	3
2△	厚度(mm)	不小于设计值	尺量:每100m检查3处	2

第十节　砌石工程

一、砌石工程的基本要求

(1)石料质量、规格及砂浆所用材料的质量应符合设计要求,按规定的配合比设计。

(2)砌块应错缝砌筑、相互咬紧;浆砌时砌块应坐浆挤紧,嵌缝后砂浆饱满,无空洞现象;干砌时不松动、无叠砌和浮塞。

二、砌石工程的实测项目(表 4-13、表 4-14)

浆砌砌体实测项目　　表 4-13

项次	检查项目		规定值或允许偏差	检查方法和频率	权值
1△	砂浆强度(MPa)		在合格标准内	按本书第一章第九节检查	3
2	顶面高程(mm)	料、块石	±15	水准仪:每 20m 检查 3 点	1
		片石	±20		
3	竖直度或坡度	料、块石	0.3%	吊垂线:每 20m 检查 3 点	2
		片石	0.5%		
4△	断面尺寸(mm)	料石	±20	尺量:每 20m 检查 2 处	2
		块石	±30		
		片石	±50		
5	表面平整度(mm)	料石	10	2m 直尺:每 20m 检查 5 处	2
		块石	20		
		片石	30		

干砌片石实测项目　　表 4-14

项次	检查项目	规定值或允许偏差	检查方法和频率	权值
1	顶面高程(mm)	±30	水准仪:每 20m 测 3 点	1
2	外形尺寸(mm)	±100	尺量:每 20m 或自然段,长宽各 3 处	3
3△	厚度(mm)	±50	尺量:每 20m 检查 3 处	3
4	表面平整度(mm)	50	2m 直尺:每 20m 检查 5 处×3 尺	2

三、砌石工程的外观鉴定

(1)砌体边缘直顺,外露表面平整。不符合要求时减 1~3 分。

(2)勾缝平顺,缝宽均匀,无脱落现象。不符合要求时减 1~3 分。

第十一节　导流工程

一、导流工程的基本要求

(1)所用材料的规格和质量应符合有关规定。

(2)导流堤(坝)的基础埋置深度及地基承载力应符合设计要求。

二、导流工程检测的关键项目(表 4-15)

导流工程检测的关键项目　　表 4-15

项次	检 查 项 目	规定值或允许偏差	检查方法和频率	权值
1△	砂浆强度(MPa)	在合格标准内	按本书第一章第九节检查	3
2△	断面尺寸(mm)	不小于设计值	尺量:检查 5 处	2

第十二节　石 笼 防 护

石笼防护的基本要求：

(1)所用材料的规格和质量应符合有关规定。

(2)铁丝笼的网眼尺寸应符合设计要求。

(3)石笼的坐码或平铺应符合设计要求。

第五章

路 面 工 程

第一节　一 般 规 定

路面工程的实测项目规定值或允许偏差按高速公路、一级公路和其他公路(指二级及以下公路)两档设定。对于在设计和合同文件中提高了技术要求的二级公路,其工程质量检验评定按设计和合同文件的要求进行,但不应高于高速公路、一级公路的检验评定标准。

路面工程实测项目规定的检查频率为双车道公路每一检查段内的检查频率(按 m^2 或 m^3 或工作班设定的检查频率除外),多车道公路的路面各结构层均须按其车道数与双车道之比,相应增加检查数量。

路面基层和底基层按其材料组成划分为有结合料稳定类和无结合料稳定类。有结合料稳定类一般指:沥青稳定碎石,水泥土,水泥稳定粒料(碎石、砂砾或矿渣等)等;无结合料一般指:级配碎(砾)石、填隙碎石(矿渣)等。有结合料中按照稳定材料不同可分为无机结合料稳定和有机结合料稳定。无机结合料一般指石灰、粉煤灰、水泥等;有机结合料一般指沥青。

路面基层和底基层按其材料力学行为不同又可分为刚性、半刚性和柔性。刚性基层和底基层一般包括:贫混凝土、水泥混凝土和连续配筋混凝土等;半刚性基层和底基层一般包括:水泥土,水泥稳定粒料(碎石、砂砾或矿渣等),石灰土,石灰稳定粒料(碎石、砂砾或矿渣等),石灰、粉煤灰土,石灰、粉煤灰稳定粒料(碎石、砂砾或矿渣等)等;柔性基层和底基层一般包括:沥青稳定碎石、沥青贯入碎石、级配碎(砾)石、填隙碎石(矿渣)等。其中刚性基层一般适用于重交通或特重交通路面。

各类基层和底基层压实度代表值(平均值的下置信界限)不得小于规定代表值,单点不得小于规定极值。小于规定代表值 2 个百分点的测点,应按其占总检查点数的百分率计算合格率。

垫层的质量要求同相同材料的其他公路的底基层;联结层的质量要求同相应的基层或面层;中级路面的质量要求同相同材料的其他公路的基层。

路面表层平整度检查测定以自动或半自动的平整度仪为主,全线每车道连续测定按每 100m 输出结果计算合格率。采用 3m 直尺测定路面各结构层平整度时,以最大间隙作为指标,按尺数计算合格率。

路面表层渗水系数宜在路面成型后立即测定。

路面各结构层厚度按代表值和单点合格值设定允许偏差。当代表值偏差超过规定值时,该分项工程评为不合格;当代表值偏差满足要求时,按单个检查值的偏差不超过单点合格值的测点数计算合格率。

材料要求和配比控制列入各节基本要求,可通过检查施工单位、工程监理单位的资料进行评定。

水泥混凝土上加铺沥青面层的复合式路面，两种结构均需进行检查评定。其中，水泥混凝土路面结构不检查抗滑构造，平整度可按相应等级公路的标准；沥青面层不检查弯沉。

路面基层完工后应按时浇洒透层油或铺筑下封层，透层油透入深度不小于5mm，不得使用透入能力差的材料作透层油。对封层、黏层和透层油的浇洒要求同本章第五节基本要求中对沥青表面处治层的基本规定。

第二节　水泥混凝土面层

一、水泥混凝土面层的基本要求

(1)基层质量必须符合规定要求，并应进行弯沉测定，验算的基层整体模量应满足设计要求。

(2)水泥强度、物理性能和化学成分应符合国家标准及有关规范的规定。

(3)粗细集料、水、外掺剂及接缝填缝料应符合设计和施工规范要求。

(4)施工配合比应根据现场测定水泥的实际强度进行计算，并经试验，选择采用最佳配合比。

(5)接缝的位置、规格、尺寸及传力杆、拉力杆的设置应符合设计要求。

(6)路面拉毛或机具压槽等抗滑措施，其构造深度应符合施工规范要求。

(7)面层与其他构造物相接应平顺，检查井井盖顶面高程应高于周边路面1～3mm。雨水口高程按设计比路面低5～8mm，路面边缘无积水现象。

(8)混凝土路面铺筑后按相关施工规范要求养生。

二、水泥混凝土面层的实测项目(表5-1)

水泥混凝土面层实测项目　　表5-1

项次	检查项目		规定值或允许偏差		检查方法和频率	权值
			高速公路、一级公路	其他公路		
1△	弯拉强度(MPa)		在合格标准之内		按本书第一章第六节检查	3
2△	板厚度(mm)	代表值	−5		按本书第一章第十一节检查，每200m每车道2处	3
		合格值	−10			
3	平整度	σ(mm)	1.2	2.0	平整度仪：全线每车道连续检测，每100m计算σ、IRI	2
		IRI(m/km)	2.0	3.2		
		最大间隙h(mm)	—	5	3m直尺：半幅车道板带每200m测2处×10尺	
4	抗滑构造深度(mm)		一般路段不小于0.7，且不大于1.1；特殊路段不小于0.8，且不大于1.2	一般路段不小于0.5，且不大于1.0；特殊路段不小于0.6，且不大于1.1	铺砂法：每200m测1处	2
5	相邻板高差(mm)		2	3	抽量：每条胀缝2点；每200m抽纵、横缝各2条，每条2点	2

续上表

项次	检 查 项 目	规定值或允许偏差		检查方法和频率	权值
		高速公路、一级公路	其他公路		
6	纵、横缝顺直度（mm）	10		纵缝 20m 拉线，每 200m 测 4 处；横缝沿板宽拉线，每 200m 4 条	1
7	中线平面偏位（mm）	20		经纬仪：每 200m 测 4 点	1
8	路面宽度（mm）	±20		抽量：每 200m 测 4 处	1
9	纵断高程（mm）	±10	±15	水准仪：每 200m 测 4 断面	1
10	横坡（%）	±0.15	±0.25	水准仪：每 200m 测 4 断面	1

注：表中 σ 为平整度仪测定的标准差；IRI 为国际平整度指数；h 为 3m 直尺与面层的最大间隙。

三、水泥混凝土面层的外观鉴定

(1)混凝土板的断裂块数，高速公路和一级公路不得超过评定路段混凝土板总块数的 0.2%，其他公路不得超过 0.4%。不符合要求时每超过 0.1%减 2 分。对于断裂板应采取适当措施予以处理。

(2)混凝土板表面的脱皮、印痕、裂纹和缺边掉角等病害现象，对于高速公路和一级公路，有上述缺陷的面积不得超过受检面积的 0.2%，其他公路不得超过 0.3%。不符合要求时每超过 0.1%减 2 分。

对于连续配筋的混凝土路面和钢筋混凝土路面，因干缩、温缩产生的裂缝，可不减分。

(3)路面侧石直顺、曲线圆滑，越位 20mm 以上者，每处减 1～2 分。

(4)接缝填筑饱满密实，不污染路面。不符合要求时，累计长度每 100m 减 2 分。

(5)胀缝有明显缺陷时，每条减 1～2 分。

第三节 沥青混凝土面层和沥青碎(砾)石面层

一、沥青混凝土面层和沥青碎(砾)石面层的基本要求

(1)沥青混合料的矿料质量及矿料级配应符合设计要求和施工规范的规定。

(2)严格控制各种矿料和沥青用量及各种材料和沥青混合料的加热温度，沥青材料及混合料的各项指标应符合设计和施工规范要求。沥青混合料的生产，每日应做抽提试验、马歇尔稳定度试验。矿料级配、沥青含量、马歇尔稳定度等结果的合格率应不小于 90%。

(3)拌和后的沥青混合料应均匀一致，无花白，无粗细料分离和结团成块现象。

(4)基层必须碾压密实，表面干燥、清洁、无浮土，其平整度和路拱度应符合要求。

(5)摊铺时应严格控制摊铺厚度和平整度，避免离析，注意控制摊铺和碾压温度，碾压至要求的密实度。

二、沥青混凝土面层和沥青碎(砾)石面层的实测项目(表 5-2)

沥青混凝土面层和沥青碎(砾)石面层实测项目 表 5-2

项次	检 查 项 目		规定值或允许偏差		检查方法和频率	权值
			高速公路、一级公路	其他公路		
1△	压实度(%)		试验室标准密度的 96%(*98%) 最大理论密度的 92%(*94%) 试验段密度的 98%(*99%)		按本书第一章第五节,每 200m 测 1 处	3
2	平整度	σ(mm)	1.2	2.5	平整度仪:全线每车道连续按每 100m 计算 IRI 或 σ	2
		IRI (m/km)	2.0	4.2		
		最大间隙 h (mm)	—	5	3m 直尺:每 200m 测 2 处×10 尺	
3	弯沉值(0.01mm)		符合设计要求		按本书第一章第十二节检查	2
4	渗水系数		SMA 路面 200mL/min;其他沥青混凝土路面 300mL/min	—	渗水试验仪:每 200m 测 1 处	2
5	抗滑	摩擦系数	符合设计要求	—	摆式仪:每 200m 测 1 处 横向力系数测定车:全线连续,按本书第一章第十三节检查	2
		构造深度			铺砂法:每 200m 测 1 处	
6△	厚度(mm)	代表值	总厚度:$-5\%H$ 上面层:$-10\%h$	$-8\%H$	按本书第一章第十一节检查双车道每 200m 测 1 处	3
		合格值	总厚度:$-10\%H$ 上面层:$-20\%h$	$-15\%H$		
7	中线平面偏位(mm)		20	30	经纬仪:每 200m 测 4 点	1
8	纵断高程(mm)		±15	±20	水准仪:每 200m 测 4 个断面	1
9	宽度(mm)	有侧石	±20	±30	尺量:每 200m 测 4 个断面	1
		无侧石	不小于设计值			
10	横坡(%)		±0.3	±0.5	水准仪:每 200m 测 4 处	1

注:①表内压实度可选用其中的一个或两个标准评定,选用两个标准时,以合格率低的作为评定结果。带 * 号者是指 SMA 路面,其他为普通沥青混凝土路面。

②表列厚度仅规定负允许偏差。H 为沥青设计总厚度(mm),h 为沥青上面层设计厚度(mm)。

三、沥青混凝土面层和沥青碎(砾)石面层的外观鉴定

(1)表面应平整密实,不应有汽油、松散、裂缝和明显离析等现象。对于高速公路和一级公路,有上述缺陷的面积(凡属单条的裂缝,则按其实际长度乘以 0.2m 宽度,折算成面积)之和不得超过受检面积的 0.03%,其他公路不得超过 0.05%。不符合要求时每超过 0.03%或 0.05%减 2 分。

半刚性基层的反射裂缝可不计作施工缺陷,但应及时进行灌缝处理。

(2)搭接处应紧密、平顺,烫缝不应枯焦。不符合要求时,累计长每 10m 减 1 分。

(3)面层与路缘石及其他构筑物应密贴接顺,不得有积水或漏水现象。不符合要求时,每一处减 1~2 分。

第四节 沥青贯入式面层(或上拌下贯式面层)

一、沥青贯入式面层(或上拌下贯式面层)的基本要求

(1)沥青材料的各项指标应符合设计要求和施工规范。

(2)各种材料的规格和用量应符合设计要求和施工规范,上拌沥青混凝土混合料每日应做抽提试验和马歇尔稳定度试验。

(3)碎石层必须平整坚实,嵌挤稳定,沥青贯入应深透,浇洒应均匀,不得污染其他构筑物。

(4)嵌缝料必须趁热撒铺,扫料均匀,不应有重叠现象。

(5)上层采用拌和料时,混合料应均匀一致,无花白和粗细分离现象,摊铺平整,接茬平顺,及时碾压密实。

(6)沥青贯入式面层施工前,应先做好路面结构层与路肩的排水。

二、沥青贯入式面层(或上拌下贯式面层)的实测项目(表 5-3)

沥青贯入式面层(或上拌下贯式面层)实测项目 表 5-3

项次	检查项目		规定值或允许偏差	检查方法和频率	权值
1	平整度	σ(mm)	3.5	平整度仪:全线每车道连续按每 100m 计算 IRI 或 σ	3
		IRI (m/km)	5.8		
		最大间隙 h (mm)	8	3m 直尺:每 200m 测 2 处×10 尺	
2	弯沉值 (0.01mm)		符合设计要求	按本书第一章第十二节检查	2
3△	厚度 (mm)	代表值	$-8\%H$ 或 -5mm	按本书第一章第十一节检查,每 200m 每车道 1 点	3
		合格值	$-15\%H$ 或 -10mm		
4	沥青用量 (kg/m²)		±0.5%	每工作日每层洒布查 1 次	3
5	中线平面偏位 (mm)		30	经纬仪:每 200m 测 4 点	1
6	纵断高程 (mm)		±20	水准仪:每 200m 测 4 个断面	2
7	宽度 (mm)	有侧石	±30	尺量:每 200m 测 4 处	2
		无侧石	不小于设计值		
8	横坡 (%)		±0.5	水准仪:每 200m 测 4 个断面	2

注:①当设计厚度≥60mm 时,按厚度百分率控制;当设计厚度<60mm 时,按厚度不足的毫米数控制。H 为厚度(mm)。

②沥青总用量按《公路路基路面现场测试规程》(JTG E60—2008)(T 0892)方法,每工作日每层洒布沥青检查一次,并计算同一路段的单位面积的总沥青用量。

第五节 沥青表面处治面层

一、沥青表面处治面层的基本要求

(1)在新建或旧路的表层进行表面处治时,应将表面的泥沙及一切杂物清除干净,底层必须坚实、稳定、平整,保持干燥后才可施工。

(2)沥青材料的各项指标和石料的质量、规格、用量应符合设计要求和施工规范的规定。

(3)沥青浇洒应均匀,无花白,不得污染其他构筑物。

(4)嵌缝料必须趁热撒铺,扫布均匀,不得有重叠现象,压实平整。

二、沥青表面处治面层的实测项目(表 5-4)

沥青表面处治面层实测项目 表 5-4

项次	检 查 项 目		规定值或允许偏差	检查方法和频率	权值
1	平整度	σ(mm)	4.5	平整度仪:全线每车道连续按每 100m 计算 IRI 或 σ	2
		IRI (m/km)	7.5		
		最大间隙 h (mm)	10	3m 直尺:每 200m 测 2 处×10 尺	
2	弯沉值 (0.01mm)		符合设计要求	按本书第一章第十二节检查	2
3△	厚度 (mm)	代表值	−5	按本书第一章第十一节检查,每 200m 每车道 1 点	3
		合格值	−10		
4	沥青总用量 (kg/m²)		±0.5%	每工作日每层洒布查 1 次	2
5	中线平面偏位 (mm)		30	经纬仪:每 200m 测 4 点	1
6	纵断高程 (mm)		±20	水准仪:每 200m 测 4 个断面	1
7	宽度 (mm)	有侧石	±30	尺量:每 200m 测 4 处	2
		无侧石	不小于设计值		
8	横坡 (%)		±0.5	水准仪:每 200m 测 4 个断面	1

注:同表 5-3 注②。

第六节 水泥土基层和底基层

一、水泥土基层和底基层基本要求

(1)土质应符合设计要求,土块要经粉碎。

(2)水泥用量按设计要求控制准确。

(3)路拌深度要达到层底。

(4)混合料处于最佳含水率状况下,用重型压路机碾压至要求的压实度。从加水拌和到碾压终了的时间不应超过 3～4h,并应短于水泥的终凝时间。

(5)碾压检查合格后立即覆盖或洒水养生,养生期要符合规范要求。

二、水泥土基层和底基层的实测项目(表 5-5)

水泥土基层和底基层实测项目 表 5-5

<table>
<tr><th rowspan="3">项次</th><th rowspan="3" colspan="2">检 查 项 目</th><th colspan="4">规定值或允许偏差</th><th rowspan="3">检查方法和频率</th><th rowspan="3">权值</th></tr>
<tr><th colspan="2">基 层</th><th colspan="2">底 基 层</th></tr>
<tr><th>高速公路、一级公路</th><th>其他公路</th><th>高速公路、一级公路</th><th>其他公路</th></tr>
<tr><td rowspan="2">1△</td><td rowspan="2">压实度(%)</td><td>代表值</td><td>—</td><td>95</td><td>95</td><td>93</td><td rowspan="2">按本书第一章第五节检查,每200m每车道2处</td><td rowspan="2">3</td></tr>
<tr><td>极值</td><td>—</td><td>91</td><td>91</td><td>89</td></tr>
<tr><td>2</td><td colspan="2">平整度(mm)</td><td>—</td><td>12</td><td>12</td><td>15</td><td>3m直尺:每200m测2处±10尺</td><td>2</td></tr>
<tr><td>3</td><td colspan="2">纵断高程(mm)</td><td>—</td><td>+5,−15</td><td>+5,−15</td><td>+5,−20</td><td>水准仪:每200m测4个断面</td><td>1</td></tr>
<tr><td>4</td><td colspan="2">宽度(mm)</td><td colspan="2">符合设计要求</td><td colspan="2">符合设计要求</td><td>尺量:每200m测4个断面</td><td>1</td></tr>
<tr><td rowspan="2">5△</td><td rowspan="2">厚度(mm)</td><td>代表值</td><td>—</td><td>−10</td><td>−10</td><td>−12</td><td rowspan="2">按本书第一章第十一节检查,每200m每车道1点</td><td rowspan="2">2</td></tr>
<tr><td>合格值</td><td>—</td><td>−20</td><td>−25</td><td>−30</td></tr>
<tr><td>6</td><td colspan="2">横坡(%)</td><td>—</td><td>±0.5</td><td>±0.3</td><td>±0.5</td><td>水准仪:每200m测4个断面</td><td>1</td></tr>
<tr><td>7△</td><td colspan="2">强度(MPa)</td><td colspan="2">符合设计要求</td><td colspan="2">符合设计要求</td><td>按本书第一章第十节检查</td><td>3</td></tr>
</table>

三、水泥土基层和底基层的外观鉴定

(1)表面平整密实、无坑洼。不符合要求时,每处减1~2分。

(2)施工接茬平整、稳定。不符合要求时,每处减1~2分。

第七节 水泥稳定粒料(碎石、砂砾或矿渣等)基层和底基层

一、水泥稳定粒料(碎石、砂砾或矿渣等)基层和底基层基本要求

(1)粒料应符合设计和施工规范要求,并应根据当地料源选择质坚干净的粒料,矿渣应分解稳定,未分解渣块应予剔除。

(2)水泥用量和矿料级配按设计控制准确。

(3)路拌深度要达到层底。

(4)摊铺时要注意消除离析现象。

(5)混合料处于最佳含水率状况下,用重型压路机碾压至要求的压实度。从加水拌和到碾压终了的时间不应超过3~4h,并应短于水泥的终凝时间。

(6)碾压检查合格后立即覆盖或洒水养生,养生期要符合规范要求。

二、水泥稳定粒料(碎石、砂砾或矿渣等)基层和底基层实测项目(表 5-6)

水泥稳定粒料基层和底基层实测项目

表 5-6

项次	检查项目		规定值或允许偏差				检查方法和频率	权值
			基 层		底 基 层			
			高速公路、一级公路	其他公路	高速公路、一级公路	其他公路		
1△	压实度(%)	代表值	98	97	96	95	按本书第一章第五节检查,每200m每车道2处	3
		极值	94	93	92	91		
2	平整度(mm)		8	12	12	15	3m直尺:每200m测2处×10尺	2
3	纵断高程(mm)		+5,−10	+5,−15	+5,−15	+5,−20	水准仪:每200m测4个断面	1
4	宽度(mm)		符合设计要求		符合设计要求		尺量:每200m测4处	1
5△	厚度(mm)	代表值	−8	−10	−10	−12	按本书第一章第十一节检查,每200m每车道1点	3
		合格值	−15	−20	−25	−30		
6	横坡(%)		±0.3	±0.5	±0.3	±0.5	水准仪:每200m测4个断面	1
7△	强度(MPa)		符合设计要求		符合设计要求		按本书第一章第十节检查	3

三、水泥稳定粒料(碎石、砂砾或矿渣等)基层和底基层外观鉴定

(1)表面平整密实、无坑洼、无明显离析。不符合要求时,每处减1～2分。
(2)施工接茬平整、稳定。不符合要求时,每处减1～2分。

第八节 石灰土基层和底基层

一、石灰土基层和底基层的基本要求

(1)土质应符合设计要求,土块要经粉碎。
(2)石灰质量应符合设计要求,块灰须经充分消解才能使用。
(3)石灰和土的用量按设计要求控制准确,未消解生石灰块必须剔除。
(4)路拌深度要达到层底。
(5)混合料处于最佳含水率状况下,用重型压路机碾压至要求的压实度。
(6)保湿养生,养生期要符合规范要求。

二、石灰土基层和底基层的实测项目(表 5-7)

石灰土基层和底基层实测项目 表 5-7

项次	检查项目		规定值或允许偏差				检查方法和频率	权值
			基层		底基层			
			高速公路、一级公路	其他公路	高速公路、一级公路	其他公路		
1△	压实度(%)	代表值	—	95	95	93	按本书第一章第五节检查,每 200m 每车道 2 处	3
		极值	—	91	91	89		
2	平整度(mm)		—	12	12	15	3m 直尺:每 200m 测 2 处×10 尺	2
3	纵断高程(mm)		—	+5,−15	+5,−15	+5,−20	水准仪:每 200m 测 4 个断面	1
4	宽度(mm)		符合设计要求		符合设计要求		尺量:每 200m 测 4 处	1
5△	厚度(mm)	代表值	—	−10	−10	−12	按本书第一章第十一节检查,每 200m 每车道 1 点	2
		合格值	—	−20	−25	−30		
6	横坡(%)		—	±0.5	±0.3	±0.5	水准仪:每 200m 测 4 个断面	1
7△	强度(MPa)		符合设计要求		符合设计要求		按本书第一章第十节检查	3

三、石灰土基层和底基层的外观鉴定

(1)表面平整密实、无坑洼。不符合要求时,每处减 1～2 分。

(2)施工接茬平整、稳定。不符合要求时,每处减 1～2 分。

第九节 石灰稳定粒料(碎石、砂砾或矿渣等)基层和底基层

一、石灰稳定粒料(碎石、砂砾或矿渣等)基层和底基层的基本要求

(1)粒料应符合设计和施工规范要求,矿渣应分解稳定后才能使用。

(2)石灰质量应符合设计要求,块灰须经充分消解才能使用。

(3)石灰的用量按设计要求控制准确,未消解生石灰块必须剔除。

(4)路拌深度要达到层底。

(5)混合料处于最佳含水率状况下,用重型压路机碾压至要求的压实度。

(6)保湿养生,养生期要符合规范要求。

二、石灰稳定粒料(碎石、砂砾或矿渣等)基层和底基层的实测项目(表 5-8)

三、石灰稳定粒料(碎石、砂砾或矿渣等)基层和底基层的外观鉴定

(1)表面平整密实、无坑洼。不符合要求时,每处减 1～2 分。

(2)施工接茬平整、稳定。不符合要求时,每处减1~2分。

石灰稳定粒料基层和底基层实测项目 表5-8

项次	检查项目		规定值或允许偏差				检查方法和频率	权值
			基层		底基层			
			高速公路、一级公路	其他公路	高速公路、一级公路	其他公路		
1△	压实度(%)	代表值	—	97	96	95	按本书第一章第五节检查,每200m每车道2处	3
		极值	—	93	92	91		
2	平整度(mm)		—	12	12	15	3m直尺:每200m测2处×10尺	2
3	纵断高程(mm)		—	+5,−15	+5,−15	+5,−20	水准仪:每200m测4个断面	1
4	宽度(mm)		符合设计要求		符合设计要求		尺量:每200m测4处	1
5△	厚度(mm)	代表值	—	−10	−10	−12	按本书第一章第十一节检查,每200m每车道1点	2
		合格值	—	−20	−25	−30		
6	横坡(%)		—	±0.5	±0.3	±0.5	水准仪:每200m测4个断面	1
7△	强度(MPa)		符合设计要求		符合设计要求		按本书第一章第十节检查	3

第十节 石灰、粉煤灰土基层和底基层

一、石灰、粉煤灰土基层和底基层的基本要求

(1)土质应符合设计要求,土块要经粉碎。

(2)石灰和粉煤灰质量应符合设计要求,石灰须经充分消解才能使用。

(3)混合料配合比应准确,不得含有灰团和生石灰块。

(4)碾压时应先用轻型压路机稳压,后用重型压路机碾压至要求的压实度。

(5)保湿养生,养生期要符合规范要求。

二、石灰、粉煤灰土基层和底基层的实测项目(表5-9)

石灰、粉煤灰土基层和底基层实测项目 表5-9

项次	检查项目		规定值或允许偏差				检查方法和频率	权值
			基层		底基层			
			高速公路、一级公路	其他公路	高速公路、一级公路	其他公路		
1△	压实度(%)	代表值	—	95	95	93	按本书第一章第五节检查,每200m每车道2处	3
		极值	—	91	91	89		
2	平整度(mm)		—	12	12	15	3m直尺:每200m测2处×10尺	2

续上表

项次	检查项目		规定值或允许偏差				检查方法和频率	权值
			基层		底基层			
			高速公路、一级公路	其他公路	高速公路、一级公路	其他公路		
3	纵断高程(mm)		—	+5,−15	+5,−15	+5,−20	水准仪:每200m测4个断面	1
4	宽度(mm)		符合设计要求		符合设计要求		尺量:每200m测4处	1
5△	厚度(mm)	代表值	—	−10	−10	−12	按本书第一章第十一节检查,每200m每车道1点	2
		合格值	—	−20	−25	−30		
6	横坡(%)		—	±0.5	±0.3	±0.5	水准仪:每200m测4个断面	1
7△	强度(MPa)		符合设计要求		符合设计要求		按本书第一章第十节检查	3

三、石灰、粉煤灰土基层和底基层的外观鉴定

(1)表面平整密实、无坑洼。不符合要求时,每处减1～2分。

(2)施工接茬平整、稳定。不符合要求时,每处减1～2分。

第十一节　石灰、粉煤灰稳定粒料(碎石、砂砾或矿渣等)基层和底基层

一、石灰、粉煤灰稳定粒料(碎石、砂砾或矿渣等)基层和底基层基本要求

(1)粒料应符合设计和施工规范要求,并应根据当地料源选择质坚干净的粒料。矿渣应分解稳定,未分解渣块应予剔除。

(2)石灰和粉煤灰质量应符合设计要求,石灰须经充分消解才能使用。

(3)混合料配合比应准确,不得含有灰团和生石灰块。

(4)摊铺时要注意消除离析现象。

(5)碾压时应先用轻型压路机稳压,后用重型压路机碾压至要求的压实度。

(6)保湿养生,养生期要符合规范要求。

二、石灰、粉煤灰稳定粒料(碎石、砂砾或矿渣等)基层和底基层实测项目(表5-10)

三、石灰、粉煤灰稳定粒料(碎石、砂砾或矿渣等)基层和底基层外观鉴定

(1)表面平整密实、无坑洼、无明显离析。不符合要求时,每处减1～2分。

(2)施工接茬平整、稳定。不符合要求时,每处减1～2分。

石灰、粉煤灰稳定粒料基层和底基层实测项目 表 5-10

项次	检查项目		规定值或允许偏差				检查方法和频率	权值
			基层		底基层			
			高速公路、一级公路	其他公路	高速公路、一级公路	其他公路		
1△	压实度(%)	代表值	98	97	96	95	按本书第一章第五节检查,每200m每车道2处	3
		极值	94	93	92	91		
2	平整度(mm)		8	12	12	15	3m直尺:每200m测2处×10尺	2
3	纵断高程(mm)		+5,-10	+5,-15	+5,-15	+5,-20	水准仪:每200m测4个断面	1
4	宽度(mm)		符合设计要求		符合设计要求		尺量:每200m测4处	1
5△	厚度(mm)	代表值	-8	-10	-10	-12	按本书第一章第十一节检查,每200m每车道1点	2
		合格值	-15	-20	-25	-30		
6	横坡(%)		±0.3	±0.5	±0.3	±0.5	水准仪:每200m测4个断面	1
7△	强度(MPa)		符合设计要求		符合设计要求		按本书第一章第十节检查	3

第十二节 级配碎(砾)石基层和底基层

一、级配碎(砾)石基层和底基层的基本要求

(1)选用质地坚韧、无杂质的碎石、砂砾、石屑或砂,级配应符合要求。

(2)配料必须准确,塑性指数必须符合规定。

(3)混合料拌和均匀,无明显离析现象。

(4)碾压应遵循先轻后重的原则,洒水碾压至要求的密实度。

二、级配碎(砾)石基层和底基层的实测项目(表 5-11)

级配碎(砾)石基层和底基层实测项目 表 5-11

项次	检查项目		规定值或允许偏差				检查方法和频率	权值
			基层		底基层			
			高速公路、一级公路	其他公路	高速公路、一级公路	其他公路		
1△	压实度(%)	代表值	98	98	96	96	按本书第一章第五节检查,每200m每车道2处	3
		极值	94	94	92	92		
2	弯沉值(0.01mm)		符合设计要求		符合设计要求		按《检评标准》附录I检查	3
3	平整度(mm)		8	12	12	15	3m直尺:每200m测2处×10尺	2

续上表

项次	检查项目		规定值或允许偏差				检查方法和频率	权值
			基层		底基层			
			高速公路、一级公路	其他公路	高速公路、一级公路	其他公路		
4	纵断高程(mm)		+5,−10	+5,−15	+5,−15	+5,−20	水准仪:每200m测4个断面	1
5	宽度(mm)		符合设计要求		符合设计要求		尺量:每200m测4处	1
6△	厚度(mm)	代表值	−8	−10	−10	−12	按本书第一章第十一节检查,每200m每车道1点	2
		合格值	−15	−20	−25	−30		
7	横坡(%)		±0.3	±0.5	±0.3	±0.5	水准仪:每200m测4个断面	1

三、级配碎(砾)石基层和底基层的外观鉴定

表面平整密实,边线整齐,无松散。不符合要求时,每处减1~2分。

第十三节 填隙碎石(矿渣)基层和底基层

一、填隙碎石(矿渣)基层和底基层的基本要求

(1)粗粒料应为质坚、无杂质的轧制石料或分解稳定的轧制矿渣,填缝料为5mm以下的轧制细料或粗砂。

(2)应用振动压路机碾压,使填缝料填满粗粒料空隙。

二、填隙碎石(矿渣)基层和底基层的实测项目(表5-12)

填隙碎石(矿渣)基层和底基层实测项目　表5-12

项次	检查项目		规定值或允许偏差				检查方法和频率	权值
			基层		底基层			
			高速公路、一级公路	其他公路	高速公路、一级公路	其他公路		
1△	固体体积率(%)	代表值	—	85	85	83	灌砂法:每200m每车道2处	3
		极值	—	82	82	80		
2	弯沉值(0.01mm)		符合设计要求		符合设计要求		按本书第一章第十二节检查	2
3	平整度(mm)		—	12	12	15	3m直尺:每200m测2处×10尺	2
4	纵断高程(mm)		—	+5,−15	+5,−15	+5,−20	水准仪:每200m测4个断面	1

续上表

项次	检 查 项 目		规定值或允许偏差				检查方法和频率	权值
			基　　层		底　基　层			
			高速公路、一级公路	其他公路	高速公路、一级公路	其他公路		
5	宽度(mm)		符合设计要求		符合设计要求		尺量：每 200m 测 4 处	1
6△	厚度(mm)	代表值	—	−10	−10	−12	按本书第一章第十一节检查,每 200m 每车道 1 点	2
		合格值	—	−20	−25	−30		
7	横坡(%)		—	±0.5	±0.3	±0.5	水准仪:每 200m 测 4 个断面	1

三、填隙碎石(矿渣)基层和底基层外观鉴定

表面平整密实,边线整齐,无松散现象。不符合要求时,每处减 1～2 分。

第十四节　路缘石铺设

一、路缘石铺设的基本要求

(1)预制缘石的质量应符合设计要求。
(2)安砌稳固,顶面平整,缝宽均匀,勾缝密实,线条直顺,曲线圆滑美观。
(3)槽底基础和后背填料必须夯打密实。
(4)现浇路缘石材料应符合设计要求。

二、路缘石铺设的实测项目(表 5-13)

路缘石铺设实测项目　　表 5-13

项　次	检 查 项 目		规定值或允许偏差	检查方法和频率	权值
1	直顺度(mm)		15	20m 拉线:每 200m 测 4 处	3
2	预制	相邻两块高差(mm)	3	水平尺:每 200m 测 4 处	2
	铺设	相邻两块缝宽(mm)	±3	尺量:每 200m 测 4 处	1
	现浇	宽度(mm)	±5	尺量:每 200m 测 4 处	2
3	顶面高程(mm)		±10	水准仪:每 200m 测 4 点	2

三、路缘石铺设的外观鉴定

(1)勾缝密实均匀,无杂物污染。不符合要求时,每处减 1～2 分。
(2)缘石与路面齐平,排水口整齐、通畅,无阻水现象。不符合要求时,每处减 1～2 分。

第十五节 路 肩

一、路肩的基本要求

(1)路肩表面应平整密实,不积水。

(2)肩线应直顺,曲线圆滑。

(3)硬路肩质量要求应与路面结构层相同。

二、路肩的实测项目(表5-14)

路肩实测项目 表5-14

项次	检查项目		规定值或允许偏差	检查方法和频率	权值
1	压实度(%)		不小于设计	按本书第一章第五节检查,每200m测2处	2
2	平整度(mm)	土路肩	20	3m直尺:每200m测2处×4尺	1
		硬路肩	10		
3	横坡(%)		±1.0	水准仪:每200m测2处	1
4	宽度(mm)		符合设计要求	尺量:每200m测2处	2

三、路肩的外观鉴定

(1)路肩无阻水现象。不符合要求时,每处减1～2分。

(2)路肩边缘直顺,无其他堆积物。不符合要求时,单向累计长度每50m或每处减1～2分。

第六章

验收鉴定

第一节　交竣工验收程序

一、公路工程验收阶段

公路工程验收分为交工验收和竣工验收两个阶段。

交工验收阶段的主要工作是:检查施工合同的执行情况,评价工程质量,对各参建单位工作进行初步评价。

竣工验收阶段的主要工作是:对工程质量、参建单位和建设项目进行综合评价,并对工程建设项目作出整体性综合评价。

二、交工验收程序

(1)施工单位完成合同约定的全部工程内容,且经施工自检和监理检验评定均合格后,提出合同段交工验收申请报监理单位审查。交工验收申请应附自检评定资料和施工总结报告。

(2)监理单位根据工程实际情况、抽检资料以及对合同段工程质量评定结果,对施工单位交工验收申请及其所附资料进行审查并签署意见。监理单位审查同意后,应同时向项目法人提交独立抽检资料、质量评定资料和监理工作报告。

(3)项目法人对施工单位的交工验收申请、监理单位的质量评定资料进行核查,必要时可委托有相应资质的检测机构进行重点抽查检测,认为合同段满足交工验收条件时应及时组织交工验收。

(4)对若干合同段完工时间相近的,项目法人可合并组织交工验收。对分段通车的项目,项目法人可按合同约定分段组织交工验收。

(5)通过交工验收的合同段,项目法人应及时颁发“公路工程交工验收证书”。

(6)各合同段全部验收合格后,项目法人应及时完成“公路工程交工验收报告”。

三、竣工验收准备工作程序

(1)公路工程符合竣工验收条件后,项目法人应按照公路工程管理权限及时向相关交通运输主管部门提出验收申请,其主要内容包括:

①交工验收报告;

②项目执行报告、设计工作报告、施工总结报告和监理工作报告;

③项目基本建设程序的有关批复文件;

④档案、环保等单项验收意见；

⑤土地使用证或建设用地批复文件；

⑥竣工决算的核备意见、审计报告及认定意见。

(2)相关交通运输主管部门对验收申请进行审查，必要时可组织现场核查。审查同意后报负责竣工验收的交通运输主管部门。

(3)以上文件齐全且符合条件的项目，由负责竣工验收的交通运输主管部门通知所属的质量监督机构开展质量鉴定工作。

(4)质量监督机构按要求完成质量鉴定工作，出具工程质量鉴定报告，并审核交工验收对设计、施工、监理初步评价结果，报送交通运输主管部门。

(5)工程质量鉴定等级为合格及以上的项目，负责竣工验收的交通运输主管部门及时组织竣工验收。

第二节 交竣工验收内容

一、交工验收的主要工作内容

(1)检查合同执行情况。

(2)检查施工自检报告、施工总结报告及施工资料。

(3)检查监理单位独立抽检资料、监理工作报告及质量评定资料。

(4)检查工程实体，审查有关资料，包括主要产品的质量抽(检)测报告。

(5)核查工程完工数量是否与批准的设计文件相符，是否与工程计量数量一致。

(6)对合同是否全面执行、工程质量是否合格做出结论。

(7)按合同段分别对设计、监理、施工等单位进行初步评价。

二、竣工验收主要工作内容

(1)成立竣工验收委员会。

(2)听取公路工程项目执行报告、设计工作报告、施工总结报告、监理工作报告及接管养护单位项目使用情况报告。

(3)听取公路工程质量监督报告及工程质量鉴定报告。

(4)竣工验收委员会成立专业检查组检查工程实体质量，审阅有关资料，形成书面检查意见。

(5)对项目法人建设管理工作进行综合评价。审定交工验收对设计单位、施工单位、监理单位的初步评价。

(6)对工程质量进行评分，确定工程质量等级，并综合评价建设项目。

(7)形成并通过“公路工程竣工验收鉴定书”。

(8)负责竣工验收的交通运输主管部门印发“公路工程竣工验收鉴定书”。

(9)质量监督机构依据竣工验收结论，对各参建单位签发“公路工程参建单位工作综合评价等级证书”。

第三节 工程质量鉴定内容

一、总体要求

路基整体稳定;路面无严重缺陷;桥梁、隧道等构造物结构安全稳定,混凝土强度、桩基检测、预应力构件的张拉应力、桥梁承载力等均符合设计要求;工程质量经施工自检和监理评定均合格,并经项目法人确认。不满足上述要求的工程质量鉴定不予通过。

二、工程实体检测

(1)路基工程压实度、边坡每公里抽查不少于1处,每个合同段路基压实度检查点数不少于10个。路基弯沉检测,高速、一级公路以每半幅每公里为评定单元,其他等级公路以每公里为评定单元。

(2)排水工程的断面尺寸每公里抽查2～3处,铺砌厚度按合同段抽查不少于3处。

(3)小桥抽查不少于总数的20%且每种类型抽查不少于1座。

(4)涵洞抽查不少于总数的10%且每种类型抽查不少于1道。

(5)支挡工程抽查不少于总数的10%且每种类型抽查不少于1处。

(6)路面工程的弯沉、平整度检测,高速、一级公路以每半幅每公里为评定单元,其他等级公路以每公里为评定单元。其他抽查项目每公里不少于1处。

(7)特大桥、大桥逐座检查;中桥抽查不少于总数的30%且每种桥型抽查不少于1座。

桥梁下部工程抽查不少于墩台总数的20%且不少于5个,墩台数量少于5个时全部检测。每种结构形式抽查不少于1个。

桥梁上部工程抽查不少于总孔数的20%且不少于5个,孔数少于5个时全部检测。每种结构形式抽查不少于1个。

(8)隧道逐座检查。

(9)交通安全设施中防护栏、标线每公里抽查不少于1处;标志抽查不少于总数的10%。

(10)机电工程各类设施抽查不少于10%,每类设施少于3个时全部检测。

(11)房屋建筑工程逐处检查。

三、外观检查

(1)由该项目工程质量鉴定的质量监督机构或其委托的有资质的检测单位负责在交工验收前和竣工验收前对工程外观进行全面检查。

(2)工程外观存在严重缺陷、安全隐患或已降低服务水平的建设项目不予验收,经整修达到设计要求后方可组织验收。

(3)项目交工验收前应对桥梁、隧道、重点支挡工程、高边坡等涉及安全运营的重要工程部位进行详细检查。

四、内业资料审查

(1)所用原材料、半成品和成品质量检验结果。

(2)材料配比、拌和加工控制检验和试验数据。

(3)地基处理、隐蔽工程施工记录和大桥、隧道施工监控资料。

(4)各项质量控制指标的试验记录和质量检验汇总图表。

(5)施工过程中遇到的非正常情况记录及其对工程质量影响分析。

(6)施工过程中如发生质量事故,经处理补救后,达到设计要求的认可证明文件。

(7)中间交工验收资料。

(8)施工过程各方指出较大质量问题、交工验收遗留问题及试运营期出现的质量问题处理情况资料。

第四节　等级评定

一、分部工程质量鉴定方法

工程实体检测以《公路工程竣(交)工验收办法实施细则》及其附件规定的抽查项目及频率为基础,按抽查项目的合格率加权平均乘100作为分部工程实测得分;外观检查发现的缺陷,在分部工程实测得分的基础上采用扣分制,扣分累计不得超过15分。

$$\text{分部工程实测得分}=\frac{\sum[\text{抽查项目合格率}\times\text{权值}]}{\sum\text{权值}}\times 100$$

$$\text{分部工程得分}=\text{分部工程实测得分}-\text{外观扣分}$$

二、单位工程、合同段、建设项目工程质量鉴定方法

根据分部工程得分采用加权平均值计算单位工程得分,再逐级加权计算合同段工程质量得分。内业资料审查发现的问题,在合同段工程质量得分的基础上采用扣分制,扣分累计不得超过5分;合同段工程质量得分减去内业资料扣分为该合同段工程质量鉴定得分。采用加权平均值计算建设项目工程质量鉴定得分。

$$\text{单位工程得分}=\frac{\sum[\text{分部工程得分}\times\text{权值}]}{\sum\text{权值}}$$

$$\text{合同段工程质量得分}=\frac{\sum[\text{单位工程得分}\times\text{单位工程投资额}]-\text{内业资料扣分}}{\sum\text{单位工程投资额}}$$

$$\text{建设项目工程质量鉴定得分}=\frac{\sum[\text{合同段工程质量鉴定得分}\times\text{合同段工程投资额}]}{\sum\text{合同段工程投资额}}$$

公式中的投资额原则使用结算价,当结算价暂时无法确定时,可使用招标合同价。但无论采用结算价还是招标合同价,计算时各单位工程或合同段均应统一。

三、工程质量等级划分

工程质量等级应按分部工程、单位工程、合同段、建设项目逐级进行评定,分部工程质量等

级分为合格、不合格两个等级;单位工程、合同段、建设项目工程质量等级分为优良、合格、不合格三个等级。

分部工程得分大于或等于 75 分,则分部工程质量为合格,否则为不合格。

单位工程所含各分部工程均合格,且单位工程得分大于或等于 90 分,质量等级为优良;所含各分部工程均合格且得分大于或等于 75 分、小于 90 分,质量等级为合格;否则为不合格。

合同段(建设项目)所含单位工程(合同段)均合格,且工程质量鉴定得分大于或等于 90 分,工程质量鉴定等级为优良;所含单位工程均合格,且得分大于或等于 75 分、小于 90 分,工程质量鉴定等级为合格;否则为不合格。

不合格分部工程经整修、加固、补强或返工后可重新进行鉴定,直至合格。

第二篇

路 用 材 料

第七章 沥青混合料

第一节 沥青混合料类型及其特点

一、沥青混合料分类

沥青混合料是指由矿料与沥青结合料拌和而成的混合料的总称。按材料组成及结构分为连续级配混合料、间断级配混合料;按矿料级配组成及空隙率大小分为密级配混合料、半开级配混合料、开级配混合料;按公称最大粒径的大小可分为特粗式(公称最大粒径等于或大于31.5mm)混合料、粗粒式(公称最大粒径 26.5mm)混合料、中粒式(公称最大粒径 16mm 或19mm)混合料、细粒式(公称最大粒径 9.5mm 或 13.2mm)混合料和砂粒式(公称最大粒径小于 9.5mm)混合料;按制造工艺分热拌沥青混合料、冷拌沥青混合料和再生沥青混合料等。

1.按矿料级配组成和空隙率分类

(1)密级配沥青混凝土混合料

按密级配原理设计组成的各种粒径颗粒的矿料,与沥青结合料拌和而成,经马歇尔标准击实成型试件的剩余空隙率为 3%~5%(对重载道路为 4%~6%,对人行道路为 2%~5%)的密实型沥青混凝土混合料,按粒径大小分为砂粒式、细粒式、中粒式、粗粒式、特粗式等,按关键性筛孔通过率的不同又可分为细型密级配、粗型密级配沥青混合料等。

(2)开级配沥青混合料

矿料级配主要由粗集料嵌挤组成,细集料及填料较少,经高黏度沥青结合料黏结,矿料相互拨开形成的混合料,经马歇尔标准击实成型试件的空隙率通常大于 18%。代表性结构有铺筑于沥青层表面的排水式大空隙沥青混合料磨耗层,如美国的 OGFC,欧洲有的也称 PEM等,以及铺筑在沥青层底部的排水式沥青稳定基层(ATPB)。

(3)半开级配沥青混合料

由适当比例的粗集料、细集料及少量填料(或不加填料)与沥青结合料拌和而成,经马歇尔标准击实成型试件的剩余空隙率在 6%~12%的半开式沥青碎石混合料,我国的 AM 型沥青碎石混合料属于此类。

2.按颗粒最大粒径和级配分类

(1)砂粒式沥青混合料

公称最大集料粒径等于或小于 9.5mm 的沥青混合料,也称为沥青石屑或沥青砂。

(2)细粒式沥青混合料

公称最大集料粒径为 9.5mm 或 13.2mm 的沥青混合料。

(3)中粒式沥青混合料

公称最大集料粒径为16mm或19mm的沥青混合料。

(4)粗粒式沥青混合料

公称最大集料粒径为26.5mm或31.5mm的沥青混合料。

(5)特粗式沥青混合料

公称最大粒径为等于或大于37.5mm的沥青混合料。

3.按强度构成原则分类

分为按嵌挤原则构成的结构和按密实级配原则构成的结构两类。按嵌挤原则构成的沥青混合料,其结构强度是以矿料颗粒之间的嵌挤力和内摩阻力为主,沥青结合料的黏附作用为辅而构成的。沥青贯入式路面、沥青表面处治、沥青碎石路面均属此类结构。这一类路面是以颗粒较粗的、尺寸较均匀的矿料构成骨架,沥青混合料填充其空隙,并把矿料黏成一个整体。这种混合料的强度受自然因素(温度、水)的影响较小。

按密实级配原则构成的沥青混合料,其结构强度是以沥青与矿料之间的黏结力为主,矿质颗粒之间的嵌挤力和内摩阻力为辅而构成的。沥青混凝土路面多属于此类。这类沥青混合料的结构强度受温度影响较大。

二、沥青混合料的结构类型及其特点

沥青混合料按其结构组成通常可以分成下列三种组成方式。

1.悬浮密实结构

由连续级配矿料组成的密实混合料,当主骨料为30%～40%时,沥青混合料虽可以形成密实结构,但因为粗集料数量较少,不能形成骨架,而以悬浮状态处于较小颗粒之中,这种沥青混合料表现为黏结力较高,内摩阻力受沥青材料的性质和物理状态的影响较大,稳定性较差,密实、疲劳和低温性能强。

2.骨架空隙结构

采用连续型级配矿质混合料,当矿质集料中主骨料较多,可以形成骨架,但因细集料数量过少,不足以填满空隙时,则形成“骨架—空隙”结构。这种沥青混合料强度主要取决于内摩阻力,黏结力低,其结构强度受沥青的性质和物理状态影响较小,高温稳定性较好,抗水损害、疲劳和低温性能较差。

3.骨架密实结构

当采用间断型密级配时,混合料中既有一定数量的粗集料形成骨架,同时细集料足以填满骨架的空隙。这种沥青混合料黏结力和内摩阻力均较高,高温稳定性较好,抗水损害、疲劳和低温性能较好。三种结构示意图见图7-1。

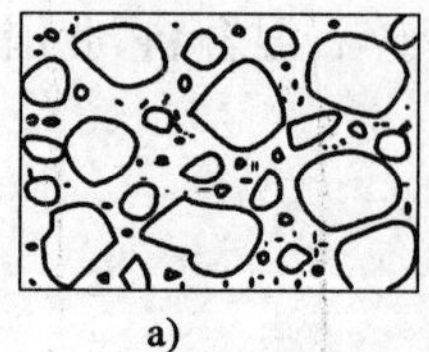
a)

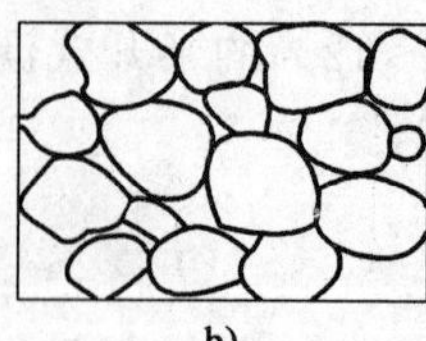
b)

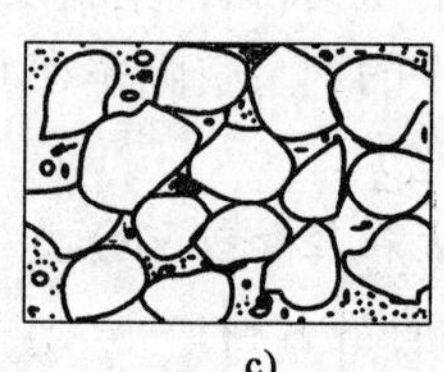
c)

图7-1 沥青混合料结构示意图

a)悬浮密实结构;b)骨架空隙结构;c)骨架密实结构

第二节　沥青混合料使用性能及技术指标

一、沥青混合料使用性能及其含义

对用于高速公路和一级公路的公称最大粒径等于或小于19mm的密级配沥青混合料(AC)及SMA、OGFC混合料,需在配合比设计的基础上进行高温稳定性、低温抗裂性和水稳定性等使用性能检验,不符要求的沥青混合料,必须更换材料或重新进行配合比设计。二级公路参照此要求执行。

1.高温稳定性

高温稳定性指沥青混合料在夏季高温(通常60℃)条件下,沥青混合料能够抵抗车辆反复作用,不会产生显著永久变形,保证沥青路面平整的特性。我国规范要求必须在规定的试验条件下进行车辙试验,并符合表7-1的要求。

沥青混合料车辙试验动稳定度技术要求　　表7-1

<table>
<tr><td colspan="3">气候条件与技术指标</td><td colspan="9">相应于下列气候分区所要求的动稳定度(次/mm)</td><td rowspan="4">试验方法</td></tr>
<tr><td colspan="3" rowspan="3">7月平均最高气温(℃)
及气候分区</td><td colspan="4">>30</td><td colspan="4">20～30</td><td><20</td></tr>
<tr><td colspan="4">1.夏炎热区</td><td colspan="4">2.夏热区</td><td>3.夏凉区</td></tr>
<tr><td>1-1</td><td>1-2</td><td>1-3</td><td>1-4</td><td>2-1</td><td>2-2</td><td>2-3</td><td>2-4</td><td>3-2</td></tr>
<tr><td colspan="2">普通沥青混合料</td><td>不小于</td><td colspan="2">800</td><td colspan="2">1 000</td><td>600</td><td colspan="3">800</td><td>600</td><td rowspan="5">T 0719</td></tr>
<tr><td colspan="2">改性沥青混合料</td><td>不小于</td><td colspan="2">2 400</td><td colspan="2">2 800</td><td>2 000</td><td colspan="3">2 400</td><td>1 800</td></tr>
<tr><td rowspan="2">SMA混合料</td><td>非改性</td><td>不小于</td><td colspan="9">1 500</td></tr>
<tr><td>改性</td><td>不小于</td><td colspan="9">3 000</td></tr>
<tr><td colspan="3">OGFC混合料</td><td colspan="9">1 500(一般交通路段)、3 000(重交通量路段)</td></tr>
</table>

注:①如果其他月份的平均最高气温高于7月时,可使用该月平均最高气温。

②在特殊情况下,如钢桥面铺装、重载车特别多或纵坡较大的长距离上坡路段、厂矿专用道路,可酌情提高动稳定度的要求。

③对因气候寒冷确需使用针入度很大的沥青(如大于100),动稳定度难以达到要求,或因采用石灰岩等不很坚硬的石料,改性沥青混合料的动稳定度难以达到要求等特殊情况,可酌情降低要求。

④为满足炎热地区及重载车要求,在配合比设计时采取减少最佳沥青用量的技术措施时,可适当提高试验温度或增加试验荷载进行试验,同时增加试件的碾压成型密度和施工压实度要求。

⑤车辙试验不得采用二次加热的混合料,试验必须检验其密度是否符合试验规程的要求。

⑥如需要对公称最大粒径等于和大于26.5mm的混合料进行车辙试验,可适当增加试件的厚度,但不宜作为评定合格与否的依据。

2.水稳定性

水稳定性指沥青与矿料形成黏附层后,遇水时对沥青的置换作用而引起沥青剥落的抵抗程度。必须在规定的试验条件下进行浸水马歇尔试验和冻融劈裂试验检验沥青混合料的水稳定性,并同时符合表7-2中的两个要求。达不到要求时必须采取抗剥落措施,调整最佳沥青用量后再次试验。

3.低温性能

冬季低温时沥青混合料将产生体积收缩,但在周围材料的约束下,沥青混合料不能自由收缩，从而在结构层内部产生温度应力。由于沥青材料具有一定的应力松弛能力，当降温速率较为缓慢时，所产生的温度应力会随时间逐渐松弛减小，不会对沥青路面产生明显的消极影响。但当气温骤降时，这时产生的温度应力就来不及松弛，当温度应力超过混合料允许应力值时，沥青混合料被拉裂，导致沥青路面出现裂缝造成路面破坏。因此要求沥青混合料应具备一定的低温抗裂性能。宜对密级配沥青混合料在温度－10℃、加载速率 50mm/min 的条件下进行弯曲试验，测定破坏强度、破坏应变、破坏劲度模量，并根据应力应变曲线的形状，综合评价沥青混合料的低温抗裂性能。其中沥青混合料的破坏应变宜不小于表 7-3 的要求。

沥青混合料水稳定性检验技术要求 表 7-2

气候条件与技术指标		相应于下列气候分区的技术要求(%)				试验方法
年降雨量(mm)及气候分区		＞1 000	500～1 000	250～500	＜250	
		1. 潮湿区	2. 湿润区	3. 半干区	4. 干旱区	
浸水马歇尔试验残留稳定度(%)，不小于						
普通沥青混合料		80		75		T 0709
改性沥青混合料		85		80		
SMA 混合料	普通沥青	75				
	改性沥青	80				
冻融劈裂试验的残留强度比(%)，不小于						
普通沥青混合料		75		70		T 0729
改性沥青混合料		80		75		
SMA 混合料	普通沥青	75				
	改性沥青	80				

沥青混合料低温弯曲试验破坏应变(με)技术要求 表 7-3

气候条件与技术指标		相应于下列气候分区所要求的破坏应变(με)									试验方法
年极端最低气温(℃)及气候分区		＜－37.0		－21.5～37.0			－9.0～21.5		＞－9.0		
		1. 冬严寒区		2. 冬寒区			3. 冬冷区		4. 冬温区		
		1-1	2-1	1-2	2-2	3-2	1-3	2-3	1-4	2-4	
普通沥青混合料	不小于	2 600		2 300			2 000				T 0728
改性沥青混合料	不小于	3 000		2 800			2 500				

4. 水稳定性

为保证沥青路面具有良好的防渗水性，宜利用轮碾机成型的车辙试验试件，脱模架起进行渗水试验，并符合表 7-4 的要求。

沥青混合料试件渗水系数(mL/min)技术要求 表 7-4

级 配 类 型		渗水系数要求(mL/min)	试验方法
密级配沥青混凝土	不大于	120	T 0730
SMA 混合料	不大于	80	
OGFC 混合料	不小于	实测	

二、沥青混合料技术指标及其含义

空隙率(VV):指压实沥青混合料内矿料与沥青体积之外的空隙(不包括矿料本身或表面被沥青封闭的孔隙)的体积与试件总体积的百分率。

矿料间隙率(VMA):指压实沥青混合料内矿料实体之外的空间体积与试件总体积的百分率,它等于试件空隙率与有效沥青体积百分率之和。

沥青饱和度(VFA):指压实沥青混合料试件内有效沥青实体体积占矿料骨架实体之外的空间体积的百分率。

稳定度是指标准尺寸试件在规定温度和加荷速度下,在马歇尔仪中最大的破坏荷载(kN)。

流值是达到最大破坏荷载时试件的径向压缩变形(以 0.1mm 计),马歇尔模数为稳定度除以流值的商。

前三个指标反映沥青混合料的耐久性,后两个指标反映它的高温性能。

第三节　沥青混合料密度试验

一、沥青混合料密度和测定方法

1. 沥青混合料密度基本概念

密度是在一定条件下测量的单位体积的质量,单位为 t/m^3 或 g/cm^3,通常以 ρ 表示。相对密度是所测定的各种密度与同温度下水的密度的比值,以 γ 表示,为无量纲量。

对沥青这样的匀质材料,材料内部没有孔隙,测定的密度只有一种。但对沥青混合料这样的复合材料,由于材料状态及测定条件的不同,计算用体积所考虑的集料内部的孔隙及集料与集料之间的间隙(空隙)情况不同,计算的密度也就不同,图 7-2 表示了几种典型情况。

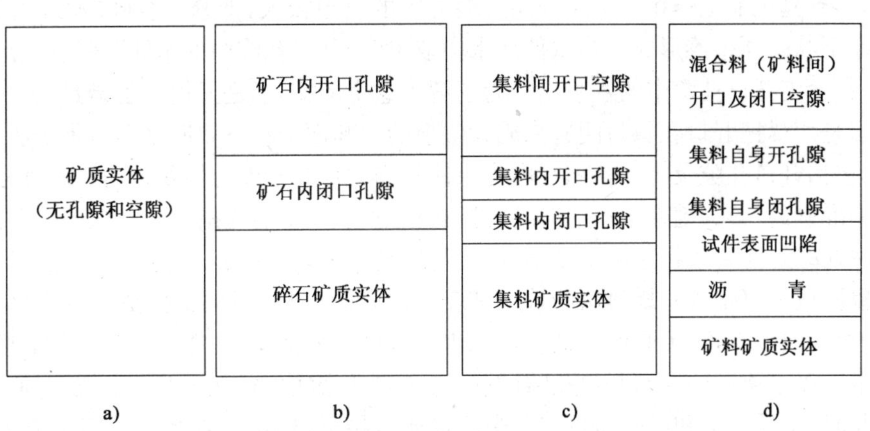

图 7-2　几种材料的典型组成情况

a)矿粉;b)单颗粒碎石;c)集料混合料;d)沥青混合料

各种不同密度的基本意义如下。

(1)真实密度:规定条件下,材料单位真实体积(不包括任何孔隙和空隙)的质量,也叫真密度。

(2)毛体积密度:规定条件下,材料单位毛体积(包括材料实体、开口及闭口孔隙)的质量。当质量以干燥质量(烘干或空气干燥)为准时,称绝干毛体积密度,简称毛体积密度。当质量以表干质量(饱和面干,包括开口孔隙中的水)为准时,称表干毛体积密度,也叫表干密度。

(3)表观密度:规定条件下,材料单位表观体积(包括材料实体、闭口孔隙,但不包括开口孔隙)的质量,也叫视密度。

沥青混合料的组成如图 7-2d)所示,它包括 6 部分:

①各种矿料的矿质集料(按磨成粉的无孔隙状态考虑);

②沥青(都充填在集料之间的间隙中,只裹覆在矿料表面,假定不被集料吸收);

③集料自身的闭孔隙;

④集料本身的开孔隙(在混合料中基本上已经被沥青封闭成闭孔隙);

⑤被沥青裹覆的矿料与矿料之间的空隙(包括开口的与闭口的);

⑥试件表面由于与试模接触得不到正常击实而产生的表面凹陷。

沥青混合料试件的空中质量相当于所有矿料的烘干质量(集料是加热后拌和的),加上沥青质量,这个数是一定的。之所以有各种不同的密度实际上是所测定的体积的含意不同而已。沥青混合料体积各部分空隙或孔隙的比例将因矿料级配、沥青用量、压实程度而不同。

2. 密度测定方法

我国规程规定的沥青混合料密度的四种测定方法中,最基本的方法是表干法测定的毛体积密度。所谓毛体积是指试件饱和面干状态下,表面轮廓水膜所包裹的全部体积,试件内与外界流通的所有开孔隙均已被水充满。试件的体积包括矿质实体和沥青体积,集料内部的闭孔隙和集料之间已被沥青封闭的闭孔隙,与外流通的开孔隙都计入了体积。但是试件轮廓以外的试件表面的凹陷是不包括在毛体积中的。用表干法测定时,关键是用拧干的湿毛巾擦试件表面时要制造一种真正的饱和面干状态。表面既不能有多余的水膜,又不能把吸入孔隙中的水分擦走,得到真正的毛体积。但是当沥青混合料的空隙很大,即开口孔隙较多时,沥青混合料的饱和面干状态便很难形成。当试件从水中取出时,开口孔隙中的水即会跟着流出,用毛巾擦的时候,也会将开口孔隙中的水吸出。为了解决这个问题,于是又提出了蜡封法。

蜡封法是用蜡把开口孔隙封闭起来成为假想的饱和面干状态。所以它与表干法是一个意思,都是以包括开口孔隙及闭口孔隙在内的毛体积作为计算密度的体积用的。不过,蜡封法也是不容易测准确的,其关键在于蜡封时既要把孔隙封住,又不能让蜡吸入空隙中。在试验规程中规定试件在蜡封前要放在冰箱中冷却,蜡熔化后的温度要低(熔点以上 4℃),使试件一浸入蜡中马上凝固成一层蜡皮。蜡封法的缺点是表面的蜡影响马歇尔试验,要把蜡刮掉。为了好刮,只能先涂一层滑石粉,由此使得试验复杂化。有另一种情况,试件浸水时几乎不吸水,即试件表面基本上没有流通外部的开口孔隙,例如许多非常密实的密级配沥青混凝土通常属于这种情况。此时,试件的饱和面干质量与空中质量非常接近,也就没有必要再用表干法测定了,可以简化成水中重法测定。

体积法是空隙率特别大,不能用以上方法测定时的特殊情况。

将四种方法的计算参数列于表 7-5,以资比较。

不过,实际的试件很难判断有无开口孔隙,很难判断开口孔隙的大小及水会不会流出或吸入，且不同试验方法测定的试验结果差异性较大。《公路沥青路面施工技术规范》(JTG F40—2004)等技术规范中对不同的混合料品种和类型明确规定了不同的方法，各种方法适用性如下。

试验规程中四种测试方法的简单比较　　表 7-5

方　　法	计算用试件质量	计算用的试件体积
水中重法	试件的空中质量	混合料体积＋试件内部的闭孔隙(开孔隙几乎可忽略)
表干法	试件的空中质量	混合料体积＋试件内部的闭孔隙＋连通表面的开孔隙
蜡封法	试件的空中质量	混合料体积＋试件内部的闭孔隙＋连通表面的开孔隙
体积法	试件的空中质量	混合料体积＋试件内部的闭孔隙＋连通表面的开孔隙＋表面凹陷

(1)表干法适用于测定吸水率不大于 2%的各种沥青混合料试件，包括密级配沥青混凝土、沥青玛蹄脂碎石混合料(SMA)和沥青稳定碎石等沥青混合料试件的毛体积相对密度和毛体积密度，并以此为基础，计算沥青混合料试件的空隙率、饱和度和矿料间隙率等各项体积指标。

(2)水中重法适用于吸水率小于 0.5%的密实沥青混合料试件的表观相对密度或表观密度。当试件很密实，几乎不存在与外界连通的开口孔隙时，可采用本方法测定的表观相对密度代替表干法测定的毛体积相对密度，并据此计算沥青混合料试件的空隙率、矿料间隙率等各项体积指标。

(3)蜡封法适用于测定吸水率大于 2%的沥青混凝土或沥青碎石混合料试件的毛体积相对密度或毛体积密度。本方法测定的毛体积相对密度适用于计算沥青混合料试件的空隙率、矿料间隙率等各项体积指标。

(4)体积法仅适用于不能用表干法、蜡封法测定的空隙率较大的沥青碎石混合料及大空隙透水性开级配沥青混合料(OGFC)等。本方法测定的毛体积相对密度适用于计算沥青混合料试件的空隙率、矿料间隙率等各项体积指标。

二、压实沥青混合料密度试验方法

1. 表干法

1)试验目的与适用范围

(1)表干法适用于测定吸水率不大于 2%的各种沥青混合料试件，包括密级配沥青混凝土、沥青玛蹄脂碎石混合料(SMA)和沥青稳定碎石等沥青混合料试件的毛体积相对密度和毛体积密度。

(2)本方法测定的毛体积相对密度和毛体积密度适用于计算沥青混合料试件的空隙率、矿料间隙率等各项体积指标。

2)仪具与材料技术要求

(1)浸水天平或电子天平：当最大称量在 3kg 以下时，感量不大于 0.1g；最大称量 3kg 以上时，感量不大于 0.5g，应有测量水中重的挂钩。

(2)网篮。

(3)溢流水箱：使用洁净水，有水位溢流装置，保持试件和网篮浸入水中后的水位一定。

(4)试件悬吊装置:天平下方悬吊网篮及试件的装置,吊线应采用不吸水的细尼龙线绳,并有足够的长度。对轮碾成型机成型的板块状试件可用铁丝悬挂。

(5)秒表。

(6)毛巾。

(7)电风扇或烘箱。

3)方法与步骤

(1)准备试件。本试验可以采用室内成型的试件,也可以采用工程现场钻芯、切割等方法获得的试件。试验前试件宜在荫凉处保存(温度不宜高于 35℃),且放置在水平的平面上,注意不要使试件产生变形。

(2)选择适宜的浸水天平或电子天平,最大称量应满足试件质量的要求。

(3)除去试件表面的浮粒,称取干燥试件的空中质量 m_a,根据选择的天平感量读数,准确至 0.1g 或 0.5g。

(4)挂上网篮,浸入溢流水箱中,调节水位,将天平调平或复零,把试件置于网篮中(注意不要晃动水)浸入水中 3~5min,称取水中质量 m_w。若天平读数持续变化,不能很快达到稳定,说明试件吸水较严重,不适用于此法测定,应改用蜡封法测定。

(5)从水中取出试件,尽快用洁净柔软的拧干湿毛巾轻轻擦去试件的表面水(不得吸走空隙内的水),称取试件的表干质量 m_f。从试件拿出水面到擦拭结束不宜超过 5s,称量过程中流出的水不得再擦拭。

(6)对从路上钻取的非干燥试件可先称取水中质量 m_w 和表干质量 m_f,然后用电风扇将试件吹干至恒重(一般不少于 12h,当不需进行其他试验时,也可用 60℃±5℃烘箱烘干至恒重),再称取空中质量 m_a。

4)计算

(1)计算试件的吸水率,取 1 位小数。

试件的吸水率即试件吸水体积占沥青混合料毛体积的百分率,按式(7-1)计算。

$$S_a = \frac{m_f - m_a}{m_f - m_w} \tag{7-1}$$

式中:S_a——试件的吸水率(%);

m_a——干燥试件的空中质量(g);

m_w——试件的水中质量(g);

m_f——试件的表干质量(g)。

(2)计算试件的毛体积相对密度和毛体积密度,取 3 位小数。

$$\gamma_f = \frac{m_a}{m_f - m_w} \tag{7-2}$$

$$\rho_f = \frac{m_a}{m_f - m_w} \times \rho_w \tag{7-3}$$

式中:γ_f——试件毛体积相对密度,无量纲;

ρ_f——试件毛体积密度(g/cm^3);

ρ_w——常温水的密度,取 $1g/cm^3$。

(3)试件的空隙率按式(7-4)计算，取1位小数。

$$VV=\left(1-\frac{\gamma_f}{\gamma_t}\right)\times 100 \tag{7-4}$$

式中：VV——试件的空隙率(%)；

γ_t——沥青混合料理论最大相对密度，按计算法或实测得到，无量纲；

γ_f——试件的毛体积相对密度，无量纲，通常采用表干法测定；当试件吸水率 $S_a>2\%$ 时，宜采用蜡封法测定；当按规定容许采用水中重法测定时，也可采用表观相对密度代替。

5)试验说明和注意事项

(1)沥青混合料的吸水率与集料吸水率的概念及计算方法是不同的，沥青混合料试件的吸水率为达到饱和面干状态时所吸收水的体积与试件毛体积之比(体积比)，而集料的吸水率是吸收水量与集料烘干质量之比(质量比)。

(2)试件毛体积密度试验重复性的允许差为0.020g/cm³。试件毛体积相对密度试验重复性的允许差为0.020。

2.蜡封法

1)试验目的与适用范围

(1)蜡封法适用于测定吸水率大于2%的沥青混凝土或沥青碎石混合料试件的毛体积相对密度或毛体积密度。

(2)本方法测定的毛体积相对密度适用于计算沥青混合料试件的空隙率、矿料间隙率等各项体积指标。

2)方法与步骤

(1)选择适宜的浸水天平或电子天平，最大称量应满足试件质量的要求。

(2)称取干燥试件的空中质量 m_a，根据选择的天平感量读数，准确至0.1g或0.5g。当为钻芯法取得的非干燥试件时，应用电风扇吹干12h以上至恒重作为空中质量，但不得用烘干法。

(3)将试件置于冰箱中，在4～5℃条件下冷却不少于30min。

(4)将石蜡熔化至其熔点以上5.5℃±0.5℃。

(5)从冰箱中取出试件立即浸入石蜡液中，至全部表面被石蜡封住后迅速取出试件，在常温下放置30min，称取蜡封试件的空中质量 m_p。

(6)挂上网篮、浸入水箱中，调节水位，将天平调平或复零。将蜡封试件放入网篮浸水约1min，读取水中质量 m_c。

(7)如果试件在测定密度后还需要做其他试验时，为便于除去石蜡，可事先在干燥试件表面涂一薄层滑石粉，称取涂滑石粉后的试件质量 m_s，然后再蜡封测定。

(8)用蜡封法测定时，石蜡对水的相对密度按下列步骤实测确定：

①取一块铅或铁块之类的重物，称取空中质量 m_g；

②测定重物的水中质量 m'_g；

③待重物干燥后，按上述试件蜡封的步骤将重物蜡封后测定其空中质量 m_d 及水中的质量 m'_d；

④按式(7-5)计算石蜡对水的相对密度。

$$\gamma_p = \frac{m_d - m_g}{(m_d - m_g) - (m'_d - m'_g)} \tag{7-5}$$

式中：γ_p——在常温条件下，石蜡对水的相对密度，无量纲；

m_g——重物的空中质量(g)；

m'_g——重物的水中质量(g)；

m_d——蜡封后重物的空中质量(g)；

m'_d——蜡封后重物的水中质量(g)。

3)计算

计算试件的毛体积相对密度，取3位小数。

(1)蜡封法测定的试件毛体积相对密度按式(7-6)计算。

$$\gamma_f = \frac{m_a}{(m_p - m_c) - (m_p - m_a)/\gamma_p} \tag{7-6}$$

式中：γ_f——由蜡封法测定的试件毛体积相对密度，无量纲；

m_a——试件的空中质量(g)；

m_p——蜡封试件的空中质量(g)；

m_c——蜡封试件的水中质量(g)。

(2)涂滑石粉后用蜡封法测定的试件毛体积相对密度按式(7-7)计算。

$$\gamma_f = \frac{m_a}{(m_p - m_c) - [(m_p - m_s)/\gamma_p + (m_s - m_a)/\gamma_s]} \tag{7-7}$$

式中：m_s——试件涂滑石粉后的空中质量(g)；

γ_s——滑石粉对水的相对密度，无量纲。

(3)试件的毛体积密度按式(7-8)计算。

$$\rho_f = \gamma_f \times \rho_w \tag{7-8}$$

式中：ρ_f——蜡封法测定的试件毛体积密度(g/cm³)；

ρ_w——常温下水的密度，取1g/cm³。

3.体积法

1)试验目的与适用范围

(1)本方法采用体积法测定沥青混合料的毛体积相对密度或毛体积密度。

(2)本方法仅适用于不能用表干法、蜡封法测定的空隙率较大的沥青碎石混合料及大空隙透水性开级配沥青混合料(OGFC)等。

(3)本方法测定的毛体积相对密度适用于计算沥青混合料试件的空隙率、矿料间隙率等各项体积指标。

2)方法与步骤

(1)选择适宜的电子天平，最大称量应满足试件质量的要求。

(2)清理试件表面，刮去突出试件表面的残留混合料，称取干燥试件的空中质量 m_a，根据选择的天平感量读取，准确至0.1g或0.5g。当为钻芯法取得的非干燥试件时，应用电风扇吹干12h以上至恒重作为空中质量，但不得用烘干法。

(3)用卡尺测定试件的各种尺寸，准确至0.01cm。圆柱体试件的直径取上下2个断面测定结果的平均值，高度取十字对称四次测定的平均值；棱柱体试件的长度取上下2个位置的平均值，高度或宽度取两端及中间3个断面测定的平均值。

3)计算方法

(1)圆柱体试件毛体积按式(7-9)计算。

$$V = \frac{\pi \times d^2}{4} \times h \tag{7-9}$$

式中：V——试件的毛体积(cm^3)；

d——圆柱体试件的直径(cm)；

h——试件的高度(cm)。

(2)棱柱体试件的毛体积按式(7-10)计算。

$$V = l \times b \times h \tag{7-10}$$

式中：l——试件的长度(cm)；

b——试件的宽度(cm)；

h——试件的高度(cm)。

(3)试件的毛体积密度按式(7-11)计算，取3位小数。

$$\rho_s = \frac{m_a}{V} \tag{7-11}$$

式中：ρ_s——用体积法测定的试件的毛体积密度(g/cm^3)；

m_a——干燥试件的空中质量(g)。

(4)试件的毛体积相对密度按式(7-12)计算，取3位小数。

$$\gamma_s = \frac{\rho_s}{0.9971} \tag{7-12}$$

式中：γ_s——用体积法测定的试件在25℃时的毛体积相对密度，无量纲。

第四节　沥青混合料理论最大相对密度试验(真空法)

1.试验目的与适用范围

(1)本方法适用于真空法测定沥青混合料理论最大相对密度，供沥青混合料配合比设计、路况调查或路面施工质量管理计算空隙率、压实度等使用。

(2)本方法不适用于吸水率大于3%的多孔性集料的沥青混合料。

2.仪具与材料技术要求

(1)天平：称量10kg以上，感量不大于0.5g；称量5kg以上，感量不大于0.1g；称量2kg以下，感量不大于0.05g。

(2)负压容器：根据试样数量选用表7-6中的A、B、C任何一种类型。负压容器口带橡皮塞，上接橡胶管，管口下方有滤网，防止细料部分吸入胶管。

负压容器类型　表 7-6

类型	容器	附属设备
A	耐压玻璃、塑料或金属制的罐，容积大于 1 000mL	有密封盖，接真空胶管，与真空泵连接
B	容积大于 1 000L 的真空容量瓶	带胶皮塞，接真空胶管，与真空泵连接
C	4 000mL 耐压真空干燥器	带胶皮塞，放气阀，接真空胶皮管与真空泵连接

(3)真空负压装置：由真空泵及水银压计(或真空表)组成，真空泵能使负压容器内造成 4kPa (30mmHg)负压。

(4)恒温水槽：水温控制 25℃±0.5℃。

(5)温度计：分度为 0.5℃。

(6)其他：玻璃板等。

3. 方法与步骤

(1)准备工作

①按公路工程沥青及沥青混合料试验规程 T 0701 沥青混合料取样方法或从沥青路面上采取(或钻取)沥青混合料试样。试样数量不少于表 7-7 中规定的数量。

沥青混合料试样数量　表 7-7

公称最大粒径(mm)	试样最小总量(g)	公称最大粒径(mm)	试样最小总量(g)
4.75	500	26.5	2 500
9.5	1 000	31.5	3 000
13.2、16	1 500	37.5	4 000
19	2 000		

②将沥青混合料团块仔细分散，粗集料不破碎，细集料团块分散到小于 6.4mm。若混合料坚硬时可用烘箱适当加热后分散，一般加热温度不超过 60℃，分散试样应用手掰开，不得用锤打碎，防止集料破碎。当试样是从路上采取的非干燥混合料时，应用电风扇吹干至恒重后再操作。

③负压容器标定法。将 B、C 类负压容器装满 25℃±0.5℃的水(上面用玻璃板盖住保持完全充满水)，称取负压容器与水的总质量 m_b。

④采用 A 类容器时，将容器全部置于 25℃±0.5℃的恒温水槽中，称取容器的水中质量 m_1。

⑤将负压容器干燥，编号称取质量。

(2)试验步骤

①将沥青混合料试样装入干燥的负压容器中，称容器及沥青混合料总质量，得到试样的净质量 m_a，试样质量应不小于上述规定的最小数量。

②在负压容器中注入约 25℃的水，将混合料全部浸没。

③将负压容器与真空泵、真空表连接，开动真空泵，使真空度达到 97.3kPa(730mmHg)，然后按照程序，使水充分搅动混合料，除去剩余的气泡。每隔 2min 振动若干次，持续 15min±2min 直至无气泡出现为止。

为使气泡容易除去，可在水中加入 0.01%浓度的表面活性剂(如每 10mL 水中加 0.01g 洗涤灵)。

④当负压容器采用A类容器时，浸入保温至25℃±0.5℃的恒温水槽，约10min后，称取负压容器与沥青混合料的水中质量m_2。

当负压容器采用B、C类容器时，将装有沥青混合料试样的容器浸入保温至25℃±0.5℃的恒温水槽，约10min后取出，加上盖，使容器中没有空气，擦净容器外的水分，称取容器、水和沥青混合料试样的总质量m_c。

4.计算

(1)采用A类容器时，沥青混合料的理论最大相对密度按式(7-13)计算。

$$\gamma_t = \frac{m_a}{m_a - (m_2 - m_1)} \tag{7-13}$$

式中：γ_t——沥青混合料理论最大相对密度；

m_a——干燥沥青混合料试样的空气中质量(g)；

m_1——负压容器在25℃水中的质量(g)；

m_2——负压容器与沥青混合料一起在25℃水中的质量(g)。

(2)采用B、C类容器作负压容器时，沥青混合料的最大相对密度按式(7-14)计算。

$$\gamma_t = \frac{m_a}{m_a + m_b - m_c} \tag{7-14}$$

式中：m_b——装满25℃水的负压容器质量(g)；

m_c——25℃时试样、水与负压容器的总质量(g)。

(3)沥青混合料25℃时的理论最大密度按式(7-15)计算。

$$\rho_t = \gamma_t \times \rho_w \tag{7-15}$$

式中：ρ_t——沥青混合料的理论最大密度(g/cm^3)；

ρ_w——25℃时水的密度，0.997 1g/cm^3。

5.报告

同一试样至少平行试验两次，取平均值作为试验结果，计算至小数点后3位。

第五节　沥青混合料试件制作方法

一、沥青混合料试件的用途

确定混合料沥青用量的方法大体有：

(1)经验公式估算法；

(2)粒径分配法，例如以集料的细度模数确定配合比的方法；

(3)表面积法，通过测定细集料表面吸油量确定沥青用量的方法，如维姆的离心煤油当量法；

(4)空隙填充论法，这是用沥青和细料填充粗集料空隙的方法；

(5)按最大密度空隙论的方法，如马歇尔试验方法。

就目前世界范围来说，以马歇尔试验方法的应用最为广泛。我国规范规定用马歇尔试验方法确定沥青用量。根据当地的实践经验选择适宜的沥青用量，分别制作几组级配的马歇尔试件，测定 VMA，初选一组满足或接近设计要求的级配作为设计级配。

沥青混合料中沥青用量表示方法有油石比和沥青含量两种。油石比是沥青与矿料的质量比，用百分数表示；沥青含量是指沥青质量占混合料总质量的百分率。沥青含量和油石比二者之间的换算关系：沥青含量＝油石比/(1＋油石比)。

马歇尔试件组成材料计算方法：用相应的矿料级配乘以规定的一个试件要求的质量(标准马歇尔试件约为 1 200g，大型马歇尔试件约为 4 050g)。当已知沥青混合料的密度时，根据试件的标准尺寸计算并乘以 1.03 得到要求的混合料数量，再按级配分别求得相应拌和物用量。

二、沥青混合料试件制作方法

1.目的与适用范围

(1)本方法适用于标准击实法或大型击实法制作沥青混合料试件，以供试验室进行沥青混合料物理力学性质试验使用。

(2)标准击实法适用于标准马歇尔试验、间接抗拉试验(劈裂法)等所使用的 ϕ101.6mm×63.5mm 圆柱体试件的成型。大型击实法适用于大型马歇尔试验和 ϕ152.4mm×95.3mm 的大型圆柱体试件的成型。

(3)沥青混合料试件制作时的条件及试件数量应符合下列规定：

①当集料公称最大粒径小于或等于 26.5mm 时，采用标准击实法，一组试件的数量不少于 4 个。

②当集料公称最大粒径大于 26.5mm 时，宜采用大型击实法，一组试件数量不少于 6 个。

2.仪具与材料技术要求

(1)自动击实仪：击实仪应具有自动记数、控制仪表、按钮设置、复位及暂停等功能。按其用途分为以下两种：

①标准击实仪。由击实锤、ϕ98.5mm 平圆形压实头及带手柄的导向棒组成。用机械将压实锤提升至 457.2mm±1.5mm 高度，沿导向棒自由落下连续击实，标准击实锤质量 4 536g ±9g。

②大型击实仪。由击实锤、ϕ149.5mm 平圆形压实头及带手柄的导向棒组成。用机械将压实锤提升至 457.2mm±1.5mm 高度，沿导向棒自由落下击实，大型击实锤质量 10 210g ±10g。

(2)试验室用沥青混合料拌和机：能保证拌和温度并充分拌和均匀，可控制拌和时间，容量不小于 10L。搅拌叶自转速度 70～80r/min，公转速度 40～50r/min。

(3)试模：由高碳钢或工具钢制成，几何尺寸如下：

①标准击实仪试模的内径为 101.6mm±0.2mm，高 87mm 的圆柱形金属筒，底座直径约 120.6mm，套筒内径 104.8mm，高 70mm。

②大型击实仪的试模与套筒尺寸。套筒外径 165.1mm，内径 155.6mm±0.3mm，总高 83mm。试模内径 152.4mm±0.2mm，总高 115mm，底座板厚 12.7mm，直径 172mm。

(4)脱模器：电动或手动，应无破损地推出圆柱体试件，备有标准试件及大型试件尺寸的推出环。

(5)烘箱：大、中型各一台，应有温度调节器。

(6)天平或电子秤:用于称量沥青的,感量不大于0.1g;用于称量矿料的,感量不大于0.5g。

(7)布洛克菲尔德黏度计。

(8)插刀或大螺丝刀。

(9)温度计:分度为1℃。宜采用有金属插杆的插入式数显温度计,金属插杆的长度不小于150mm,量程0～300℃。

(10)其他:电炉或煤气炉、沥青熔化锅、拌和铲、标准筛、滤纸(或普通纸)、胶布、卡尺、秒表、粉笔、棉纱等。

3.准备工作(以道路石油沥青为例)

(1)确定制作沥青混合料试件的拌和温度与压实温度

①按沥青和沥青混合料规程测定沥青的黏度,绘制黏温曲线。按表7-8的要求,确定适宜于沥青混合料拌和及压实的等黏温度。

②当缺乏沥青黏度测定条件时,试件的拌和与压实温度可按表7-9选用,并根据沥青品种和标号作适当调整。针入度小、稠度大的沥青取高限,针入度大、稠度小的沥青取低限,一般取中值。

沥青混合料拌和及压实的沥青等黏温度　　表7-8

沥青结合料种类	黏度与测定方法	适宜于拌和的沥青结合料黏度	适宜于压实的沥青结合料黏度
石油沥青	表观黏度,T 0625	(0.17±0.02)Pa·s	(0.28±0.03)Pa·s

注:液体沥青混合料的压实成型温度按石油沥青要求执行。

沥青混合料拌和及压实温度参考表　　表7-9

沥青结合料种类	拌和温度(℃)	压实温度(℃)
石油沥青	140～160	120～150
改性沥青	160～175	140～170

对改性沥青,应根据实践经验、改性剂的品种和用量,适当提高混合料的拌和和压实温度,对大部分聚合物改性沥青,通常在普通沥青的基础上提高10～20℃,掺加纤维时,尚需再提高10℃左右。

(2)沥青混合料试件的制作条件

①在拌和厂或施工现场采取沥青混合料制作试样时,按我国规程规定的沥青混合料取样方法取样,将试样置于烘箱中加热或保温,在混合料中插入温度计测量温度,待混合料温度符合要求后成型。需要拌和时可倒入已加热的室内沥青混合料拌和机中适当拌和,时间不超过1min。不得在电炉或明火上加热炒拌。

②在试验室人工配制沥青混合料时,试件的制作按下列步骤进行:

a.将各种规格的矿料置105℃±5℃的烘箱中烘干至恒重(一般宜为4～6h)。

b.将烘干分级的粗、细集料,按每个试件设计级配要求称其质量,在一金属盘中混合均匀,矿粉单独放入小盆里,然后置烘箱中加热至沥青拌和温度以上约15℃(采用石油沥青时通常为163℃;采用改性沥青时通常需180℃)备用。一般按一组试件(每组4～6个)备料,但进行配合比设计时宜对每个试件分别备料。常温沥青混合料的矿料不应加热。

c.将按我国试验规程沥青试样准备方法采取的沥青试样，用烘箱加热至规定的沥青混合料拌和温度，但不得超过175℃。当不得已采用燃气炉或电炉直接加热进行脱水时，必须使用石棉垫隔开。

4.拌制沥青混合料(以黏稠石油沥青为例)

(1)用沾有少许润滑脂的棉纱擦净试模、套筒及击实座等，置100℃左右烘箱中加热1h备用。常温沥青混合料用试模不加热。

(2)将沥青混合料拌和机提前预热至拌和温度10℃左右。

(3)将加热的粗细集料置于拌和机中，用小铲子适当混合，然后加入需要数量的沥青(如沥青已称量在一专用容器内时，可在倒掉沥青后用一部分热矿粉将沾在容器壁上的沥青擦拭一起倒入拌和锅中)，开动拌和机，一边搅拌一边使拌和叶片插入混合料中拌和1～1.5min，然后暂停拌和，加入加热的矿粉，继续拌和至均匀为止，并使沥青混合料保持在要求的拌和温度范围内。标准的总拌和时间为3min。

5.成型方法

(1)击实法的成型步骤如下：

①将拌好的沥青混合料用小铲适当拌和均匀，称取一个试件所需的用量(标准马歇尔试件约1 200g，大型马歇尔试件约4 050g)。当已知沥青混合料的密度时，可根据试件的标准尺寸计算并乘以1.03得到要求的混合料数量。当一次拌和几个试件时，宜将其倒入经预热的金属盘中，用小铲适当拌和均匀分成几份，分别取用。在试件制作过程中，为防止混合料温度下降，应连盘放在烘箱中保温。

②从烘箱中取出预热的试模及套筒，用沾有少许润滑脂的棉纱擦拭套筒、底座及击实锤底面，将试模装在底座上，放一张圆形的吸油性小的纸，用小铲将混合料铲入试模中，用插刀或大螺丝刀沿周边插捣15次，中间捣10次。插捣后将沥青混合料表面整平。对大型击实法的试件，混合料分两次加入，每次插捣次数同上。

③插入温度计至混合料中心附近，检查混合料温度。

④待混合料温度符合要求的压实温度后，将试模连同底座一起放在击实台上固定，在装好的混合料上面垫一张吸油性小的圆纸，再将装有击实锤及导向棒的压实头放入试模中，开启电机，使击实锤从457mm的高度自由落下到击实规定的次数(75或50次)。对大型试件，击实次数为75次(相应于标准击实50次)或112次(相应于标准击实75次)。

⑤试件击实一面后，取下套筒，将试模掉头，装上套筒，然后以同样的方法和次数击实另一面。

⑥试件击实结束后，立即用镊子取掉上下面的纸，用卡尺量取试件离试模上口的高度，并由此计算试件高度。如高度不符合要求时，试件应作废，并按下式调整试件的混合料质量，以保证高度符合63.5mm±1.3mm(标准试件)或95.3mm±2.5mm(大型试件)的要求。

$$\text{调整后混合料质量}=\frac{\text{要求试件高度}\times\text{原用混合料质量}}{\text{所得试件的高度}} \tag{7-16}$$

(2)卸去套筒和底座，将装有试件的试模横向放置冷却至室温后(不少于12h)，置脱模机上脱出试件。用于公路工程沥青及沥青混合料试验规程T 0709作现场马歇尔指标检验的试件，在施工质量检验过程中如急需试验，允许采用电风扇吹冷 1h 或浸水冷却 3min 以上的方法脱模，但浸水脱模法不能用于测量密度、空隙率等各项物理指标。

（3）将试件仔细置于干燥洁净的平面上，供试验用。

6. 试验说明和注意事项

（1）矿料、试模、套筒及击实座等要按规范置于烘箱中加热。

（2）严格控制混合料的拌和时间和矿粉加入时机。

（3）马歇尔试件击实次数：标准马歇尔 75 次，大马歇尔试件 112 次。

第六节　沥青混合料马歇尔稳定度试验

一、马歇尔稳定度定义

马歇尔稳定度指按规定条件采用马歇尔试验仪测定的沥青混合料所能承受的最大荷载，以 kN 计。流值指沥青混合料在马歇尔试验时相应于最大荷载时试件的竖向变形，以 mm 计。

二、马歇尔稳定度试验

1. 试验目的与适用范围

本方法适用于马歇尔稳定度试验和浸水马歇尔稳定度试验，以进行沥青混合料的配合比设计或沥青路面施工质量检验。浸水马歇尔稳定度试验（根据需要，也可进行真空饱水马歇尔试验）供检验沥青混合料受水损害时抵抗剥落的能力时使用，通过测试其水稳定性检验配合比设计的可行性。

2. 仪具与材料技术要求

（1）沥青混合料马歇尔试验仪

①当集料公称最大粒径小于或等于 26. 5mm 时，宜采用 ϕ101. 6mm×63. 5mm 的标准马歇尔试件，试验仪最大荷载不小于 25kN，读数准确度 100N，加载速率应能保持 50mm/min±5mm/min。钢球直径 16mm，上下压头曲率半径为 50. 8mm。

②当集料公称最大粒径大于 26. 5mm 时，宜采用 ϕ152. 4mm×95. 3mm 大型马歇尔试件，试验仪最大荷载不得小于 50kN，读数准确度为 100N。上下压头的曲率内径为 152. 4mm±0. 2mm，上下压头间距 19. 05mm±0. 1mm。

（2）恒温水槽：控温准确度为 1℃，深度不小于 150mm。

（3）真空饱水容器：包括真空泵及真空干燥器。

（4）烘箱。

（5）天平：感量不大于 0. 1g。

（6）温度计：分度为 1℃。

（7）卡尺。

（8）其他：棉纱，润滑脂。

3. 标准马歇尔试验方法

（1）准备工作

①按标准击实法成型马歇尔试件，标准马歇尔试件尺寸应符合直径 ϕ101.6mm±0.2mm、高 63.5mm±1.3mm 的要求。对大型马歇尔试件，尺寸应符合直径 ϕ152.4mm±0.2mm，高 95.3mm±2.5mm 的要求。一组试件的数量最少不得少于 4 个，并符合沥青混合料试件制作方法(击实法)的规定。

②量测试件的直径及高度：用卡尺测量试件中部的直径，用马歇尔试件高度测定器或用卡尺在十字对称的 4 个方向量测离试件边缘 10mm 处的高度，准确至 0.1mm，并以其平均值作为试件的高度。如试件高度不符合 63.5mm±1.3mm 或 95.3mm±2.5mm 要求，或两侧高度差大于 2mm 时，此试件应作废。

③按公路工程沥青及沥青混合料试验规程规定的方法测定试件的密度，并计算空隙率、沥青体积百分率、沥青饱和度、矿料间隙率等物理指标。

④将恒温水槽调节至要求的试验温度，对黏稠石油沥青或烘箱养生过的乳化沥青混合料为 60℃±1℃，对煤沥青混合料为 33.8℃±1℃，对空气养生的乳化沥青或液体沥青混合料为 25℃±1℃。

(2)试验步骤

①将试件置于已达规定温度的恒温水槽中保温，保温时间对标准马歇尔试件需 30～40min，对大型马歇尔试件需 45～60min。试件之间应有间隔，底下应垫起，水槽底部不小于 5cm。

②将马歇尔试验仪的上下压头放入水槽或烘箱中达到同样温度。将上下压头从水槽或烘箱中取出擦拭干净内面。为使上下压头滑动自如，可在下压头的导棒上涂少量润滑脂，再将试件取出置于下压头上，盖上上压头，然后装在加载设备上。

③在上压头的球座上放妥钢球，并对准荷载测定装置的压头。

④当采用自动马歇尔试验仪时，将自动马歇尔试验仪的压力传感器、位移传感器与计算机或 *X-Y* 记录仪正确连接，调整好适宜的放大比例，压力和位移传感器调零。

⑤当采用压力环和流值计时，将流值计安装在导棒上，使导向套管轻轻地压住上压头，同时将流值计读数调零。调整压力环中百分表，调零。

⑥启动加载设备，使试件承受荷载，加载速度为(50±5)mm/min。计算机或 *X-Y* 记录仪自动记录传感器压力和试件变形曲线，并将数据自动存入计算机。

⑦当试验荷载达到最大值的瞬间，取下流值计，同时读取压力环中百分表读数及流值计的流值读数。

⑧从恒温水槽中取出试件至测出最大荷载值的时间，不得超过 30s。

4.浸水马歇尔试验方法

浸水马歇尔试验方法与标准马歇尔试验方法的不同之处在于，试件在已达规定温度恒温水槽中的保温时间为 48h，其余步骤均与标准马歇尔试验方法相同。

5.真空饱水马歇尔试验方法

试件先放入真空干燥器中，关闭进水胶管，开动真空泵，使干燥器的真空度达到 98.3kPa(730mmHg)以上，维持 15min，然后打开进水胶管，靠负压进入冷水流使试件全部浸入水中，浸水 15min 后恢复常压，取出试件再放入已达规定温度的恒温水槽中保温 48h，其余均与标准马歇尔试验方法相同。

6. 计算

(1)试件的稳定度及流值

①当采用自动马歇尔试验仪时，将计算机采集的数据绘制成压力和试件变形曲线，或由 X-Y 记录仪自动记录的荷载—变形曲线，按图 7-3 所示的方法，在切线方向延长曲线与横坐标相交于 O_1，将 O_1 作为修正原点，从 O_1 起量取相应于荷载最大值时的变形作为流值(FL)，以 mm 计，精确至 0.1mm。最大荷载即为稳定度(MS)，以 kN 计，精确至 0.01kN。

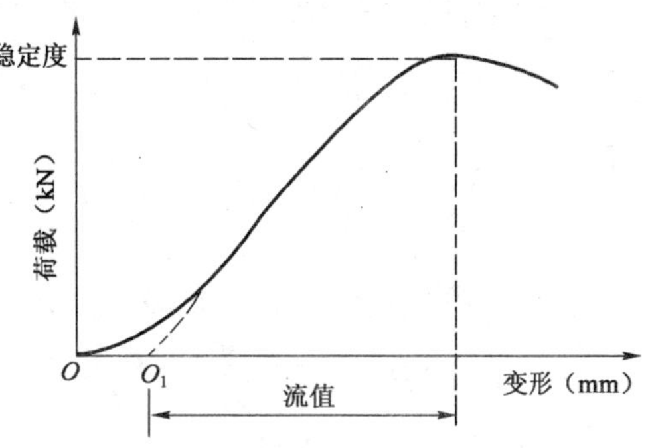

图 7-3　马歇尔试验结果的修正方法

②采用压力环和流值计测定时，根据压力环标定曲线，将压力环中百分表的读数换算为荷载值，或者由荷载测定装置读取的最大值即为试样的稳定度(MS)，以 kN 计，精确至 0.01kN。由流值计及位移传感器测定装置读取的试件垂直变形，即为试件的流值(FL)，以 mm 计，精确至 0.1mm。

(2)试件的马歇尔模数按式(7-17)计算。

$$T=\frac{\mathrm{MS}}{\mathrm{FL}} \tag{7-17}$$

式中：T——试件的马歇尔模数(kN/mm)；

MS——试件的稳定度(kN)；

FL——试件的流值(mm)。

(3)试件的浸水残留稳定度按式(7-18)计算。

$$\mathrm{MS}_0=\frac{\mathrm{MS}_1}{\mathrm{MS}}\times 100 \tag{7-18}$$

式中：MS_0——试件的浸水残留稳定度(%)；

MS_1——试件浸水 48h 后的稳定度(kN)。

(4)试件的真空饱水残留稳定度按式(7-19)计算。

$$\mathrm{MS}'_0=\frac{\mathrm{MS}_2}{\mathrm{MS}}\times 100 \tag{7-19}$$

式中：MS'_0——试件的真空饱水残留稳定度(%)；

MS_2——试件真空饱水后浸水 48h 后的稳定度(kN)。

7. 试验结果评定

当一组测定值中某个测定值与平均值之差大于标准差的 k 倍时，该测定值应予舍弃，并以其余测定值的平均值作为试验结果。当试件数目 n 为 3、4、5、6 个时，k 值分别为 1.15、1.46、1.67、1.82。

例题：进行马歇尔试验，一组 4 个试件，测得的稳定度为 8.2kN、8.5kN、9.6kN、14.0kN，请详细计算该组马歇尔试件的最后平均稳定度(试验数目为 4 时，其 k 值取 1.46)。

解：(1)测值由小到大排序：8.2kg，8.5kN，9.6kN，14.0kN。

(2)计算特征值： $\overline{x}=10.075\text{kN}\quad S=2.685\text{kN}$

(3)计算统计值： $g_{(1)}=\dfrac{\overline{x}-x_{(1)}}{s}=\dfrac{10.075-8.2}{2.685}=0.698$

$$g_{(4)}=\frac{x_{(4)}-\overline{x}}{s}=\frac{14-10.075}{2.685}=1.462$$

(4)判别：$g_4>g_{(0)}$，所以 $x_{(4)}=14.0\text{kN}$ 为异常值。

(5)平均稳定度为：$\dfrac{8.2+8.5+9.6}{3}=8.76\text{kN}$

8.试验说明和注意事项

(1)马歇尔试验是目前沥青混合料中最重要的一个试验方法。为区别试验时浸水条件的不同，将其分别称为标准马歇尔试验、浸水马歇尔试验及真空饱水马歇尔试验。使用大型试件时称为大型马歇尔试验。

(2)试件直径及高度必须合乎规范要求。马歇尔试验变异性与试件的成型高度关系很大，尤其是空隙率可能相差较大，所以制件时要很好地控制试件高度，高度不符者一定要剔除。如试件高度不符合 63.5mm±1.3mm 或 95.3mm±2.5mm 要求，或两侧高度差大于 2mm 时，此试件应作废。

(3)从恒温水箱中取出时间至测出最大荷载值的时间，不得超出 30s。

(4)试件保温温度和保温时间严格按规范要求控制。

(5)启动加载设备，使试件承受荷载，加载速度为(50±5)mm/min。

(6)将试件置于下压头上，盖上上压头，需要上下对准。

(7)在工程上有时出现马歇尔试验的荷载—变形曲线的顶部很平坦的现象，即荷载增加很小，变形却持续不断增大，改性沥青和 SMA 混合料也经常出现这种情况，致使对应于最大荷载(稳定度)处的变形(流值)很大，在这种情况下，可以以最大荷载的 98%对应的变形值作为流值，但应该在试验报告中如实说明。

第七节　沥青混合料沥青含量试验

1.沥青用量与路用性能

确定沥青混合料的沥青含量从本质上讲是设计一个合理的沥青膜厚度。通常认为，混合料中有效沥青的沥青膜太薄固然不行，但太厚了将使游离的自由沥青太多，成为集料产生相对位移的润滑剂。沥青混合料沥青的用量，对沥青混合料的路用性能影响也非常大。当沥青用量很少，沥青不足以形成结构沥青的薄膜来黏结矿料颗粒时，随着沥青用量的增加，结构沥青逐渐形成，使沥青与矿料之间的黏附力随着沥青用量的增加而增加。当沥青用量足以形成薄膜并充分黏附在矿粉颗粒表面时，沥青胶浆具有最高的黏附力。随后，如沥青用量过多，逐渐将矿粉颗粒推开，在颗粒间形成未与矿粉交互作用的“自由沥青”，则沥青胶浆的黏结力随着自由沥青的增加而降低。当沥青用量增加到某一用量时，沥青混合料的黏结力主要取决于自由沥青。随着沥青用量的增加，沥青不仅起着黏结剂的作用，而且起着润滑剂的作用，从而降低了粗级料的相互密排作用，也减小了沥青混合料的内摩擦角。因此，沥青用量应控制在一个合理的范围内,最佳沥青用量也是配合比设计中一项重要工作。

2. 沥青含量检测与计算方法

常用沥青含量检测方法有:射线法、离心分离法、回流式抽提仪、脂肪抽提器法等。

射线法测定的是用黏稠石油沥青拌制的热拌沥青混合料中的沥青含量(或油石比),不适用于其他沥青拌制的混合料。适用于热拌热铺沥青混合料路面施工时的沥青用量检测,以快速评定拌和厂的产品质量。

离心分离法适用于热拌热铺沥青混合料路面施工时的沥青用量检测,以评定拌和厂产品质量。此法也适用于旧路调查时检测沥青混合料的沥青用量,用此法抽提的沥青溶液可用于回收沥青,以评定沥青的老化性质。

沥青含量指沥青混合料中沥青质量占混合料总质量的百分比,按式(7-20)计算;油石比指沥青混合料中沥青质量占混合料中矿料总质量的百分比,按式(7-21)计算。

$$P_b = \frac{m - m_a}{m} \tag{7-20}$$

$$P_a = \frac{m - m_a}{m_a} \tag{7-21}$$

式中:P_b——沥青混合料的沥青含量(%);

P_a——沥青混合料的油石比(%);

m——沥青混合料的总质量(g);

m_a——沥青混合料中矿料的质量(g)。

第八节　沥青混合料车辙试验

一、车辙试验的目的和意义

车辙试验用于测定沥青混合料的高温抗车辙能力,供沥青混合料配合比设计的高温稳定性检验使用。

沥青混合料的车辙试验是试件在规定温度及荷载条件下,测定试验轮往返行走所形成的车辙变形速率,以每产生 1mm 变形的行走次数即动稳定度表示。车辙试验是沥青混合料性能检验中最重要的指标。车辙大小除受混合料自身影响外,与荷载、温度、时间(含车速)的关系很大。

车辙试验方法和设备对试验结果有很大的影响。我国的车辙试验是在温度 60℃、荷载 0.7MPa、速率 42 次/min 标准条件下试验的,工程发生车辙的实际条件(荷载、温度、车速)与此并不对应,除了沥青混合料自身的因素外,温度、荷载、速度对高温性能的影响是主要因素,而这些因素是目前室内车辙试验所解决不了的。而不同的温度、荷载、车速与标准条件之间不存在固定的换算模式,不同沥青品种、不同混合料的换算公式相差较大,个别研究得到的换算关系并没有通用性。

车辙试验的温度应能反映夏季高温的路面温度。车辙试验法依照我国绝大多数地区的条件，试验温度为60℃±1℃，但是实际试验中，可以根据工程所处的地理位置、气候条件选择其他温度进行试验。同样对试验轮与试样的接触压强也可以根据交通量大小、重载车情况及路段的地理地貌位置选择压强大小进行配合比的检验，接触压强具体选择多大根据需要确定。

对恒温室要求：整个车辙试验机必须放在恒温室内，恒温室中必须有一定的空间用来养生试件，且必须有通风循环设备，使温度均匀，直至试验。恒温室可以用保温材料砌筑。有的试验机仅将试件部位保温，空气不回流，将试件放在另外的烘箱中养生，这是不合适的，很难保证试件内部的温度均匀恒定为60℃±0.5℃。通过比较试验发现，对空气不回流，在烘箱中养生的试件，动稳定度要比在有通风循环设备中的试件几乎高1倍，因此这种检验结果是不合适的。本次修订是强调了恒温室应具备足够的空间，用于保温试件和进行试验。

车辙试验方法作为沥青混合料配合比设计高温稳定性检验指标，试验时有一点很重要，即试件必须是新拌配制的，在现场取样时必须在尚未冷却时即制模，不允许将混合料冷却后再二次加热重塑制作。据“八五”攻关课题研究，重塑制作的动稳定度可能高出两倍甚至好几倍，数据是不可信的，也是不能作为评价合格与否的依据的。

二、沥青混合料车辙试验方法

1.仪具与材料

(1)车辙试验机：主要由下列部分组成。

①试件台：可牢固地安装两种宽度(300mm及150mm)的规定尺寸试件的试模。

②试验轮：橡胶制的实心轮胎，外径ϕ200mm，轮宽50mm，橡胶层厚15mm。橡胶硬度(国际标准硬度)20℃时为84±4，60℃时为78±2(轮胎橡胶硬度应注意检验，不符合要求者应及时更换)，试验轮行走距离为230mm±10mm，往返碾压速度为42次/min±1次/min(21次往返/min)。允许采用曲柄连杆驱动试验台运动(试验轮不移动)或链驱动试验轮运动(试验台不动)的任一种方式。

③加载装置：使试验轮与试件的接触压强在60℃时为0.7MPa±0.05MPa，施加的总荷重为78kg左右，根据需要可以调整。

④试模：钢板制成，由底板及侧板组成，试模内侧尺寸长为300mm，宽为300mm，厚为50mm(试验室制作)，亦可固定150mm宽的现场切制试件。

⑤变形测量装置：自动检测车辙变形并记录曲线，通常用LVDT、电测百分表或非接触位移计。

⑥温度检测装置：自动检测并记录试件表面及恒温室内温度的温度传感器、温度计，精度为0.5℃。

(2)恒温室：能保持室内60℃±1℃恒温，能自动连续记录温度。

(3)台秤：称量15kg，感量不大于5g。

2.试验步骤

(1)准备工作

①先测定试验轮压强，应符合(0.7±0.05)MPa，将试件装于原试模中。

②试件成型后，连同试模一起在常温下放置时间不得少于12h。聚合物改性沥青混合料试件放置时间以24h为宜，但最长不得超过一周。

(2)试验过程

①将试件连同试模一起，置于试验温度(60±1)℃的恒温室中，保温不少于5h，也不得多于24h。在试验轮不行走的试件部位上，粘贴一个热电偶温度计，控制试件温度稳定在(60±0.5)℃。

②将试件连同试模置于车辙试验机的试件台上，试验轮在试件的中央部位，其行走方向须与试件碾压方向一致。开动车辙变形自动记录仪，然后启动试验机，使试验轮往返行走，时间约1h，或最大变形达到25mm为止。试验时，记录仪自动记录变形曲线(图7-4)及时间温度。须注意的是，对于300mm宽且试验时变形较小的试件，也可对一块试件在两侧1/3位置上进行两次试验取平均值。

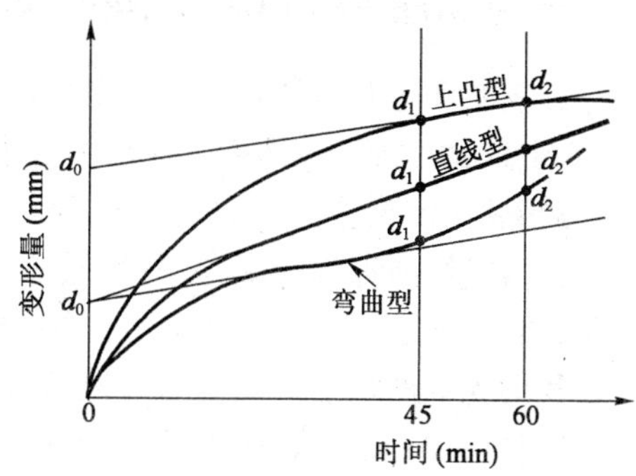

图7-4　车辙试验自动记录的变形曲线

3.计算结果

从图7-4上读取45min(t_1)及60min(t_2)时的车辙变形d_1及d_2，精确至0.01mm。如果变形过大，在未到60min变形已经达到25mm时，则以达到25mm(d_2)时的时间为t_2，将其前15min为t_1，此时的变形量为d_1。

沥青混合料时间的动稳定度按下式计算：

$$DS=\frac{(t_2-t_1)\times N}{d_2-d_1}c_1c_2 \tag{7-22}$$

式中：DS——沥青混合料的动稳定度(次/mm)；

d_1——时间t_1(一般为45min)的变形量(mm)；

d_2——时间t_2(一般为60min)的变形量(mm)；

N——试验轮每分钟行走次数，通常为42次/min；

c_1——试验机类型修正系数，曲柄连杆驱动试件的变速行走方式为1.0，链驱动试验轮的等速方式为1.5；

c_2——试件系数，试验制备的宽300mm的试件为1.0，从路面切割的宽150mm的试件为0.8。

车辙试验的优点是能反映工程的实际情况，用来评价沥青混合料的抗车辙能力。我国规范规定，以60℃作为车辙试验的标准温度，加载水平为0.7MPa，试验持续1h，以动稳定度作为评价指标。

当直接在拌和厂取好的沥青混合料样品制作试件检验生产配合比设计或混合料生产质量时，必须将混合料装入保温桶中，在温度下降至成型温度之前迅速送达试验室制作试件，如果温度稍有不足，可放在烘箱中稍事加热(时间不超过30min)后使用；也可直接在现场用手动碾或压路机碾压成型试件，但不得将混合料冷却后二次加热重塑制作试件。重塑制件的试验结果仅供参考，不得用于评定配合比设计检验。

同一沥青混合料或同一路段的路面，至少平行试验3个试件，当3个试件动稳定度变异系数小于20%时，取其平均值作为试验结果。变异系数大于20%时应分析原因，并追加试验。如计算动稳定度值大于6 000次/mm时，记作：>6 000次/mm。

第九节　沥青混合料黏附性试验

一、沥青混合料黏附性的影响因素

影响沥青与矿料黏附性的因素很多。集料方面的因素:集料的矿物组成、表面构造、多孔性、含土量、耐久性、表面积、吸收性、含水率、形状、干燥程度、风化程度等。沥青方面的因素:沥青的黏度、流变性、电荷极性、成分、是否使用抗剥落剂等,还有沥青混合料的空隙率、渗透性、沥青含量、沥青膜厚度、填料类型、矿料级配和沥青混合料类型等;雨量、湿度、水的 pH 值、盐分、温度、交通量、排水、地下水位等,施工质量等环境条件也会影响沥青与矿料的黏附性。

我国规范规定了粗集料的两种黏附性试验方法。大于 13.2mm 的集料选用水煮法,小于(或等于)13.2mm 的集料选用水浸法。通过一定条件下考察集料表面的沥青膜抵御水的剥离能力来界定沥青黏附性的好坏。由两名以上经验丰富的试验人员分别评定后,取平均等级作为试验结果。

按照表 7-10 对沥青与矿料的黏附等级进行评定。

沥青与集料黏附性的等级评定　　表 7-10

试验后石料表面沥青膜剥落情况	黏附性等级
沥青膜完全保存,剥离面积百分率接近于 0	5
沥青膜少部分被水所移动,厚度不均匀,剥离面积百分率少于 10%	4
沥青膜局部明显地被水移动,基本保留在石料表面上,剥离面积百分率少于 30%	3
沥青膜大部分被水所移动,局部保留在石料表面上,剥离面积百分率大于 30%	2
沥青膜完全被水所移动,石料基本裸露,沥青全浮于水面上	1

二、试验方法

1. 水煮法操作步骤

(1)将集料过 13.2mm、19mm 的筛,取存留在 13.2mm 筛上的颗粒 5 个,要求试样表面规整、接近立方体,用水洗净,在 105℃的烘箱中烘干。用细线将试样集料颗粒逐个系牢,继续放入 105℃的烘箱中加热待用。

(2)石油沥青加热至 130～150℃,将待用的集料试样浸入沥青 45s,使沥青能够全部裹覆在集料表面,取出并悬挂在试验架上,在室温下冷却 15min。

(3)将盛水的大烧杯放置在有石棉网的电炉上加热煮沸,在水微沸的状态下(避免有沸腾的气泡出现),将裹覆沥青的集料试样通过细绳悬挂于水中,保持微沸状态浸煮 3min。

(4)浸煮结束后,将集料从水中取出,观察集料颗粒表面沥青膜的剥落程度,并按等级评定表内容进行黏度等级评定。

(5)同样试样平行试验 5 个颗粒,并由两名以上经验丰富的试验人员分别评定后,取平均等级作为试验结果。

水煮法有诸多缺点,国内不少学者也已经提出过批评意见。水煮法的缺点包括:

①试验技巧不好掌握，对“微沸”状态的理解因人而异。“微沸”应该是水已经沸腾，但只有小的气泡不断向上冒，并没有激烈的大气泡翻滚。可水的沸腾程度对沥青膜的移动有很大的影响，这就是前面所说的“水力冲刷”。水动力大，沥青膜移动剥落就厉害。

②剥落百分率不好估计。规范要求不小于4级，意味着剥落面积不得大于10%，目测估计10%的界限很难掌握。

③水煮法是将集料彻底烘干后试验的，在裹覆的沥青膜与集料之间并没有水分，只有外部水分的影响，所以它不能反映某些多孔性集料在施工过程中不能将集料中的水分完全烘干的情况。

④作为沥青与矿料的黏附性，水煮法只试验了粗集料与沥青的黏附性，而对在沥青混合料中占有相当比例的细集料，则没有进行试验。对于细集料含量多的密级配沥青混凝土，尤其是对采用颗粒坚硬的石英砂来说，沥青膜从细集料表面剥落同样有很大的危害，所以我国的水煮法称为沥青与粗集料的黏附性。

2.水浸法操作步骤

(1)集料过13.2mm、9.5mm的筛，取粒径9.5～13.2mm，形状规则的集料200g，洗净并在105℃的烘箱中烘干备用。

(2)以标准方法取沥青试样放入烧杯中，加热至要求的拌和温度。

(3)按四分法称取备用试样颗粒100g置搪瓷盘上，连同搪瓷盘一起放入已升温至沥青拌和温度以上5℃的烘箱中持续加热1h。

(4)按每100g矿料加入沥青5g±0.2g的比例称取沥青，精确至0.1g，放入小型拌和容器中，放入同一烘箱中加热15min。

(5)从烘箱中取出拌和容器，将搪瓷盘中的集料倒入拌和容器的沥青中，立即用金属铲均匀拌和1～1.5min，使集料完全被沥青膜裹覆，拌和完成后，立即将裹有沥青的集料取20个，用小铲移至玻璃板上摊开，并在室温下冷却1h。

(6)将放有集料试样的玻璃板浸入水温80℃±2℃的恒温水槽中，保持30min，并将剥离及浮于水面的沥青用纸片捞出。

(7)由水中小心取出玻璃板，浸入水槽的冷水中，仔细观察裹覆集料的沥青薄膜的剥落情况。由两名以上经验丰富的试验人员分别目测，评定剥离面积的百分率，评定后取平均值表示，并按表7-10评价沥青与集料的黏附等级。

第十节　沥青混合料目标配合比设计

一、确定工程设计级配

沥青路面工程的混合料设计级配范围由工程设计文件或招标文件规定，密级配沥青混合料的设计级配宜在我国规范规定的级配范围内，根据公路等级、工程性质、气候条件、交通条件、材料品种，通过对条件大体相当的工程使用情况进行调查研究后调整确定，必要时允许超出规范级配范围。密级配沥青稳定碎石混合料可直接以本规范规定的级配范围作工程设计级配范围使用。经确定的工程设计级配范围是配合比设计的依据，不得随意变更。

二、材料选择与准备

配合比设计的各种矿料必须按现行《公路工程集料试验规程》(JTG E42—2005)规定的方法,从工程实际使用的材料中取代表性样品。进行生产配合比设计时,取样至少应在干拌5次以后进行。

配合比设计所用的各种材料必须符合气候和交通条件的需要,其质量应符合规范规定的技术要求。当单一规格的集料某项指标不合格,但不同粒径规格的材料按级配组成的集料混合料指标能符合规范要求时,允许使用。

三、矿料配比设计

高速公路和一级公路沥青路面矿料配合比设计宜借助电子计算机的电子表格用试配法进行,其他等级公路沥青路面也可参照进行。

矿料级配曲线按《公路工程沥青及沥青混合料试验规程》(JTG E20—2011)中T 0725规定的方法绘制。以原点与通过集料最大粒径100%的点的连线作为沥青混合料的最大密度线。

对高速公路和一级公路,宜在工程设计级配范围内计算1~3组粗细不同的配比,绘制设计级配曲线,分别位于工程设计级配范围的上方、中值及下方。设计合成级配不得有太多的锯齿形交错,且在0.3~0.6mm范围内不出现"驼峰"。当反复调整不能满意时,宜更换材料设计。

根据当地的实践经验选择适宜的沥青用量,分别制作几组级配的马歇尔试件,测定VMA,初选一组满足或接近设计要求的级配作为设计级配。

四、马歇尔试验

配合比设计各阶段都应进行马歇尔试验。经配合比设计得到的沥青混合料应符合设计或规范提出的配合比设计技术标准。

1.拌和和压实温度的确定

沥青混合料试件的沥青加热温度、拌和温度按黏温曲线的方法确定,并与施工实际温度相一致,但成型温度应高于规范规定的开始碾压的最低温度。改性沥青混合料的成型温度在此基础上再提高10~20℃。

2.密度和体积参数的计算

采用下列有关计算方法。

(1)按式(7-23)计算矿料混合料的合成毛体积相对密度γ_{sb}。

$$\gamma_{sb}=\frac{100}{\frac{P_1}{\gamma_1}+\frac{P_2}{\gamma_2}+\cdots+\frac{P_n}{\gamma_n}} \tag{7-23}$$

式中:P_1、P_2、…、P_n——各种矿料成分的配比,其和为100;

γ_1、γ_2、…、γ_n——各种矿料相应的毛体积相对密度,对2.36mm以上的粗集料(含从机制砂及石屑中筛出的大于2.36mm部分),统一按T 0304方法测定,

2.36mm 以下部分的机制砂及石屑，按 T 0330 方法实际测定毛体积相对密度，矿粉以表观相对密度代替。

本例采用实际测定的毛体积密度。

(2)按式(7-24)计算矿料混合料的合成表观相对密度 γ_{sa}。

$$\gamma_{sa}=\frac{100}{\frac{P_1}{\gamma_1}+\frac{P_2}{\gamma_2}+\cdots+\frac{P_n}{\gamma_n}} \tag{7-24}$$

式中：P_1、P_2、…、P_n——各种矿料成分的配比，其和为 100；

γ_1、γ_2、…、γ_n——各种矿料按试验规程方法测定的表观相对密度。

(3)确定矿料的有效相对密度。

对非改性的普通沥青混合料，宜预估适宜的最佳油石比拌和 2 组混合料，按规定对混合料彻底分散后采用真空法实测最大相对密度，取 2 个以上试样的平均值，然后由式(7-25)反算合成矿料的有效相对密度 γ_{se}。

$$\gamma_{se}=\frac{100-P_b}{\frac{100}{\gamma_t}-\frac{P_b}{\gamma_b}} \tag{7-25}$$

式中：γ_{se}——合成矿料的有效相对密度；

P_b——试验采用的沥青用量(占混合料总量的百分数)(%)；

γ_t——试验沥青用量条件下得到的最大相对密度，无量纲；

γ_b——沥青的相对密度(25℃/25℃)，无量纲。

对改性沥青及 SMA 等难以分散的混合料，宜直接由矿料的合成毛体积相对密度与合成表观相对密度按式(7-26)计算确定。其中，沥青吸收系数 C 值根据材料的吸水率由式(7-27)求得，材料的合成吸水率按式(7-28)计算。

$$\gamma_{se}=C\times\gamma_{sa}+(1-C)\times\gamma_{sb} \tag{7-26}$$

$$C=0.033W_x^2-0.2936W_x+0.9339 \tag{7-27}$$

$$W_x=\left(\frac{1}{\gamma_{sb}}-\frac{1}{\gamma_{sa}}\right)\times 100 \tag{7-28}$$

式中：γ_{se}——合成矿料的有效相对密度；

C——合成矿料的沥青吸收系数，可按矿料的合成吸水率从式(7-27)求取；

W_x——合成矿料的吸水率，按式(7-28)求取(%)；

γ_{sb}——材料的合成毛体积相对密度，无量纲；

γ_{sa}——材料的合成表观相对密度，无量纲。

3. 马歇尔试验

(1)以预估的油石比为中值，按一定间隔(对密级配沥青混合料通常为 0.5%)，取 5 个或 5 个以上不同的油石比。

注：5 个不同油石比不一定选整数，例如预估油石比 4.8%，可选 3.8%、4.3%、4.8%、5.3%、5.8%等，同时准备 2 个实测最大相对密度。

(2)按不同的油石比分别成型马歇尔试件，进行马歇尔试验。每一组试件的试样数按现行试验规程的要求确定，对粒径较大的沥青混合料，因试验数据波动较大，宜增加试件数量。

(3)测定压实沥青混合料试件的毛体积相对密度 γ_f 和吸水率,取4个以上试件的平均值。测试方法应遵照以下规定执行:

①通常采用表干法测定毛体积相对密度;

②对吸水率大于2%的试件,宜改用蜡封法测定的毛体积相对密度;

③对空隙率大于8%的试件,应采用体积法测定的毛体积相对密度。

对吸水率小于0.5%的特别致密的沥青混合料,在施工质量检验时,允许采用水中重法测定的表观相对密度代替毛体积相对密度,且钻孔试件也采用同样的方法进行,但在配合比设计时不得采用水中重法。

(4)确定沥青混合料的最大相对密度。

对非改性的普通沥青混合料,在成型马歇尔试件的同时,用真空法实测各组沥青混合料的最大相对密度 γ_{ti}。

对改性沥青或SMA混合料等难以分散不便采用真空法实测最大相对密度时,宜按式(7-29)或式(7-30)计算不同沥青用量条件下的沥青混合料的最大理论相对密度。

$$\gamma_{ti}=\frac{100+P_{ai}}{\dfrac{100}{\gamma_{se}}+\dfrac{P_{ai}}{\gamma_b}} \tag{7-29}$$

$$\gamma_{ti}=\frac{100}{\dfrac{P_{si}}{\gamma_{se}}+\dfrac{P_{bi}}{\gamma_b}} \tag{7-30}$$

式中:γ_{ti}——相对于计算沥青用量 P_{bi} 时沥青混合料的最大理论相对密度,无量纲;

P_{ai}——所计算的沥青混合料中的油石比(%);

P_{bi}——所计算的沥青混合料的沥青用量,$P_{bi}=P_{ai}/(1+P_{ai})$(%);

P_{si}——所计算的沥青混合料的矿料含量,$P_{si}=100-P_{bi}$(%);

γ_{se}——矿料的有效相对密度,无量纲;

γ_b——沥青的相对密度(25℃/25℃),无量纲。

(5)按式(7-31)~式(7-33)计算沥青混合料试件的空隙率、矿料间隙率VMA、有效沥青的饱和度VFA等体积指标,取1位小数,进行体积组成分析。

$$VV=\left(1-\frac{\gamma_f}{\gamma_t}\right)\times 100 \tag{7-31}$$

$$VMA=\left(1-\frac{\gamma_f}{\gamma_{sb}}\times P_s\right)\times 100 \tag{7-32}$$

$$VFA=\frac{VMA-VV}{VMA}\times 100 \tag{7-33}$$

式中:VV——试件的空隙率(%);

VMA——试件的矿料间隙率(%);

VFA——试件的沥青饱和度(有效沥青含量占VMA的体积比例)(%);

γ_f——试件的毛体积相对密度,无量纲;

γ_t——沥青混合料的最大相对密度,无量纲;

P_s——各种矿料占沥青混合料总质量的百分率之和,即 $P_s=100-P_b$(%);

γ_{sb}——矿料混合料的合成毛体积相对密度。

(6)在 60℃条件下进行马歇尔试验，测定马歇尔稳定度及流值。

五、最佳沥青用量的确定

(1)以沥青用量为横坐标，以测定的各项指标为纵坐标，分别将试验结果点入图中，连成圆滑的曲线。确定均符合本规范规定的沥青混合料技术标准的沥青用量范围 OAC_{min}～OAC_{max}。选择的沥青用量范围必须涵盖设计空隙率的全部范围，并尽可能涵盖沥青饱和度的要求范围，并使密度及稳定度曲线出现峰值。如果没有涵盖设计空隙率的全部范围，试验必须扩大沥青用量范围重新进行。

各项指标与沥青用量的关系。随着沥青用量的增加，沥青与矿粉交互作用形成结构沥青，混合料的强度逐渐增加，但持续增加会形成多余的自由沥青，会在矿料间起润滑作用，即稳定度和密度随沥青用量的增加而增加，但到达一定程度后却逐渐减小。

由于沥青用量的增加，逐步填充矿料间的空隙，所以空隙率随沥青用量的增加而逐渐减小，沥青饱和度随沥青用量的增加而逐渐增加。

流值随沥青用量的增加而增加。

(2)根据试验曲线的走势，按下列方法确定沥青混合料的最佳沥青用量 OAC_1。

①在曲线图上求取相应于密度最大值、稳定度最大值、空隙率要求范围的中值或目标空隙率、沥青饱和度范围的中值的沥青用量 a_1、a_2、a_3、a_4，按式(7-34)取平均值作为 OAC_1。

$$OAC_1 = (a_1 + a_2 + a_3 + a_4)/4 \tag{7-34}$$

②如果在所选择的沥青用量范围未能涵盖沥青饱和度的要求范围，宜从图中分别求取密度最大值、稳定度最大值、相应于空隙率要求范围的中值或目标空隙率的沥青用量 a_1、a_2、a_3，按式(7-35)求取 3 者的平均值作为 OAC_1。

$$OAC_1 = (a_1 + a_2 + a_3)/3 \tag{7-35}$$

③当所选择试验的沥青用量范围、密度及稳定度的最大值出现在曲线的两端，而不能确定其峰值时，可直接以目标空隙率所对应的沥青用量 a_3 作为 OAC_1，但 OAC_1 必须介于 OAC_{min}～OAC_{max} 的范围内；否则，应重新进行配合比设计。

(3)以各项指标均符合技术标准(不含 VMA)的沥青用量范围 OAC_{min}～OAC_{max} 的中值作为 OAC_2。

$$OAC_2 = (OAC_{min} + OAC_{max})/2 \tag{7-36}$$

(4)通常情况下取 OAC_1 及 OAC_2 的中值作为计算的最佳沥青用量 OAC。

$$OAC = (OAC_1 + OAC_2)/2 \tag{7-37}$$

(5) 按式(7-37)计算的最佳油石比 OAC，从图中得出所对应的空隙率和 VMA 值，从而检验是否能满足现行规范最小 VMA 值的要求。当空隙率不是整数时，最小 VMA 由内插法确定，并将其画入图中。

(6)检查图中相应于此 OAC 的各项指标是否均符合马歇尔试验技术标准和马歇尔试验配合比设计的技术标准。

(7)根据实践经验和公路等级、气候条件、交通情况，调整确定最佳沥青用量OAC。

①调查当地各项条件相接近工程的沥青用量使用情况，论证适宜的最佳沥青用量。计算的最佳沥青用量宜与预估新建工程沥青混合料适宜的油石比 P_a 或沥青用量为 P_b 相近，如相差甚远，应查明原因，必要时重新调整级配，进行配合比设计。

②对炎热地区公路以及高速公路、一级公路的重载交通路段，山区公路的长大坡度路段，预计有可能产生较大车辙时，宜在空隙率符合要求的范围内，将计算的最佳沥青用量减小0.1%～0.5%作为设计沥青用量。此时，除空隙率外的其他指标可能会超出马歇尔试验配合比设计技术标准，配合比设计报告或设计文件必须对此予以说明。但配合比设计报告必须要求采用重型轮胎压路机和振动压路机组合等方式加强碾压，以使施工后路面的空隙率达到未调整前的原最佳沥青用量时的水平，且渗水系数符合要求。如果试验段达不到此要求时，宜调整所减小的沥青用量的幅度。

③对寒冷地区公路、旅游公路、交通量很少的公路，最佳沥青用量可以在OAC的基础上增加0.1%～0.3%，以适当减小设计空隙率，但不得降低压实度要求。

六、目标配合比设计检验

根据规范规定应采用工程实际使用的材料(而不是采石场的材料样品)进行目标配合比设计。按计算确定的设计最佳沥青用量在标准条件下进行，如按照交通、气候等影响因素将计算的设计沥青用量调整后作为最佳沥青用量，或者改变试验条件时，各项技术要求均应适当调整，不宜照搬。

高温稳定性检验。按规定的试验方法，在温度60℃、轮压0.7MPa条件下，用车辙试验机检验其高温抗车辙能力、动稳定度，其值应符合现规范的要求。

水稳定性检验。按规定的试验方法进行浸水马歇尔试验和冻融劈裂试验，残留稳定度及残留强度比均必须符合规范的规定。

低温抗裂性能检验。按设计沥青用量OAC用轮碾机成型试件，切割成规定尺寸的棱柱体试件，在－10℃条件下，用50mm/min加载速率进行低温弯曲试验，其破坏应变宜符合规范要求。

渗水系数检验。利用轮碾机成型的车辙试件进行渗水试验检验的渗水系数宜符合规范要求。

七、沥青混合料配合比指标调整原则

在施工时，按试验室配合比试拌的混合料的各种指标有时不满足要求，因此须结合试拌与试铺进行必要的调整，方可作为生产配合比，一般按以下原则进行调整。

1. 空隙率与稳定度均较低

系沥青含量过多或细料偏多或两者兼有所致。提高空隙率的方法有多种，其中之一是在混合料中添加粗矿料以提高VMA(矿料间隙率)值。提高空隙率的另一种方法是降低沥青含量。但应注意，只有当混合料中的沥青含量超出一般，而减少沥青含量又不会使沥青膜低于要求厚度，且不影响路面耐久性时，方可使用此方法。在混合料中增加表面粗糙且有棱角的矿料可提高VMA值和摩阻力。

2. 空隙率低，稳定度满足要求

系沥青含量偏多或主骨料已够，但级配中间料断档太长所致。空隙率低易出现泛油现象，尤其当主骨料被压碎时，将会引起失稳和泛油。因此，空隙率低的混合料，即便是稳定度暂时可以满足要求，也应该用上面所述的方法进行调整。

3. 空隙率满足要求，稳定度低

可能是因为混合料级配不佳、矿料本身强度不足、细长扁平料含量过高、沥青与矿料黏结性差等造成，可根据具体情况进行调整。

4. 空隙率高，稳定度满足要求

空隙率高常会使透水性提高。所以即使混合料的稳定度满足要求，也要将空隙率调低些。通常采用的方法是适当增加细集料。

5. 空隙率高，稳定度低

对于空隙率高而稳定度低的混合料，需要按前面阐述的方法调低空隙率。如果经调整后仍然不能同时改善空隙率和稳定度两项指标时，则要按照开始所述的方法，重新选择矿料。

八、最佳沥青用量时的粉胶比和有效沥青膜厚度

按式(7-38)计算沥青混合料的粉胶比，宜符合 0.6～1.6 的要求。对常用的公称最大粒径为 13.2～19mm 的密级配沥青混合料，粉胶比宜控制在 0.8～1.2 范围内。

$$FB = P_{0.075} / P_{be} \tag{7-38}$$

式中：FB——粉胶比，沥青混合料的矿料中，0.075mm 通过率与有效沥青含量的比值，无量纲；

$P_{0.075}$——矿料级配中 0.075mm 的通过率(水洗法)(%)；

P_{be}——有效沥青含量(%)。

按式(7-39)的方法计算集料的比表面，按式(7-40)估算沥青混合料的沥青膜有效厚度。各种集料粒径的表面积系数按表 7-11 采用。

$$SA = \sum(P_i \times FA_i) \tag{7-39}$$

$$DA = P_{be} \times 10/\gamma_b \times SA \tag{7-40}$$

式中：SA——集料的比表面积(m^2/kg)。

P_i——各种粒径的通过百分率(%)；

FA_i——相应于各种粒径的集料的表面积系数，如表 7-11 所列；

DA——沥青膜有效厚度(μm)；

P_{be}——有效沥青含量(%)；

γ_b——沥青的相对密度(25℃/25℃)，无量纲。

注：各种公称最大粒径混合料中大于 4.75mm 尺寸集料的表面积系数 FA 均取 0.004 1，且只计算一次，4.75mm 以下部分的 FA_i 如表 7-11 所列。该例的 SA=6.60m^2/kg。若混合料的有效沥青含量为 4.65%，沥青的相对密度为 1.03，则沥青膜厚度为：

$$DA=4.65/1.03/6.60\times10=6.83\mu m$$

集料的表面积系数示例　　表 7-11

筛孔尺寸(mm)	19	16	13.2	9.5	4.75	2.36	1.18	0.6	0.3	0.15	0.075	
表面积系数 FA_i	0.0041	—	—	—	0.0041	0.0082	0.164	0.287	0.614	0.1229	0.3277	集料比表面总和 SA(m^2/kg)
通过百分率 P_i(%)	100	92	85	76	60	42	32	23	16	12	6	
比表面 $FA_i \times P_i$ (m^2/kg)	0.41	—	—	—	0.25	0.34	0.52	0.66	0.98	1.47	1.97	6.60

总之，目标配合比设计阶段，用工程实际使用的材料沥青混合料配合比设计方法，优选矿料级配、确定最佳沥青用量，符合配合比设计技术标准和配合比设计检验要求，以此作为目标配合比，供拌和机确定各冷料仓的供料比例、进料速度及试拌使用。

第八章

水泥混凝土

第一节 水泥混凝土原材料要求

一、水泥

配制水泥混凝土一般可采用硅酸盐水泥、普通硅酸盐水泥、矿渣硅酸盐水泥、火山灰质硅酸盐水泥和粉煤灰硅酸盐水泥，必要时也可采用快硬硅酸盐水泥或其他水泥。采用何种水泥，应根据混凝土工程的特点和所处的环境条件进行选择。如大坝工程，宜用中热硅酸盐水泥或低热矿渣硅酸盐水泥。

水泥强度等级的选择应与混凝土的设计强度等级相适应。原则上，配制高强度等级的混凝土应选用强度等级高的水泥；配制低强度等级的混凝土应选用强度等级低的水泥。如采用强度等级高的水泥配制低强度等级的混凝土，会使水泥用量偏少，影响和易性、密实性和耐久性，必须掺一定数量的掺合料。如采用强度等级低的水泥配制高强度等级的混凝土，会使水泥用量过多，不经济，而且会影响混凝土的其他技术性质，如收缩加大、耐磨性降低等，造成不良后果。根据经验，水泥强度等级和普通混凝土强度等级之间大致有 1.0～1.5倍的匹配关系。

二、集料

集料总体积占混凝土体积的 60％～80％，按粒径大小分为粗集料和细集料。

1.集料的技术性质

集料的各项性能指标将直接影响到混凝土的施工性能和使用性能。集料的主要技术性质包括：颗粒级配及粗细程度、颗粒形态和表面特征、强度、坚固性、含泥量、泥块含量、有害物质及碱集料反应等。

2.粗集料

普通混合料用的粗集料有碎石和卵石。由天然岩石或卵石经破碎、筛分而得的粗集料为碎石或碎卵石。岩石由于自然条件作用而形成的粗集料，称为卵石。对粗集料的技术要求主要体现在具有稳定的物理性质和化学性质，不与水泥发生有害反应等方面。

配制混凝土时所采用的粗集料质量有以下几个方面。

(1)力学性质

水泥混凝土强度等级与碎石、卵石技术等级应符合表 8-1 的要求。

混凝土强度等级与碎石、卵石技术等级 表 8-1

混凝土强度等级	≥C60	C30～C60	<C30
碎石、卵石技术等级	Ⅰ级	Ⅱ级	Ⅲ级

(2)粒径、颗粒形状及级配

混凝土用粗集料的最大粒径应不大于结构截面最小尺寸的 1/4,并且不超过钢筋最小净距的 3/4;对于实心混凝土板,集料的最大粒径不宜超过板厚的 1/3,且不得超过 31.5mm。应针对不同强度等级混凝土,对最大粒径和针、片状颗粒含量均需作不同的限定。不同的级配类型配制的混凝土,将带来不同的影响。连续级配矿料配制的混凝土较为密实,并具有优良的工作性,不易产生离析,是经常采用的级配形式。但连续级配与间断级配相比,配制相同强度的混凝土,所需的水泥消耗量较高。采用间断级配矿料配制的混凝土,水泥消耗量较少,并且可以得到密实高强的混凝土,但间断级配混凝土拌和物容易产生离析现象。所以,混凝土中碎石、卵石颗粒组成应符合表 8-2 的规定。若生产的集料规格不符合表 8-2 的规定,但确认与其他材料掺配后的级配符合规格时,可以使用。根据工程要求,连续粒级可与单粒级配合使用,也允许直接采用单粒级,但必须避免混凝土离析。

碎石或卵石的颗粒级配规格 表 8-2

级配情况	公称粒径(mm)	累计筛余,按质量计(%)											
		方孔筛筛孔尺寸(mm)											
		2.36	4.75	9.5	16.0	19.0	26.5	31.5	37.5	53.0	63.0	75.0	90
连续级配	4.75～9.5	95～100	80～100	0～15	0								
	4.75～16	95～100	90～100	30～60	0～10	0							
	4.75～19	95～100	90～100	40～70	—	0～10	0						
	4.75～26	95～100	90～100	—	30～70	—	0～5	0					
	4.75～31.5	95～100	90～100	70～90	—	15～45	—	0～5	0				
	4.75～37.5	—	95～100	75～90	—	30～60	—	—	0～5	0			
单级配	9.5～19	—	95～100	85～100	—	0～15	0						
	16～31.5	—	95～100	—	85～100	—	—	0～10	0				
	19.5～37.5	—	—	95～100	—	80～100	—	—	0～10	0			
	31.5～63	—	—	—	95～100	—	—	75～100	45～75	—	0～10	0	
	37.5～75	—	—	—	—	95～100	—	—	70～100	—	30～60	0～10	0

(3)有害物质

粗集料中有害物质主要有黏土、泥块、硫化物及硫酸盐、有机质等，这些杂质会影响到水泥与集料之间的黏结性，对水泥水化效果产生消极作用。另外，粗集料中的一些活性成分，如活性氧化硅、活性碳酸盐等，在水存在条件下，可以与水泥中的碱性成分发生反应，引起混凝土膨胀、开裂，甚至造成严重的破坏，这就是所谓的碱集料反应。对这些有害物质要加以限制，防止这些消极作用的发生。

3. 细集料

(1)混凝土所用细集料也应具备一定的强度和坚固性等力学要求，不同强度等级的混凝土应选用不同技术等级的细集料，二者关系见表 8-3。

混凝土强度等级与细集料技术等级关系　　表 8-3

混凝土强度等级	≥C60	C30～C60	<C30
细集料技术等级	I 级	II 级	III 级

(2)分类、等级和规格

用于水泥混凝土中的砂是指粒径小于 4.75mm 的岩石碎屑，主要是在江河湖海水域中水流冲刷自然形成的，也可以是破碎岩石过程中形成的岩石碎屑(称做人工砂)。

按国家标准，用于水泥混凝土中的砂按其细度模数分为三大类，如表 8-4 所示。

水泥混凝土中的砂按其细度模数分类　　表 8-4

分　类	粗　砂	中　砂	细　砂
细度模数 M_x	3.7～3.1	3.0～2.3	2.2～1.6

注：细度模数主要反映全部颗粒的粗细程度，不完全反映颗粒的级配情况，混凝土配制时应同时考虑砂的细度模数和级配情况。

(3)颗粒级配

对用于水泥混凝土中细度模数为 3.7～1.6 的砂，其颗粒级配应处于表 8-5 中任何一个级配区内。

砂颗粒级配区表　　表 8-5

级配区累计筛余(%)／筛孔尺寸(mm)	I 区	II 区	III 区
4.75	10～0	10～0	10～0
2.36	35～5	25～0	15～0
1.18	65～35	50～10	25～0
0.60	85～71	70～41	40～16
0.30	95～80	92～70	85～55
0.15	100～90	100～90	100～90

注：①砂的实际颗粒级配，除 4.750mm、0.60mm 筛孔外，其余各筛孔累计筛余允许超出本表的规定界限，但不应超出 5%；

②I 区人工砂 0.15mm 筛孔的累计筛余可以放宽到 100～85；II 区人工砂 0.15mm 筛孔的累计筛余可以放宽到 100～80；III 区人工砂 0.15mm 筛孔的累计筛余可以放宽到 100～75。

工程用砂是把细度模数在1.6～3.7范围内的砂按0.60mm筛孔的累计筛余百分率分为三个级配区，若混凝土用砂的级配曲线完全处于三个区的某一个区中(具体按0.60mm筛孔累计筛百分率确定)，说明其级配符合混凝土用砂的级配要求。I区的砂属粗砂范畴，当采用I区砂配制混凝土时，应比II区的砂有较高的砂率，否则混凝土拌和物的内摩擦力较大，保水性差，不易捣实成型；III区的砂是由细砂和部分偏细的中砂组成，当采用III区砂配制混凝土时，应比II区的砂适当降低砂率，此时的拌和物较黏聚，易于捣实成型，但由于比表面积大，要求适当提高水泥用量，且对工作性影响较为敏感。配制混凝土优先选用级配符合II区级配要求的砂，II区砂由中砂和一部分偏粗的细砂组成，用II区砂拌制的混凝土拌和物其内摩擦力、保水性及捣实性都较I区和III区砂要好，且混凝土的收缩小，耐磨性高。

(4)有害杂质

细集料中的有害杂质对混凝土的危害作用同粗集料中的有害杂质，其含量应限制在规定范围内。国家标准《建筑用砂》(GB/T 14684—2001)规定了建筑用砂的技术要求。

三、水泥混凝土用水

混凝土拌制和养护用水不得含有影响水泥正常凝结硬化的有害物质。凡是能饮用的自来水及清洁的天然水都能用来拌制和养护混凝土。污水、pH值小于4的酸性水、含硫酸盐(按SO_2计)超过1%的水均不能使用。当对水质有疑问时，可用该水与洁净水分别配制混凝土，做强度对比实验，如强度不低于用洁净水拌制的混凝土，则此水可以用。一般情况下不得用海水拌制混凝土，因海水中含有的硫酸盐、镁盐和氯化物会侵蚀水泥石和钢筋。

第二节　水泥混凝土工作性和强度的影响因素

一、混凝土工作性的影响因素

影响混凝土拌和物工作性的因素概括分为内因和外因两大类。外因主要指施工环境条件，包括外界环境的气温、湿度、风力大小以及时间等。但应值得重视和了解的因素是在构成混凝土组成材料的特点及其配合比的内因上，其中包括原材料特性、单位用水量、水灰比和砂率等。

1.水泥浆的数量和稠度

在新拌混凝土中，水泥浆填充集料间的空隙，并包裹集料，它赋予新拌混凝土一定的流动性。因此，水泥浆的数量和稠度对新拌混凝土的和易性有显著影响。新拌混凝土中的水泥浆量增多时，流动性增大。但是水泥浆量过多，将会出现流浆现象，容易发生离析。如果水泥浆量过少，则集料间缺少黏结物质，黏聚性变差，易出现崩坍。新拌混凝土中的水泥浆较稠时，流动性较小。如果水泥浆干稠，新拌混凝土的流动性过低，会使施工困难。如果水泥浆过稀，又造成黏聚性和保水性不良，产生流浆和离析现象。水泥浆的稠度决定于水灰比，但水灰比直接影响混凝土的强度和耐久性。所以，水灰比的大小，应根据混凝土强度和耐久性的要求合理确定。

事实上，对新拌混凝土流动性起决定作用的是用水量的多少。提高水灰比或增加水泥浆量都表现为混凝土用水量的增加。在拌制混凝土时，不能用单纯改变用水量的办法来调整新拌混凝土的流动性。单纯加大用水量会降低混凝土的强度和耐久性。因此，应该在保持水灰比不变的条件下，用调整水泥浆量的办法来调整新拌混凝土的流动性。

2. 砂率

砂率是指混凝土中砂的质量占砂、石总质量的百分率。

砂率的变动，会影响新拌混凝土中集料的级配，使集料的空隙率和总表面积有很大变化，对新拌混凝土的和易性产生显著影响。在水泥浆数量一定时，砂率过大，集料的总表面积及空隙率都会增大，需较多水泥浆填充和包裹集料，使起润滑作用的水泥浆减少，新拌混凝土的流动性减小。砂率过小，集料的空隙率显著增加，不能保证在粗集料之间有足够的砂浆层，也会降低新拌混凝土的流动性，并会严重影响黏聚性和保水性，容易造成离析、流浆等现象。显然，砂率有一个合理范围，处于这一范围的砂率称为合理砂率。当采用合理砂率时，在用水量和水泥用量一定的情况下，能使混凝土拌和物获得最大的流动性且能保持良好的黏聚性和保水性。合理砂率随粗集料种类、最大粒径和级配、砂的粗细程度和级配、混凝土的水灰比和施工要求的流动性而变化，需要根据实际施工条件，通过试验来选择。

3. 时间和温度

新拌混凝土中的流动性随时间的延长而减小，其原因是水泥水化、集料吸收、水分蒸发以及水泥浆凝聚结构的形成，都使混凝土中起润滑作用的自由水减少，致使新拌混凝土拌和物的流动性变差。新拌混凝土流动性随时间的延长而减小的现象称为坍落度损失。

新拌混凝土流动性还受温度的影响。随着环境温度的升高，水分蒸发及水泥水化反应加快，新拌混凝土的初始流动性减小，坍落度损失加快。

二、混凝土强度的影响因素

影响混凝土强度的因素很多，主要是组成原材料的影响，包括原材料的特征和各材料之间的组成比例等内因，以及养护条件和试验检测条件等外因。

1. 组成材料和配合比的影响

(1)胶凝材料的强度和水胶比

试验证明，混凝土强度随水胶比的增大而降低，呈曲线关系。当混凝土强度等级小于C60时，混凝土的抗压强度与水胶比和水泥强度之间符合以下近似关系：

$$f_{cu,o} = a_a f_b \left(\frac{B}{W} - a_b\right) \tag{8-1}$$

式中：B/W——混凝土水胶比；

$f_{cu,o}$——混凝土配制强度(MPa)；

f_b——胶凝材料28d胶砂抗压强度(MPa)；

a_a、a_b——经验系数，与集料品种有关，其数值需通过试验求得，当不具备试验统计资料，通常取值如下。

对于碎石：$a_a=0.53$、$a_b=0.2$；

对于卵石：$a_a=0.49$、$a_b=0.13$。

其中，胶凝材料的实际强度(f_b)应通过试验确定。当无法取得实际强度数值时，可采用下式估计：

$$f_b = \gamma_f \gamma_s f_{ce} = \gamma_f \gamma_s \gamma_c f_{ce,g} \tag{8-2}$$

式中：γ_f、γ_s——粉煤灰影响系数，粒化高炉矿渣粉影响系数；

f_{ce}——水泥 28d 胶砂抗压强度值（MPa）；

$f_{ce,g}$——水泥强度等级值（MPa）；

r_c——水泥强度等级值的富余系数，可按实际统计资料确定。

利用上式，可根据所用的水泥强度等级和水胶比估计混凝土的强度，也可根据水泥强度等级和要求的混凝土强度等级来计算应采用的水胶比。

（2）集料

集料的表面状况影响水泥与集料的黏结，从而影响混凝土的强度。碎石表面粗糙，黏结力较大；卵石表面光滑，黏结力较小。因此，在配合比相同的条件下，碎石混凝土的强度比卵石混凝土的强度高，特别是在水灰比较低（<0.4）时，差异较明显。

集料的最大粒径对混凝土的强度也有影响。集料的最大粒径越大，混凝土的强度越小，特别是对水灰比较低的中强和高强混凝土，集料最大粒径的影响十分明显。

针片状颗粒含量给施工带来不利影响，并引起混凝土空隙率的提高，所以混凝土用的粗集料要限制针片状颗粒含量。

（3）外加剂和掺和料

在混凝土中掺入外加剂，可使混凝土获得早强和高强性能。混凝土中掺入早强剂，可显著提高早期强度；掺入减水剂可大幅度减少拌和用水量，在较低的水灰比下，混凝土仍能较好地成型密实，获得很高的 28d 强度。

在混凝土中加入掺和料，可提高水泥石的密实度，改善水泥石与集料的界面黏结强度，提高混凝土的长期强度。因此，在混凝土中掺入高效减水剂和掺和料是制备高强和高性能混凝土必需的技术措施。

（4）浆集比

混凝土中水泥浆的体积和集料体积之比称为浆集比。在水灰比相同的条件下，达到最佳浆集比后，混凝土强度随着混凝土浆集比的增加而降低。

2. 养护条件的影响

（1）养护的温度和湿度

养护温度对水泥的水化速度有显著的影响。养护温度高，水泥的初期水化速度快，混凝土早期强度高。但是，早期的快速水化会导致水化物分布不均匀，在水泥石中形成密实度低的薄弱区，影响混凝土的后期强度。养护温度降低时，水泥的水化速度减慢，水化物有充分的时间扩散，从而在水泥石中分布均匀，有利于后期强度的发展。混凝土早期强度较低，容易破坏。所以，应防止混凝土早期受冻。

湿度对水泥的水化能否正常进行有显著影响。湿度适当时，水泥水化进行顺利，混凝土的强度能充分发展。如果湿度不够，混凝土会失水干燥，影响水泥水化的正常进行，甚至使水化停止，严重降低混凝土的强度。而且，因水化未完成，混凝土的结构疏松，抗渗性较差，严重时还会形成干缩裂缝，影响混凝土的耐久性。

（2）龄期

混凝土在正常养护条件下，其强度将随着龄期的增加而增长。最初的 7～14d 内，强度增长较快，28d 以后增长缓慢，龄期延续很长，混凝土的强度仍有所增长。

在标准条件下，混凝土强度的发展，大致与其龄期的对数成正比关系(龄期不小于 3d)：

$$f_n = f_{28}\frac{\lg n}{\lg 28} \tag{8-3}$$

式中：f_n——nd 龄期混凝土的抗压强度(MPa)；

f_{28}——28d 龄期混凝土的抗压强度(MPa)；

n——养护龄期($n\geqslant3$)(d)。

式(8-3)表明，在一定条件下养护的混凝土，可根据其早期强度大致地估计 28d 的强度。但是，由于影响混凝土强度的因素很多，上式仅适用于普通水泥制作的中等强度的混凝土。

3.试验条件的影响

(1)试件的尺寸和形状

形状相同的试件，试件的尺寸越小，试验测得的强度越高，反之亦然。混凝土的强度与试件尺寸有关的现象称为尺寸效应。混凝土试件的尺寸大时，内部缺陷出现的几率大，易引起应力集中，导致强度降低。我国标准规定采用 150mm×150mm×150mm 的立方体试件作为标准试件。当采用非标准的其他尺寸试件时，如果混凝土的强度等级小于 C60，所测得的抗压强度应乘以表 8-6 所列的尺寸换算系数。如果混凝土的强度等级为 C60 及以上，其强度的尺寸换算系数可通过试验确定。

混凝土试件尺寸及强度的尺寸换算系数 表 8-6

集料最大粒径(mm)	试件尺寸(mm)	强度的尺寸换算系数
31.5	100×100×100	0.95
63	200×200×200	1.05
40	100×100×100	1.00

混凝土的抗压强度还与试件的形状有关，棱柱体(或圆柱体)试件的抗压强度低于立方体试件的抗压强度，棱柱体(或圆柱体)试件的强度与其高宽(径)比有关。高宽(径)比越大，抗压强度越小。这种现象是由于“环箍效应”的作用。环箍效应是指试件受压时，试件的受压面与试验机的承压板之间的摩擦力对试件受压时相对于承压板的横向膨胀起的约束作用。试验结果表明，棱柱体的抗压强度随高宽比的增大而减小，当高宽比由 1 增加至 2 时，强度降低很快，高宽比超过 2 时，强度降低很少。

(2)表面状况

混凝土试件承压面的状况也是影响混凝土强度测试结果的重要因素。

当试件受压面上有油脂润滑剂时，环箍效应大大减小，试件将出现直裂破坏，测得的强度值较低。

试件的承压面必须平整且与试件的轴线垂直。一般试件承压面凹凸在 0.05 以下。如果承压面不平整，则易形成局部受压，引起应力集中，使强度降低。

(3)加荷速度

混凝土的抗压强度与加荷速度有关。加荷速度越快，测得的强度值越高；当加荷速度超过 1.0MPa/s 时，这种趋势较为明显。因此，我国标准根据混凝土的强度等级，规定加荷速度为每秒 0.3～1.0MPa，且应连续均匀地加荷。

第三节 水泥混凝土试验

一、水泥混凝土拌和物稠度试验方法(坍落度仪法)

1.试验目的和适用范围

坍落度为表示混凝土拌和物稠度的一种指标,本试验适用于坍落度大于10mm,集料公称最大粒径不大于31.5mm的混凝土。

2.仪器设备

(1)坍落筒:坍落筒为铁板制成的截头圆锥筒,厚度不小于1.5mm,内侧平滑,没有铆钉头之类的突出物,在筒上方约2/3高度处有两个把手,近下端两侧焊有两个踏脚板,保证坍落筒可稳定操作,坍落筒尺寸见试验规程。

(2)捣棒:为直径16mm,长约600mm并具有半球形端头的钢质圆棒。

(3)其他:小铲、木尺、小钢尺、镘刀和钢平板等。

3.试验步骤

(1)试验前将坍落筒内外洗净,放在经水润湿过的平板上(平板吸水时应垫以塑料布),踏紧踏脚板。

(2)将代表样分三层装入筒内,每层装入高度稍大于筒高的1/3,用捣棒在每一层的横截面上均匀插捣25次,插捣在全部面积上进行,沿螺旋线由边缘至中心,插捣底层时插至底部,插捣其他两层时,应插透本层并插入下层20~30mm,插捣须垂直压下(边缘部分除外),不得冲击。

在插捣顶层时,装入的混凝土应高出坍落筒,随插捣过程随时添加拌和物,当顶层插捣完毕后,将捣棒用锯和滚的动作,清除掉多余的混凝土,用镘刀抹平筒口,刮净筒底周围的拌和物,而后立即垂直地提起坍落筒,提筒在5~10s内完成,并使混凝土不受横向及扭力作用。从开始装筒至提起坍落筒的全过程,不应超过150s。

(3)将坍落筒放在锥体混凝土试样一旁,筒顶平放木尺,用小钢尺量出木尺底面至试样顶面中心的垂直距离,即为该混凝土拌和物的坍落度,精确至1mm。

(4)当混凝土试件的一侧发生崩坍或一边剪切破坏,则应重新取样另测。如果第二次仍发生上述情况,则表示该混凝土和易性不好,应记录。

(5)当混凝土拌和物的坍落度大于220mm时,用钢尺测量混凝土扩展后最终的最大直径和最小直径,在这两个直径之差小于50mm的条件下,用其算术平均值作为坍落扩展度值;否则,此次试验无效。

(6)坍落度试验的同时,可用目测方法评定混凝土拌和物的下列性质,并予记录。

①棍度:按插捣混凝土拌和物时难易程度评定,分“上”、“中”、“下”三级。

“上”:表示插捣容易。

“中”:表示插捣时稍有石子阻滞的感觉。

“下”:表示很难插捣。

②含砂情况:按拌和物外观砂多少而评定,分“多”、“中”、“少”三级。

“多”:表示用镘刀抹拌和物表面时,一两次即可使拌和物表面平整无蜂窝。

“中”:表示抹五、六次才可使表面平整无蜂窝。

“少”:表示抹面困难,不易抹平,有空隙及石子外露等现象。

③黏聚性:观察拌和物各组分相互黏聚情况。评定方法是用捣棒在已坍落的混凝土锥体侧面轻打,如锥体在轻打后逐渐下沉,表示黏聚性良好;如锥体突然倒坍、部分崩裂或发生石子离析现象,即表示黏聚性不好。

④保水性:指水分从拌和物中析出的情况,分“多量”、“少量”、“无”。

“多量”:表示提起坍落筒后,有较多水分从底部析出。

“少量”:表示提起坍落筒后,有少量水分从底部析出。

“无”:表示提起坍落筒后,没有水分从底部析出。

4. 试验结果

混凝土拌和物坍落度和坍落扩展度值以毫米(mm)为单位,测量精确至1mm,结果修约至最接近的5mm。

5. 试验说明和注意事项

(1)在评价水泥混凝土拌和物的稠度方面,坍落度试验是重要指标之一。对流态混凝土,用坍落扩展度来评价其稠度。其他评价水泥混凝土拌和物工作性的指标有:棍度、含砂情况、黏聚性和保水性。这些指标内容难以定量描述,需要一定的工作经验辅助判断。

(2)坍落筒中的装填插捣操作,是将捣棒垂直压下,而不能采用冲击的方式进行。

二、水泥混凝土拌和物凝结时间试验

水泥的水化是混凝土产生凝结的主要原因,但混凝土的凝结时间与水泥的凝结时间并不一致,因为水灰比的大小会明显影响水泥的凝结时间。水灰比越大,凝结时间越长。一般混凝土的水灰比与测定水泥凝结时间的水灰比是不同的,凝结时间便有所不同,而且新拌混凝土的凝结时间,还受温度、外加剂等其他各种因素的影响。

贯入阻力达到3.5MPa和28.0MPa的时间,分别是新拌混凝土的初凝和终凝时间。这是从实用角度人为划分的,实际上,贯入阻力达到3.5MPa时,混凝土还没有抗压强度。初凝时间表示的是新拌混凝土正常搅拌、浇注和捣实的极限;贯入阻力达到28MPa时,抗压强度约为0.7MPa;终凝时间表示混凝土力学强度开始快速发展。

初凝时间太短,不利于整个混凝土施工工序的正常进行;但终凝时间过长,又不利于混凝土结构的形成、模具的周转,还会影响养护周期时间的长短等。因此,混凝土的凝结时间要求初凝不宜过短,终凝时间不宜过长。

1. 试验目的和适用范围

通过测定贯入阻力的试验方法,检测混凝土拌和物的凝结时间,来控制现场施工流程,适用于各通用水泥和常见外加剂以及不同水泥混凝土配合比、坍落度值不为零的水泥混凝土拌和物的凝结时间测定。

2. 试样制备

(1)取有代表性的混凝土拌和物,用4.75mm的标准筛尽快过筛,筛去4.75mm以上的粗集料,再经人工翻拌后,装入试模。每批混凝土拌和物取一个试样,共取三个试样,分装到三个试模中。

(2)对于坍落度不大于70mm的混凝土宜用振动振实砂浆，振动应持续到表面出浆为止，且应避免过振；对于坍落度大于70mm的宜用捣棒人工捣实，沿螺旋方向由外向中心均匀插捣25次，然后用橡胶锤轻击试模侧面，以排除其中的空洞。进一步整平砂浆表面，且表面要低于试模上沿约10mm。砂浆试样筒应立即加盖。

(3)将试件放在20℃±2℃或尽可能与现场相同的环境中，并在以后的试验中，环境温度始终保持20℃±2℃。在整个测试过程中，除吸取泌水或贯入试验外，试筒应始终加盖。

(4)约1h后，将试件一侧稍微垫高约20mm，使其倾斜静置约2min，用吸液管吸去泌水，以后每到测试前约2min，同上步骤用吸液管吸去泌水。若在贯入测试前还有泌水，也应吸干。

3.试验步骤

(1)先将待测试件放在贯入阻力仪底座上，记录此时刻度盘上显示的砂浆和试模的总质量。

(2)试验时根据试样贯入阻力的大小，选择合适的测针；当砂浆表面测孔周围出现微小裂缝时，应改换较小截面积的测针。

(3)先使测针端面刚刚接触砂浆表面，然后转动手轮让测针在10s±2s内垂直且均匀地插入试样内，深度为25mm±2mm，记下刻度盘显示的质量增值，并记下从开始加水拌和所经过的时间(精确至1min)和环境温度(精确至0.5℃)。

每次测定时，测针应距试模边缘至少25mm，而每次测针的检测点之间净距离也至少为所用测针直径的2倍且不小于15mm。三个试模每次各测1～2点，取其算术平均值为该时间的贯入阻力。

(4)每个试样做贯入阻力试验时阻力应在0.2～28MPa之间，且次数应不少于6次，最后一次的单位面积贯入阻力应不低于28MPa。从加水拌和时刻算起，常温下普通混凝土3h后开始测定，以后每次间隔1h；快硬混凝土或气温较高时，则应在2h后开始测定，以后每隔0.5h测一次；缓凝混凝土或低温环境下，可5h后开始测定，以后每隔2h测一次。在临近初凝、终凝时可增加测定次数。

4.数据整理

(1)单位面积贯入阻力f_{PR}按下式计算：

$$f_{PR}=P/A \tag{8-4}$$

式中：f_{PR}——单位面积贯入阻力(MPa)；

P——测针贯入深度为25mm时的贯入压力(N)，即测针垂直插入25mm时刻度盘质量增值；

A——贯入针截面面积(mm^2)。

(2)以单位面积贯入阻力为纵坐标，测试时间为横坐标，绘制单位面积贯入阻力与测试时间的关系曲线。经3.5 MPa及28 MPa画两条与横坐标平行的直线，则该直线与关系曲线交点对应的横坐标分别为混凝土的初凝和终凝时间，见示意图8-1。

(3)凝结时间取三个试样的平均值：三个测值中最大值或最小值，如果有一个与中间值之差超过中间值的10%，则以中间值为试验结果；如果最大值与最小值与中间值之差均超过中间值的10%时，则此试验无效。凝结时间用小时：分(h：min)表示，并精确至5min。

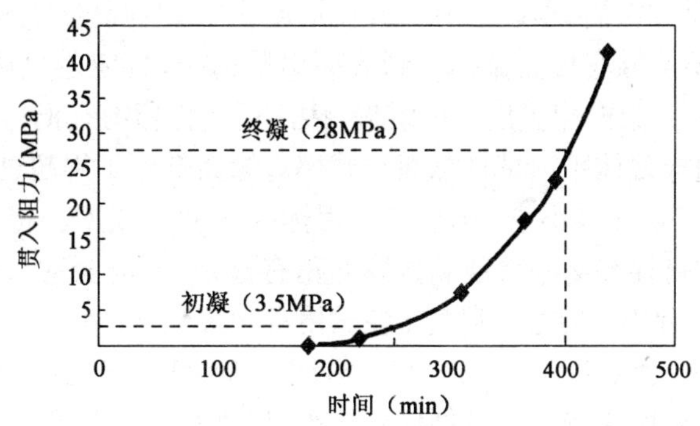

图 8-1　时间—贯入阻力曲线

5. 试验说明和注意事项

每次测定时，测针应距试模边缘至少 25mm，而每次测针的检测点之间净距离也至少为所用测针直径的 2 倍且不小于 15mm。

如果混凝土进行湿筛不好操作时，可以按混凝土中水泥砂浆的配合比，直接称料拌和成砂浆再进行试验，但注意应按粗集料的吸水率修正加水量。

三、水泥混凝土强度试验

1. 立方体、棱柱体混凝土试件制作方法

1)目的和使用范围

本方法规定了在常温环境中室内试验时立方体、棱柱体水泥混凝土试件制作方法。

2)试验仪器

(1)搅拌机：自由式或强制式。

(2)振动台：标准振动台，应符合《混凝土试验用振动台》(JG/T 245—2009)要求。

(3)压力机或万能试验机：压力机除符合《液压式万能试验机》(GB/T 3159—2008)及《试验机通用技术要求》(GB/T 2611—2007)中的要求外，其测量精度为±1%，试件破坏荷载应大于压力机全量程的 20%且小于压力机全量程的 80%，同时应具有加荷速度指示装置或加荷速度装置，上下压板平整并有足够的刚度，可以均匀连续加荷卸荷，可以保持固定荷载，开机停机灵活自如，能够满足试件破型吨位要求。

(4)球座：钢质坚硬，面部平整度要求在 100mm 距离内高低差不超过 0.05mm，球面及球窝粗糙度 $R_a=0.32\mu m$，研磨，转动灵活。不应在大球座上做小试件破型，球座最好放置在试件顶面(特别是棱柱试件)，并凸面朝上，当试件均匀受力后，一般不宜再敲动球座。

(5)试模，捣棒，橡胶锤，游标卡尺等。

3)立方体和棱柱体成型

(1)按照水泥混凝土拌和物拌和与现场取样方法拌和水泥混凝土。成型前试模内壁涂一薄层矿物油。

(2)取拌和物的总量至少比所需量高 20%以上，并取出少量混凝土拌和物代表样，在 5min 内进行坍落度或维勃稠度试验，认为品质合格后，应在 15min 内开始制件。

(3)当坍落度小于 25mm 时，可采用 ϕ25mm 的插入式振捣棒成型。将混凝土拌和物一次装入试模，装料时应用抹刀沿各试模壁插捣，并使混凝土拌和物高出试模口；振捣时振捣棒距底板10～20mm，且不要接触底板。振捣直到表面出浆为止，且应避免过振，以防止混凝土离析，一般振捣时间为20s。振捣棒拔出时要缓慢，拔出后不得留有孔洞。用刮刀刮去多余的混凝土，在临近初凝时，用抹刀抹平。试件抹面与试模边缘高低差不得超过0.5mm。

(4)当坍落度大于25mm且小于70mm时，用标准振动台成型。将试模放在振动台上夹牢，防止试模自由跳动，将拌和物一次装满试模并稍有富余，开动振动台至混凝土表面出现乳状水泥浆时为止，振动过程中随时添加混凝土使试模常满，记录振动时间(约为维勃秒数的2～3倍，一般不超过90s)。振动结束后，用金属直尺沿试模边缘刮去多余混凝土，用镘刀将表面初次抹平，待试件收浆后，再次用镘刀将试件仔细抹平，试件抹面与试模边缘的高低差不得超过0.5mm。

(5)当坍落度大于70mm时，用人工成型，拌和物分厚度大致相等的两层装入试模。捣固时按螺旋方向从边缘到中心均匀地进行。插捣底层混凝土时，捣棒应到达模底；插捣上层时，捣棒应贯穿上层后插入下层20～30mm处。插捣时应用力将捣棒压下，保持捣棒垂直，不得冲击，捣完一层后，用橡皮锤轻轻击打试模外端面10～15下，以填平插捣过程中留下的孔洞。每层插捣次数100cm^{2}截面积内不得少于12次。试件抹面与试模边缘高低差不得超过0.5mm。

4)养护

(1)试件成型后，用湿布覆盖表面，在室温20℃±5℃，相对湿度大于50%的环境中，静放1～2昼夜，然后拆模并作第一次外观检查，编号，对有缺陷的试件应除去，或加工补平。

(2)混凝土试件应在标准养护室进行养护，标准养护室温度20℃±2℃，相对湿度95%以上，试件放在铁架或木架上，间距至少10～20mm，试件表面应保持一层水膜，并避免用水直接冲淋；当无标准养护室时，将试件放入20℃±2℃不流动的氢氧化钙饱和溶液中养护。

5)试验说明和注意事项

(1)检查试模尺寸，避免使用变形试模。

(2)给试模内涂脱模剂要均匀，不易太多。

(3)当坍落度大于70mm时，用人工成型。装模分两次装模插捣时，捣棒要插入下层20～30mm处。捣固时按螺旋方向从边缘到中心均匀地进行。

(4)插捣完毕后，在混凝土临近初凝时抹平，试件抹面与试模边缘高低差不得超过0.5mm。

2. 混凝土立方体抗压强度试验

水泥混凝土的抗压强度明显高于其抗弯拉强度，在道路工程中，一般以混凝土的抗弯拉强度作为控制指标，但抗压强度仍然是设计过程中的一个控制标准。下面介绍混凝土的抗压强度试验方法。

1)试验目的和适用范围

本试验规定了测定混凝土抗压极限强度的方法，以确定混凝土的强度等级，作为评定混凝土品质的主要指标，本试验适用于各类混凝土立方体试件的极限抗压强度试验。

2)试件制备

(1)混凝土抗压强度试件以边长150mm的正方体为标准试件，其集料最大粒径为31.5mm。

(2)混凝土抗压强度采用非标准试件时，其集料粒径应符合表8-7的规定。

抗压强度试件尺寸表　　表 8-7

集料公称最大粒径(mm)	试件尺寸(mm)
26.5	100×100×100
31.5	150×150×150
53	200×200×200

(3)混凝土抗压强度试件应同龄期者为一组,每组为 3 个同条件制作和养护的混凝土试块。

3)仪器设备

(1)压力机或万能试验机:其测量精度为±1%,试件破坏荷载应大于压力机全量程的20%且小于压力机全量程的 80%。同时应具有加荷速度指示装置或加荷速度装置,上下压板平整并有足够的刚度,可以均匀连续加荷卸荷,可以保持固定荷载,开机停机灵活自如,能够满足试件破型吨位要求。

(2)球座:钢质坚硬,面部平整度要求在 100mm 距离内高低差不超过 0.05mm,球面及球窝粗糙度 $R_a=0.32\mu m$,研磨、转动灵活。

(3)混凝土强度大于等于 C60 时,试验机上下压板之间应各垫一钢垫板,平面尺寸不小于试件的承压面,其厚度至少 25mm。

(4)钢尺:分度值为 1mm。

4)抗压强度试验步骤

(1)至试验龄期时,自养护室取出试件,应尽快试验,避免其湿度变化。

(2)取出试件,检查其尺寸及形状,相对两面应平行。量出棱边长度,精确至 1mm。试件受力截面积按其与压力机上下接触面的平均值计算。在破型前,保持试件原有湿度,在试验时擦干试件。

(3)以成型时侧面为上下受压面,试件中心应与压力机几何对中。

(4)强度等级小于 C30 的混凝土取 0.3~0.5MPa/s 的加荷速度;强度等级大于 C30 小于 C60 时,则取 0.5~0.8MPa/s 的加荷速度;强度等级大于 C60 的混凝土取 0.8~1.0MPa/s 的加荷速度。当试件接近破坏而开始迅速变形时,应停止调整试验机油门,直至试件破坏,记下破坏极限荷载 F(N)。

5)抗压强度试验结果计算及评定

(1)混凝土立方体试件抗压强度按下式计算:

$$f_{cu}=\frac{F}{A} \tag{8-5}$$

式中:f_{cu}——混凝土立方体抗压强度(MPa);

F——极限荷载(N);

A——受压面积(mm^2)。

(2)以 3 个试件测值的算术平均值为测定值,计算精确至 0.1MPa。三个测值中的最大值或最小值中如有一个与中间值之差超过中间值的 15%,则取中间值为测定值;如最大值和最小值与中间值之差均超过中间值的 15%,则该组试验结果无效。

(3)混凝土强度小于 C60 时,非标准试件的抗压强度应乘以尺寸换算系数(表 8-8),并应在报告中注明。当混凝土强度大于等于C60,宜用标准试件,使用非标准试件,尺寸换算系数由试验确定。

立方体抗压强度尺寸换算系数表　　表8-8

试件尺寸(mm)	尺寸换算系数
100×100×100	0.95
150×150×150	1.00
200×200×200	1.05

结果计算精确至0.1MPa。

3.混凝土抗折(抗弯拉)强度试验

混凝土在直接受拉时,很小变形就要开裂,它在断裂前没有残余变形,是一种脆性破坏。混凝土的抗拉强度只有抗压强度的1/20～1/10。道路路面或机场道面用水泥混凝土,以抗弯拉强度为主要强度指标,抗压强度作为参考指标。下面介绍混凝土抗弯拉强度的试验方法。

1)试验目的和适用范围

本试验规定了测定混凝土抗折(抗弯拉)极限强度的方法,以提供设计参数,检查混凝土施工品质和确定抗折弹性模量试验加荷标准,适用于各类水泥混凝土的棱柱体试件。

2)试件制备

(1)标准试件尺寸为150mm×150mm×550mm(600mm),集料公称最大粒径应不大于31.5mm,如确有必要,允许采用100mm×100mm×400mm的试件,集料公称最大粒径应不大于26.5mm。在试件长度中部1/3区段内表面不得有直径超过2mm的孔洞。

(2)混凝土抗弯拉强度试件应取同龄期者为一组,每组为同条件制作和养护的试件3根。

3)仪器设备

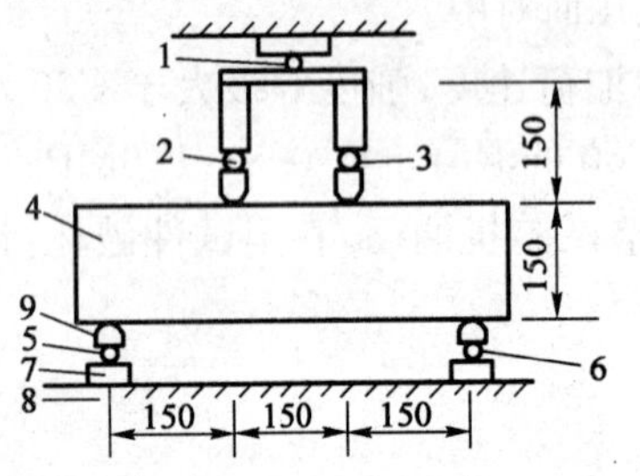

图8-2　抗弯拉试验装置(尺寸单位:mm)
1～3、5、6-钢球;4-试件;7-活动支座;8-机台;9-活动船形垫块

(1)压力机或万能试验机:同立方体抗压强度试验。

(2)抗弯拉试验装置(即三分点处双点加荷和三点自由支承式混凝土抗弯拉强度与抗弯拉弹性模量试验装置)如图8-2所示,图中1、2、6为一个钢球,3、5为两个钢球,活动船形垫块9,共4块,另附活动支架,以保证试件准确就位而不损及船形垫块下面的定位弹簧。

4)试验步骤

(1)试件取出后,用湿毛巾覆盖并及时进行试验,保持试件干湿状态不变。在试件中部量出其宽度和高度,精确至1mm。

(2)调整两个可移动支座,将试件安放在支座上,试件成型时的侧面朝上,几何对中后,务必使支座及承压面与活动船型垫块的接触面平稳、均匀,否则应垫平。

(3)加荷时,应保持均匀、连续。当混凝土的强度等级小于C30时,加荷速度为0.02～0.05MPa/s;当混凝土的强度等级大于等于C30且小于C60时,加荷速度为0.05～0.08MPa/s;当混凝土的强度等级大于等于C60时,加荷速度为0.08～0.10MPa/s。当试件接近破坏面开始迅速变形时,不得调整试验机油门,直至试件破坏,记下破坏极限荷载F(N)。

(4)记录下最大荷载和试件下边缘断裂的位置。

5)抗弯拉强度试验结果计算及评定

(1)当断面发生在两个加荷点之间时,抗弯拉强度 f_f 按下式计算:

$$f_f = \frac{FL}{bh^2} \tag{8-6}$$

式中:f_f——抗弯拉强度(MPa);

F——极限荷载(N);

L——支座间距离(mm);

b——试件宽度(mm);

h——试件高度(mm)。

(2)以三个试件测值的算术平均值为测定值。三个试件中最大值或最小值中如有一个与中间值之差超过中间值的15%,则把最大值和最小值舍去,以中间值作为试件的抗弯拉强度;如最大值和最小值与中间值之差值均超过中间值15%,则该组试验结果无效。

三个试件中如有一个断裂面位于加荷点外侧,则混凝土抗弯拉强度按另外两个试件的试验结果计算。如果这两个测值的差值不大于这两个测值中较小值的15%,则以两个测值的平均值为测试结果,否则结果无效。

如果有两个试件均出现断裂面位于加荷点外侧,则该组结果无效。断面位置在试件断块短边一侧的底面中轴线上量得。弯拉强度精确到0.01MPa。

(3)采用100mm×100mm×400mm非标准试件时,在三分点加荷的试验方法同前,但所取得的抗折强度值应乘以尺寸换算系数0.85。

6)试验说明和注意事项

(1)弯拉强度试验装置对于试验结果有着显著影响,所以试验过程中必须使用符合规定的装置,使所有加荷头与试件均匀接触,并避免产生扭矩,使得试件不是折坏,而是折、扭复合破坏。

(2)试验时应选择合适的压力机加载量程,一般要求试件破坏荷载应大于压力机全量程的20%且小于压力机全量程的80%,否则可能引起较大误差。选择的思路是根据混凝土的设计强度(或判断可能达到的强度),通过强度公式反算出在此强度状况下达到的最大荷载,而能够使该荷载进入某量程的20%以上80%以下的,则是合适的加载量程。

(3)试验要求的加载速率单位是MPa/s,应根据加载速率要求和实际试验时试件的受压面积将其换算成力的单位,即 $kN/mm^2 \cdot s$。如常见的强度等级C30以上的150mm×150mm×150mm抗压试件,其加载速率为11.25～18.00$kN/mm^2 \cdot s$。

4.水泥混凝土立方体劈裂抗拉强度试验方法

混凝土抗拉试验过去多用8字形试件或棱柱体试件直接测定轴向抗拉强度,但是这种方法由于夹具附近局部破坏很难避免,而且外力作用线与试件轴心方向不易调成一致,所以我国采用立方体(国际上多用圆柱体)的劈裂抗拉试验来测定混凝土的抗拉强度。该方法的原理是在试件两个相对的表面素线上,作用着均匀分布的压力,这样就能够在外力作用的竖向平面内产生均布拉伸应力,这个拉伸应力可以根据弹性理论计算得出。这个方法大大简化了抗拉试件的制作,并且较正确地反映了试件的抗拉强度。下面介绍混凝土劈裂强度试验的方法。

1)试验目的和适用范围

本试验规定了测定混凝土立方体试件的劈裂抗拉强度方法,本试验适用于各类混凝土的立方体试件。

2)试件制备

(1)采用边长 150mm 的方块作为标准试件,其最大集料粒径应为 31.5mm。

(2)本试件应同龄期者为一组,每组为 3 个同条件制作和养护的混凝土试块。

3)仪器设备

(1)主要设备同混凝土试件的制作设备。

(2)劈裂钢垫条和三合板垫层(或纤维板垫层),如图 8-3 所示。

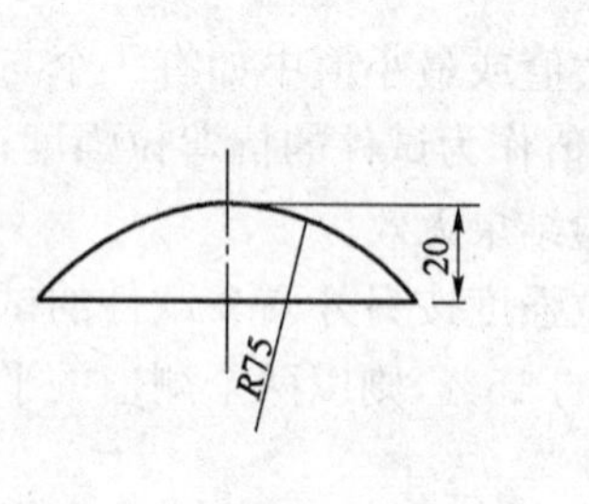

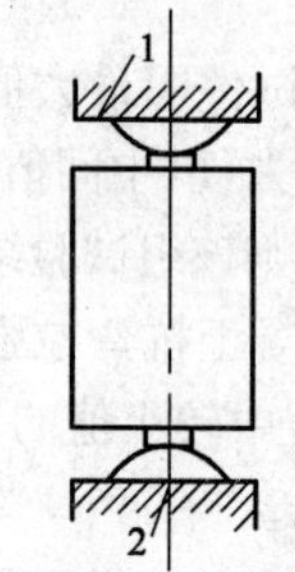

图 8-3 劈裂试验用钢垫条(mm)

1-上压板;2-下压板

钢垫条顶面为直径 150mm 的弧形,长度不短于试件边长。木质三合板或硬质纤维板垫层的宽度为 15~20mm,厚为 3~4mm,垫层不得重复使用。

4)试验步骤

(1)试件从养护地点取出后,擦拭干净,测量尺寸,检查外观,在试件中部画出劈裂面位置线。劈裂面与试件成型时的顶面垂直,尺寸测量精确至 1mm。

(2)试件放在球座上,几何对中,放妥垫层垫条,其方向与试件成型时顶面垂直。

(3)当混凝土强度等级低于 C30 时,以 0.02~0.05MPa/s的速度连续而均匀地加荷;当混凝土强度等级大于等于 C30 且小于 C60 时,以 0.05~0.08MPa/s 的速度连续而均匀地加荷;当混凝土强度等级大于等于 C60 时,以 0.08~0.10MPa/s 的速度连续而均匀地加荷;当试件接近破坏时,应停止调整油门,直至试件破坏,记下破坏荷载 F,精确至 0.01kN。

5)试验结果计算

(1)混凝土劈裂抗拉强度 f_{ts}按下式计算:

$$f_{ts}=\frac{2F}{\pi A}=0.637\frac{F}{A} \tag{8-7}$$

式中:f_{ts}——混凝土劈裂抗拉强度(MPa);

F——极限荷载(N);

A——试件劈裂面面积(mm^2),为试件横断面面积。

(2)劈裂抗拉强度测定值的计算及异常数据的取舍原则,同抗弯拉强度试验的规定,结果计算精确至 0.01MPa。

第四节 水泥混凝土配合比设计

一、配合比设计指标

混凝土配合比设计指标主要包括硬化后的结构强度、拌和物的工作性及使用时的耐久性等。

1.混凝土的配制强度

混凝土设计强度等级应根据实际工程构造物的结构特点、功能要求、所处环境等因素综合考虑决定。

根据设计要求的强度等级，普通混凝土配制强度和设计强度应满足下式：

$$f_{cu,o} \geqslant f_{cu,k} + 1.645\sigma \tag{8-8}$$

式中：$f_{cu,o}$——混凝土配制强度(MPa)；

$f_{cu,k}$——混凝土立方体抗压强度标准值(MPa)；

σ——混凝土强度标准差(MPa)。

混凝土强度标准差宜根据同类混凝土统计资料计算确定，并应符合下列规定：计算时强度试件组数不应少于 25 组；当混凝土强度等级为 C20 和 C25 级，其强度标准差计算值小于 2.5MPa时，计算配制强度用的标准差应取不小于 2.5MPa；当混凝土强度等级等于或大于 C30 级，其强度标准差计算值小于 3.0MPa 时，计算配制强度用的标准差应取不小于 3MPa；当无统计资料计算混凝土强度标准差时，其值应按现行国家标准《混凝土结构工程施工及验收规范》(GB 50204—2002)的规定取用。

遇有下列情况时应提高混凝土配制强度：

(1)现场条件与试验室条件有显著差异时；

(2)C30 级及其以上强度等级的混凝土采用非统计方法评定时。

2.混凝土拌和物的工作性

混凝土的工作性选择取决于混凝土构件自身的特点，包括构件截面尺寸大小、钢筋疏密程度及施工方式等。通常，当构件截面尺寸较小，或钢筋较密，或采用人工插捣时，坍落度可选择的大一些；反之，则坍落度可选择小一些，见表 8-9。

混凝土浇筑时坍落度要求　　表 8-9

构件种类	坍落度(mm)
基础或地面的垫层，无配筋的大体积结构或配筋稀的结构	10～30
板、梁和大型及中型截面的柱子	30～50
配筋密的结构	50～70
配筋特密的结构	70～90

3.混凝土的耐久性

混凝土的耐久性主要取决于混凝土的密实程度，而密实度的大小又在于混凝土的水灰比和水泥用量。当水灰比偏大或水泥用量偏小时，都有可能在硬化后的混凝土构件内部留下过多的孔隙，为日后引起混凝土耐久性不良现象留下隐患。当进行混凝土配合比设计时，为保证混凝土的耐久性，混凝土的最大水灰比和最小水泥用量，应符合表 8-10 的规定。

混凝土的最大水灰比和最小水泥用量 表 8-10

环境条件		结构物类型	最大水灰比			最小水泥用量(kg)		
			素混凝土	钢筋混凝土	预应力混凝土	素混凝土	钢筋混凝土	预应力混凝土
干燥环境		正常的居住和办公用房屋内部件	不作规定	0.65	0.60	200	260	300
潮湿环境	无冻害	高湿度的室内部件、室外部件;在非侵蚀土和水中的部件	0.70	0.60	0.60	225	280	300
潮湿环境	有冻害	经受冻害的室外部件;在非侵蚀性土和水中且经受冻害的部件;高湿度且经受冻害的室内部件	0.55	0.55	0.55	250	280	300
有冻害和除冰剂的潮湿环境		经受冻害和除冰剂作用的室内和室外部件	0.50	0.50	0.50	300	300	300

注:当用活性掺和料取代部分水泥时,表中的最大水灰比和最小水泥用量即为替代前的水灰比和水泥用量。配置 C15 级及以下等级的混凝土,可不受本表限制。

二、配合比设计阶段

1.初步配合比设计阶段

1)计算混凝土配制强度

根据设计要求的强度等级,普通混凝土配制强度按式(8-9) 计算。

2)计算水灰比 W/C

普通混凝土强度等级小于 C60 等级时,水灰比按下式计算:

$$\frac{W}{C}=\frac{a_a f_{ce}}{f_{cu,o}+a_a a_b f_{ce}} \tag{8-9}$$

式中:a_a、a_b——回归系数;

f_{ce}——水泥 28d 抗压强度实测值(MPa)。

当无水泥 28d 抗压强度实测值时,公式中的 f_{ce} 值可按下式确定:

$$f_{ce}=\gamma_c \times f_{ce,g} \tag{8-10}$$

式中:γ_c——水泥强度等级值的富余系数可按实际统计资料确定,如无统计资料则可取 1.13;

$f_{ce,g}$——水泥强度等级值(MPa)。

当计算求出 W/C 后,还应根据混凝土所处环境和耐久性要求的允许水灰比(表 8-10)进行校核,要满足标准所规定的最大水灰比限定。

3)单位用水量(M_{wo})的确定

每立方米混凝土用水量的确定,采用查表的方式进行,应符合下列规定。

(1)干硬性和塑性混凝土用水量的确定。

水灰比在 0.40～0.80 范围时,根据粗集料的品种、粒径及施工要求的混凝土拌和物稠度,其用水量可按表 8-11 和表 8-12 选取。

干硬性混凝土的用水量 表 8-11

拌和物稠度		卵石最大粒径(mm)			碎石最大粒径(mm)		
项目	指标	10	20	40	16	20	40
维勃稠度(s)	16～20	175	160	145	180	170	155
	11～15	180	165	150	185	175	160
	5～10	185	170	155	190	180	165

塑性混凝土的用水量(kg/m³) 表 8-12

拌和物稠度		卵石最大粒径(mm)				碎石最大粒径(mm)			
项目	指标	10	20	31.5	40	16	20	31.5	40
坍落度(mm)	10～30	190	170	160	150	200	185	175	165
	35～50	200	180	170	160	210	195	185	175
	55～70	210	190	180	170	220	205	195	185
	75～90	215	195	185	175	230	215	205	195

注:本表用水量系采用中砂时的平均取值。采用细砂时,每立方米混凝土用水量可增加 5～10kg;采用粗砂时,则可减少 5～10kg。掺用各种外加剂或掺和料时,用水量应相当调整。

水灰比小于 0.4 的混凝土以及采用特殊成型工艺的混凝土用水量应通过试验确定。

(2)流动性和大流动性混凝土的用水量宜按下列步骤计算。

以表 8-20 中坍落度 90mm 的用水量为基础,按坍落度每增大 20mm 用水量增加 5kg/m³,计算出未掺外加剂时的混凝土的用水量。

掺外加剂时的混凝土用水量可按下式计算:

$$M_{wa}=M_{wo}(1-\beta) \tag{8-11}$$

式中:M_{wa}——掺外加剂混凝土每立方米混凝土的用水量(kg);

M_{wo}——未掺外加剂混凝土每立方米混凝土的用水量(kg);

β——外加剂的减水率,应经试验确定。

4)计算单位水泥用量(M_{co})

每立方米混凝土的水泥用量(M_{co})可按下式计算:

$$M_{co}=\frac{M_{wo}}{W/C} \tag{8-12}$$

并通过表 8-9 查验该水泥用量是否满足耐久性的要求。

5)砂率的确定

当无历史资料可参考时,混凝土砂率的确定应符合下列规定:

(1)坍落度为 10～60mm 的混凝土砂率,可根据粗集料品种、粒径及水灰比按表 8-13 选取。

(2)坍落度大于 60mm 的混凝土砂率,可经试验确定,也可在表 8-13 的基础上,按坍落度每增大 20mm,砂率增大 1%的幅度予以调整。

(3)坍落度小于 10mm 的混凝土或使用外加剂的混凝土,其砂率应经试验确定。

混凝土的砂率(%) 表8-13

水灰比 W/C	卵石最大粒径(mm)			碎石最大粒径(mm)		
	10	20	40	16	20	40
0.40	26～32	25～31	24～30	30～35	29～34	27～32
0.50	30～35	29～34	28～3	33～38	32～37	30～35
0.60	33～38	32～37	31～36	36～41	35～40	33～38
0.70	36～41	35～40	34～39	39～44	38～43	36～41

注:本表数值系中砂的选用砂率,对细砂或粗砂可相应地减少或增大砂率。只用一个单粒级粗集料配制混凝土时,砂率应适当增大。对薄壁构件,砂率取偏大值。本表中的砂率系指砂与集料总量的质量比。

6)计算砂和石的用量

粗细集料的用量可以通过质量法或体积法两种手段计算获得。

粗集料和细集料用量的确定,应符合下列规定。

(1)质量法

根据经验,在原材料稳定的情况下,新拌混凝土的表观密度接近一个固定值,这样,就可假定一个每立方米新拌混凝土的质量,可按下列公式计算:

$$M_{co}+M_{go}+M_{so}+M_{so}+M_{wo}=m_{cp} \tag{8-13}$$

$$\beta_s=\frac{M_{so}}{M_{go}+M_{so}}\times 100\% \tag{8-14}$$

式中:M_{co}——每立方米混凝土的水泥用量(kg);

M_{go}——每立方米混凝土的粗集料用量(kg);

M_{so}——每立方米混凝土的细集料用量(kg);

M_{wo}——每立方米混凝土的用水量(kg);

β_s——砂率(%);

m_{cp}——每立方米混凝土拌和物的假定质量(kg),其值可取2 350～2 450kg。

(2)体积法

假定新拌混凝土的体积等于各组成材料绝对体积和所含空气的体积之和。当采用体积法时,可按下列公式计算:

$$\frac{M_{co}}{\rho_c}+\frac{M_{wo}}{\rho_w}+\frac{M_{so}}{\rho_s}+\frac{M_{go}}{\rho_g}+0.01\alpha=1$$

$$\beta_s=\frac{M_{so}}{M_{so}+M_{go}}\times 100 \tag{8-15}$$

式中:ρ_c——水泥密度(kg/m^3),可取2 900～3 100 kg/m^3;

ρ_g——粗集料的表观密度(kg/m^3);

ρ_s——细集料的表观密度(kg/m^3);

ρ_w——水的密度(kg/m^3),可取1 000 kg/m^3;

α——混凝土的含气量百分数(%),在不使用引气型外加剂时,可取为1。

这样就得到初步配合比为:水泥∶水∶砂∶石$=M_{co}:M_{wo}:M_{so}:M_{go}$。

通过以上步骤可求出水、水泥、砂和石子的用量,得到混凝土的计算配合比。其中,砂、石材料的用量均系以干燥状态集料为基准（干燥状态集料系指含水率小于0.5%的细集料或含水率小于0.2%的粗集料），如需以饱和面干集料为基准进行计算时，则应作相应的修正。

2.基准配合比设计阶段

初步配合比设计得到的结果，仅仅依靠的是一种经验方式，其结果必须通过实际检验来看工作性是否满足施工和易性要求，必要时进行调整，提出符合工作性要求的基准配合比。

进行混凝土配合比试配时应采用工程中实际使用的原材料。混凝土的搅拌方法，宜与生产时使用的方法相同。

混凝土配合比试配时每盘混凝土的最小搅拌量应符合表8-14的规定，当采用机械搅拌时其搅拌量不应小于搅拌机额定搅拌量的1/4。

混凝土试配最小搅拌量　表8-14

集料最大粒径(mm)	拌和物数量(L)	集料最大粒径(mm)	拌和物数量(L)
31.5及以下	15	40	25

按计算的配合比进行试配时，首先应进行试拌，以检查拌和物的性能。当试拌得出的拌和物坍落度或维勃稠度不能满足要求，或黏聚性和保水性不好时，应在保证水灰比不变的条件下，相应调整用水量或砂率，直到符合要求为止；然后提出供混凝土强度试验用的基准配合比。

工作性调整思路：通过具体的坍落度（或维勃稠度）试验，混凝土的工作性检测结果会有以下几种可能：

(1)坍落度值（或维勃稠度）达到设计要求，且混凝土的黏聚性和保水性亦良好，则原有初步配合比无需调整，得到的基准配合比与初步配合比一致。

(2)混凝土的坍落度或维勃稠度不能满足设计要求，但黏聚性和保水性较好时，应在保持原有水灰比不变的条件下，调整水和水泥用量，直至通过试验证实工作性满足要求。这样得到的基准配合比中，砂、石用量仍未发生变化，但水泥、水的用量改变了。

(3)当试拌实测之后，发现流动性能够达到设计要求，但黏聚性和保水性却不好，此时保持原有水泥和水的用量，在维持砂石总量不变的条件下，适当调整砂率，改变混凝土的黏聚性和保水性，直至坍落度、黏聚性和保水性均满足要求。经过调整，得到的基准配合比与初步配合比对照，其中水泥和水的用量可能未变（也有可能在改变砂率的同时，相应要调整水泥浆的用量，使水泥和水的用量也发生变化），但砂和石各自的用量肯定发生改变。

(4)试拌实测后，如发现拌和物的坍落度（或维勃稠度）不能满足要求，且黏聚性和保水性也不好，则应在水灰比和砂石总量维持不变的条件下，改变用水量和砂率，直至符合设计要求为止。此时提出的基准配合比与初步配合比完全不同。

无论出现以上何种情形，基准配合比为：水泥：水：砂：石$=m_{ca}:m_{wa}:m_{sa}:m_{ga}$。

3.试验室配合比设计阶段

混凝土强度试验时，至少应采用三个不同的配合比。当采用三个不同的配合比时，其中一个应为所确定的基准配合比，另外两个配合比的水灰比，宜较基准配合比分别增加和减少0.05；用水量应与基准配合比相同，砂率可分别增加和减少1%。

当不同水灰比的混凝土拌和物坍落度与要求值的差超过允许偏差时，可通过增、减用水量进行调整。

制作混凝土强度试验试件时，应检验混凝土拌和物的坍落度或维勃稠度、黏聚性、保水性及拌和物的表观密度，并以此结果代表相应配合比的混凝土拌和物的性能。进行混凝土强度试验时，每种配合比至少应制作一组(三块)试件，标准养护到28d时试压。

根据试验得出的混凝土强度与其相应的灰水比 C/W 关系，用作图法或计算法求出与混凝土配制强度 $f_{cu,o}$ 相对应的灰水比，并应按下列原则确定每立方米混凝土的材料用量：

(1)用水量 m_w 应在基准配合比用水量的基础上，根据制作强度试件时测得的坍落度或维勃稠度进行调整确定；

(2)水泥用量 m_c 应以用水量乘以选定出来的灰水比计算确定；

(3)粗集料 m_g 和细集料 m_s 用量应在基准配合比的粗集料和细集料用量的基础上，按选定的灰水比进行调整后确定。

混凝土配合比的密度调整方法如下。

应根据前述所确定的材料用量按下式计算混凝土的表观密度计算值 $\rho_{c,c}$：

$$\rho_{c,c} = m_c + m_g + m_s + m_w \tag{8-16}$$

应按下式计算混凝土配合比校正系数 δ：

$$\delta = \frac{\rho_{c,t}}{\rho_{c,c}} \tag{8-17}$$

式中：$\rho_{c,t}$——混凝土表观密度实测值(kg/m^3)；

$\rho_{c,c}$——混凝土表观密度计算值(kg/m^3)。

当混凝土表观密度实测值与计算值之差的绝对值不超过计算值的2%时，按前述确定的配合比即为确定的设计配合比；当二者之差超过2%时，应将配合比中每项材料用量均乘以校正系数 δ，即为混凝土最终设计配合比，为水泥：水：砂：石$=m'_{cb}:m'_{wb}:m'_{sb}:m'_{gb}$。

4.工地配合比设计阶段

试验室配合比是在砂、石材料干燥条件下进行试验和计算得到的结果，而工地所使用的砂、石材料都含有一定的水分，而且所含水分随时间和环境气候的变化，随时不断变动，与设计配合比有明显差异。所以工地现场进行混凝土拌和时，要按当时工地所测得的砂、石含水率进行材料用量的修正。含水率的定义为：砂、石中的水质量占干燥砂、石质量的百分率。因此，工地每立方米混凝土配合比的各材料用量用下列公式计算。

水泥：
$$m_c = m'_{cb} \tag{8-18}$$

砂：
$$m_s = m'_{sb} \times (1 + w_s\%) \tag{8-19}$$

石：
$$m_g = m'_{gb} \times (1 + w_g\%) \tag{8-20}$$

水：
$$m_w = m'_{wb} - (m'_{sb} \times w_s\% + m'_{gb} \times w_g\%) \tag{8-21}$$

式中：w_s、w_g——分别为工地砂、石材料含水率(%)。

最终得到混凝土的施工现场配合比为：水泥：水：砂：石$=m_c:m_w:m_s:m_g$。

根据本单位常用的材料，可设计出常用的混凝土配合比备用。在使用过程中，应根据原材料情况及混凝土质量检验的结果予以调整。但遇有下列情况之一时，应重新进行配合比设计。

(1)对混凝土性能指标有特殊要求时；

(2)水泥外加剂或矿物掺和料品种质量有显著变化时；

(3)该配合比的混凝土生产间断半年以上时。

例题:若计算配合比每方混凝土材料用量为水 195kg,水泥 390kg、砂 588kg、石子 1 176kg/m³,经试拌,坍落度大于设计要求,保水性和黏聚性好。

(1)按每方混凝土减少 5kg 水,水灰比不变,计算调整后每方混凝土材料用量。

(2)若实测密度为 2 425kg/m³,计算密度调整后每方混凝土材料用量。

(3)若现场每盘混凝土用两袋水泥,请计算每盘混凝土材料用量。

(4)若现场砂的含水率为 4%,石子含水率为 1.5%,计算每盘混凝土材料用量。

解:(1)水灰比=195/390=0.5　　$S_p=\frac{588}{588+1\,176}=33\%$

$$\rho=195+390+588+1\,176=2\,349(\text{kg/m}^3)$$

每方混凝土材料用量为:水=190kg

$$\text{水泥}=\frac{190}{0.5}=380\text{kg}$$

$$\text{砂}=2\,349-(380+190)\times0.33=587(\text{kg})$$

$$\text{石}=2\,349-190-587-380=1\,192(\text{kg})$$

(2)$k=\frac{2\,425}{2\,349}=1.032\,354$　　水=190k=196kg

水泥=380k=392kg　　砂=587k=660kg　　石=1 192k=1 231kg

(3)配合比例:1∶1.55∶3.14∶0.5

(4)考虑砂石含水率后每盘混凝土材料用量:

水泥=100kg　　砂=155(1+4%)=161kg

石=314(1+1.5%)=319kg　　水=50−(155×4%+314×1.5%)=39kg

第九章

路面基层和基层材料

第一节　路面基层及组成材料技术要求

公路路面常用的基层与底基层材料可分为三大类:柔性基层、半刚性基层、刚性基层。也可以分为:无机结合料稳定类、有机结合料稳定类和粒料类。我国常用的基层材料包括:水泥稳定土、石灰稳定土、石灰工业废渣稳定土、级配碎石、级配砾石或级配砂砾、填隙碎石、沥青稳定碎石、乳化沥青碎石、沥青贯入式碎石等类型。

一、基层、底基层材料的常见类型、类型划分、适用范围

在经过粉碎的或原来松散的材料中,掺入足量的水泥和水,经拌和得到的混合料,在压实和养生后,当其抗压强度符合规定的要求时,称为水泥稳定材料。水泥稳定材料包括水泥稳定级配碎石、级配砂砾、未筛分碎石、石屑、土、碎石土、砂砾土,以及经加工、性能稳定的钢渣和矿渣等。在粉碎的或原来松散的材料(包括各种粗、中、细土)中,掺入足量的石灰和水,经拌和得到的混合料,经压实及养生后,当其抗压强度符合规定的要求时,称为石灰稳定材料。石灰稳定材料包括石灰稳定土(石灰土)、天然砂砾土(石灰砂砾土)、天然碎石土(石灰碎石土),以及用石灰土稳定级配砂砾(砂砾中无土)、级配碎石和矿渣等。两种或两种以上无机结合材料稳定的强度符合要求的混合料称为综合稳定材料。石灰工业废渣材料包括石灰粉煤灰碎石(二灰碎石)、石灰粉煤灰砂砾(二灰砂砾)、石灰粉煤灰土(二灰土)、石灰粉煤灰(二灰)、石灰粉煤灰砂(二灰砂)、石灰粉煤灰矿渣(二灰矿渣、石灰钢渣)等。其中水泥稳定材料、石灰粉煤灰稳定材料适用于各级公路的基层、底基层,但水泥或石灰、粉煤灰稳定细粒土不能用作高等级路面的基层。冻雨地区、多雨潮湿地区,石灰粉煤灰稳定材料宜用于高速公路、一级公路的下基层或底基层。石灰稳定材料宜用于各级公路的底基层以及三、四级公路的基层。

半刚性基层、底基层按其混合料结构状态分为骨架密实型、骨架空隙型、悬浮密实型和均匀密实型四种类型。高速公路、一级公路的基层或上基层宜选用骨架密实型混合料。二级及二级以下公路的基层和各级公路的底基层可采用悬浮密实型混合料。均匀密实型混合料适用于高速公路、一级公路的底基层,二级及二级以下公路的基层。骨架空隙型混合料具有较高的空隙率,适用于需考虑路面内部排水要求的基层。

二、水泥稳定类原材料的技术要求

(1)土

凡能被粉碎的土都可用水泥稳定。级配碎石、未筛分碎石、砂砾、碎石土、砂砾土、煤矸石

和各种粒状矿渣均适宜用水泥稳定。碎石包括岩石碎石、矿渣碎石、破碎砾石等。碎石或砾石的压碎值要求为:对于高速公路和一级公路不大于30%,对于二级和二级以下公路基层不大于35%;对于二级和二级以下公路底基层不大于40%。

对于二级和二级以下的公路:当用水泥稳定土做底基层时,单个颗粒的最大粒径不应超过37.5mm。对于高速公路和一级公路,单个颗粒的最大粒径不应超过31.5mm。各级公路均可选用悬浮密实型水泥稳定类材料做基层、底基层,基层集料的最大粒径不大于31.5mm,底基层最大粒径不大于37.5mm。高速公路、一级公路宜用骨架密实型水泥稳定类材料做基层或上基层。集料的级配范围应符合表9-1规定。土的均匀系数应大于5。细粒土的液限不应超过40,塑性指数不应超过17。对于中粒土和粗料土,如土中小于0.6mm的颗粒含量在30%以下,塑性指数可稍大。实际工作中,宜选用均匀系数大于10、塑性指数小于12的土。塑性指数大于17的土,宜采用石灰稳定,或用水泥和石灰综合稳定。采用水泥稳定粒径较均匀的砂时,宜在砂中添加少部分塑性指数小于10的黏性土或石灰土,也可添加部分粉煤灰,加入比例可按使混合料的标准干密度接近最大值确定,一般为20%~40%。

有机质含量超过2%的土,必须先用石灰进行处理,闷料一夜后再用水泥稳定。

硫酸盐含量超过0.25%的土,不应用水泥稳定。

水泥稳定集料的级配范围　　表9-1

编号	通过下列方孔筛尺寸(mm)的质量百分率(%)								类　型
	37.5	31.5	19.0	9.50	4.75	2.36	0.6	0.075	
1		100	68~86	38~58	22~32	16~28	8~15	0	骨架密实型
2		100	90~100	60~80	29~49	15~32	6~20	0~5	悬浮密实型(基层)
3	100	93~100	75~90	50~70	29~50	15~35	6~20	0~5	悬浮密实型(底基层)

(2)水泥

普通硅酸盐水泥、矿渣硅酸盐水泥和火山灰质硅酸盐水泥都可用于稳定土,但应选用初凝时间3h以上和终凝时间较长(宜在6h以上)的水泥。不应使用快硬水泥、早强水泥以及已受潮变质的水泥。宜采用强度等级较低(如32.5级或42.5级)的水泥。

(3)水

凡是饮用水(含牲畜饮用水)均可用于水泥稳定土施工。

三、石灰稳定类原材料的技术要求

(1)塑性指数为15~20的黏性土,以及含有一定数量黏性土的中粒土和粗粒土均适宜于用石灰稳定。用石灰稳定无塑性指数的级配砂砾、级配碎石和未筛分碎石时,应添加15%左右的黏性土。塑性指数在15以上的黏性土更适宜于用石灰和水泥综合稳定。塑性指数在10以下的亚砂土和砂土用石灰稳定时,应采取适当的措施或采用水泥稳定。

(2)石灰稳定土用于基层时,颗粒的最大粒径不应大于37.5mm,用于底基层时,颗粒的最大粒径不应大于53mm。不含黏性土的砂砾、级配碎石和未筛分碎石最好用水泥稳定,若无条件只能用石灰稳定时,应采用石灰土稳定,石灰土与集料的质量比宜为1∶4,集料应具有良好的级配。

石灰稳定土中碎石或砾石的压碎值应符合下列要求：

基层：

二级公路　　　　　　　　　　　　　　不大于30%

二级以下公路　　　　　　　　　　　　不大于35%

底基层：

高速公路和一级公路　　　　　　　　　不大于30%

二级和二级以下公路　　　　　　　　　不大于35%

硫酸盐含量超过0.8%的土和有机质含量超过10%的土，不宜用石灰稳定。

(3)石灰技术指标应符合表9-2规定III级要求。应尽量缩短石灰的存放时间。石灰在野外堆放时间较长时，应覆盖防潮。

石灰的技术指标　　表9-2

项目＼指标＼类别	钙质生石灰			镁质生石灰			钙质消石灰			镁质消石灰		
等级	I	II	III	I	II	III	I	II	III	I	II	III
有效钙加氧化镁含量(%)	≥85	≥80	≥70	≥80	≥75	≥65	≥65	≥60	≥55	≥60	≥55	≥50
未消化残渣含量(5mm圆孔筛的筛余,%)	≤7	≤11	≤17	≤10	≤14	≤20						
含水率(%)							≤4	≤4	≤4	≤4	≤4	≤4
细度：0.71mm方孔筛的筛余(%)							0	≤1	≤1	0	≤1	≤1
细度：0.125mm方孔筛的筛余(%)							≤13	≤20	—	≤13	≤20	—
钙镁石灰的分类界限，氧化镁含量(%)	≤5			>5			≤4			>4		

注：硅、铝、镁氧化物含量之和大于5%的生石灰，有效钙加氧化镁含量指标，I等≥75%，II等≥70%，III等≥60%；未消化残渣含量指标与镁质生石灰指标相同。

使用等外石灰、贝壳石灰、珊瑚石灰等，应进行试验，如混合料的强度符合表9-6的标准，即可使用。

对于高速公路和一级公路，宜采用磨细生石灰粉。

(4)凡饮用水(含牲畜饮用水)均可用于石灰土施工。

四、石灰工业废渣类材料技术要求

石灰工业废渣类材料包括石灰粉煤灰碎石(二灰碎石)、石灰粉煤灰砂砾(二灰砂砾)、石灰粉煤灰土(二灰土)、石灰粉煤灰(二灰)、石灰粉煤灰砂(二灰砂)、石灰粉煤灰矿渣(二灰矿渣、石灰钢渣)等。

(1)当高速公路、一级、二级公路采用骨架密实型石灰粉煤灰稳定集料上基层或基层时，集料级配宜符合表 9-3 的级配范围要求。

骨架密实型石灰粉煤灰稳定集料级配范围　　表 9-3

通过下列方筛孔(mm)的质量百分率(%)									
筛孔尺寸	31.5	26.5	19.0	9.50	4.75	2.36	1.18	0.6	0.075
基层	100	95～100	48～68	24～34	11～21	6～16	2～12	0～6	0～3

(2)当采用悬浮密实型石灰粉煤灰稳定碎石基层、底基层时，混合料的最大粒径应分别不超过 31.5mm、37.5mm。碎石级配宜符合表 9-4 的级配范围。

悬浮密实型石灰粉煤灰稳定碎石的集料级配范围　　表 9-4

层　位	通过下列方筛孔(mm)的质量百分率(%)								
	37.5	31.5	19.0	9.50	4.75	2.36	1.18	0.6	0.075
基层		100	88～98	55～75	30～50	16～36	10～25	4～18	0～5
底基层	100	94～100	79～92	51～72	30～50	16～36	10～25	4～18	0～5

(3)当采用石灰粉煤灰稳定砂砾基层、底基层时，砂砾级配则宜符合表 9-5 的级配要求。

悬浮密实型石灰粉煤灰稳定砂砾的集料级配范围　　表 9-5

层　位	通过下列方筛孔(mm)的质量百分率(%)								
	37.5	31.5	19.0	9.50	4.75	2.36	1.18	0.6	0.075
基层		100	85～98	55～75	39～59	27～47	17～35	10～25	0～10
底基层	100	85～100	65～89	50～72	35～55	25～45	17～35	10～27	0～15

水泥粉煤灰稳定材料级配要求与石灰粉煤灰稳定材料混合料相同。

(4)石灰技术要求见表 9-2。

(5)粉煤灰技术要求：

粉煤灰中 SiO_2、Al_2O_3 和 Fe_2O_3 的总含量应大于 70%，粉煤灰的烧失量不应超过 20%；粉煤灰的比表面积宜大于 2 500cm^2/g(或 90%通过 0.3mm 筛孔，70%通过 0.075mm 筛孔)。

干粉煤灰和湿粉煤灰都可以应用。湿粉煤灰的含水率不宜超过 35%。

(6)煤渣的最大粒径不应大于 30mm，颗粒组成宜有一定级配，且不宜含杂质。

(7)宜采用塑性指数 12～20 的黏性土(亚黏土)。土块的最大粒径不应大于 15mm。

(8)有机质含量超过 10%的土不宜选用。

(9)二灰稳定的中粒土和粗粒土不宜含有塑性指数的土。

五、半刚性基层和底基层混合料的强度与压实度要求

水泥稳定材料的压实度、7d 龄期无侧限抗压强度代表值应符合表 9-6 规定范围要求，且不宜超过高限。混合料成型宜采用振动成型方法，缺乏试验条件时对悬浮密实和均匀密实型混合料可采用静压成型方法。石灰粉煤灰稳定材料、石灰稳定材料的压实度和 7d 龄期的无侧限抗压强度代表值应符合表 9-6 要求。

半刚性材料的压实度及 7d 抗压强度　　表 9-6

混合料类型	层位	类别	特重交通		重、中交通		轻交通	
			压实度(%)	抗压强度(MPa)	压实度(%)	抗压强度(MPa)	压实度(%)	抗压强度(MPa)
水泥稳定类	基层	集料	≥98	3.5～4.5	≥98	3～4	≥97	2.5～3.5
		细粒土	—		—		≥96	
	底基层	集料	≥97	≥2.5	≥97	≥2.0	≥96	≥1.5
		细粒土	≥96		≥96		≥95	
石灰粉煤灰稳定类	基层	集料	≥98	≥0.8	≥98	≥0.8	≥97	≥0.6
		细粒土	—		—		≥96	
	底基层	集料	≥97	≥0.6	≥97	≥0.6	≥96	≥0.5
		细粒土	≥96		≥96		≥95	
水泥粉煤灰稳定类	基层	集料	≥98	1.5～3.5	≥98	1.5～3.5	≥97	1.2～1.5
	底基层	集料	≥97	≥1.0	≥97	≥1.0	≥96	≥0.6
石灰稳定类	基层	集料	—	—	—	—	≥97	≥0.8①
		细粒土	—		—		≥95③	
	底基层	集料	—	—	≥97	≥0.8	≥96	0.5～0.7②
		细粒土	—		≥95		≥9%	

注：①在低塑性土(塑性指数小于 10)地区，石灰稳定砂砾土和碎石土的 7d 抗压强度应大于 0.5MPa。

②低限用于塑性指数小于 10 的土，高限用于塑性指数大于 10 的土。

③三、四级公路，压实机具有困难时，压实度可降低 1%。

第二节　半刚性类基层、底基层组成设计方法

半刚性基层、底基层材料组成设计主要是根据强度标准，通过试验选取合适的集料或土及其他原材料，确定必需的或最佳的结合料剂量，以及确定混合料的最佳含水率和最大干密度。下面分别介绍水泥稳定类、石灰工业废渣类、石灰稳定土类混合料组成设计。

一、水泥稳定类混合料组成设计

1. 一般规定

(1)各级公路用水泥稳定类材料的 7d 浸水抗压强度应符合表 9-6 的规定。

(2)水泥稳定类材料的组成设计应根据表 9-6 的强度标准，通过试验选取最宜于稳定的材料，确定必需的水泥剂量和混合料的最佳含水率，在需要改善混合料的物理力学性质时，还应确定掺加料的比例。

(3)综合稳定类材料的组成设计应通过试验选取最宜于稳定的材料，确定必需的水泥和石灰剂量以及混合料的最佳含水率。

(4)采用综合稳定时，如水泥用量占结合料总量的 30%以上，应按本节的技术要求进行组成设计。水泥和石灰的比例宜取 60∶40、50∶50 和 40∶60。

(5)水泥稳定类材料的各项试验应按《公路工程无机结合料稳定材料试验规程》(JTG E51—2009)进行。

2. 原材料的试验

(1)在水泥稳定土层施工前，应取所定料场中有代表性的土样按《公路土工试验规程》(JTG E40—2007)进行试验，包括颗粒分析、液限和塑性指数、相对密度、击实试验、碎石或砾石的压碎值、有机质含量(必要时做)、硫酸盐含量(必要时做)。

(2)对级配不良的碎石、碎石土、砂砾、砂砾土、砂等，宜改善其级配。

(3)应检验水泥的强度等级和终凝时间。

3. 水泥稳定类混合料的设计步骤

(1)分别按表 9-7 所列的 5 种水泥剂量配制同一种土样、不同水泥剂量的混合料。

混合料的配制水泥剂量表　　表 9-7

土类 / 层位	中粒土和粗粒土					塑性指数小于 12 的细粒土					其他细粒土				
基层	3%	4%	5%	6%	7%	5%	7%	8%	9%	11%	8%	10%	12%	14%	16%
底基层	3%	4%	5%	6%	7%	4%	5%	6%	7%	9%	6%	8%	9%	10%	12%

注：在能估计合适剂量的情况下，可以将 5 个不同剂量缩减到 3～4 个。

水泥稳定混合料的水泥剂量一般为 3%～6%。当用水泥稳定集料作基层时，水泥剂量宜为 4.0%～5.5%，底基层的水泥剂量宜为 3.0%～4.0%，水泥的最大剂量不应得超过 6%。

(2)确定各种混合料的最佳含水率和最大干密度，至少应做 3 个不同的水泥剂量混合料的击实试验，即最小剂量、中间剂量和最大剂量。其他 2 个剂量混合料的最佳含水率和最大干密度用内插法确定。

(3)按规定压实度分别计算不同水泥剂量的试件应有的干密度。

(4)按最佳含水率和计算得到的干密度制备试件。进行强度试验时，作为平行试验的最少试件数量应不少于表 9-8 的规定。如试验结果的偏差系数大于表中规定的值，则应重做试验，并找出原因，加以解决。如不能降低偏差系数，则应增加试件数量。

最少试件数量　　表 9-8

偏差系数 / 试件数量 / 土类	<10%	10%～15%	15%～20%
细粒土	6	9	
中粒土	6	9	13
粗粒土		9	13

(5)试件在规定温度 20℃±2℃下保湿养生 6d，浸水 24h 后，按《公路工程无机结合料稳定材料试验规程》(JTG E51—2009)进行无侧限抗压强度试验。

(6)计算试验结果的平均值和偏差系数。

(7)根据表 9-6 的强度标准，选定合适的水泥剂量，此剂量试件室内试验结果的平均抗压强度 $\overline{R}$ 应符合式(9-1)的要求：

$$\overline{R} \geqslant R_d/(1-Z_{\alpha}C_v) \tag{9-1}$$

式中：R_d——设计抗压强度；

C_v——试验结果的偏差系数(小数计)；

Z_{α}——标准正态分布表中随保证率(或置信度 α)而变的系数；高速公路和一级公路应取保证率 95%，即 $Z_{\alpha}=1.645$，其他公路应取保证率 90%，即 $Z_{\alpha}=1.282$。

(8)工地实际采用的水泥剂量应比室内试验确定的剂量多 0.5%～1.0%。

采用集中厂拌法施工时，可只增加 0.5%；采用路拌法施工时，宜增加 1%。

(9)水泥的最小剂量应符合表 9-9 的规定。

水泥的最小剂量 表 9-9

拌和方法 / 土类	路拌法	集中厂拌法
中粒土和粗粒土	4%	3%
细粒土	5%	4%

(10)水泥改善土的塑性指数应不大于 6，承载比应不小于 240。

综合稳定类材料的组成设计与上述步骤相同。

二、石灰工业废渣类混合料组成设计

1. 一般规定

(1)石灰工业废渣稳定类材料的 7d 浸水抗压强度应符合表 9-6 的规定。

(2)石灰工业废渣稳定类材料组成设计应根据表 9-6 的强度标准，通过试验选取最宜于稳定的材料，确定石灰与粉煤灰或石灰与煤渣的比例，确定石灰粉煤灰或石灰煤渣与土的质量比例，确定混合料的最佳含水率。

(3)对于 CaO 含量为 2%～6%的硅铝粉煤灰，采用石灰粉煤灰作基层或底基层时，石灰与粉煤灰的比例可以是 1∶2～1∶9。

(4)采用二灰土作基层或底基层时，石灰与粉煤灰的比例可为 1∶2～1∶4(对于粉土，以 1∶2 为宜)，石灰粉煤灰与细粒土的比例可以是 30∶70～90∶10。

(5)采用二灰级配集料作基层时，石灰与粉煤灰的比例可为 1∶2～1∶4，石灰粉煤灰与集料的比例应是 20∶80～15∶85。

(6)采用石灰煤渣土作基层或底基层时，石灰与煤渣的比例可为 20∶80～15∶85。

(7)采用石灰煤渣土作基层或底基层时，石灰与煤渣的比例可为 1∶1～1∶4，石灰煤渣与细粒土的比例可以是 1∶1～1∶4。混合料中石灰不应少于 10%，或通过试验选取强度较高的配合比。

(8)采用石灰煤渣集料作基层或底基层时，石灰∶煤渣∶集料可为(7～9)∶(26～33)∶(67～58)。

(9)为提高石灰工业废渣的早期强度，可外加 1%～2%的水泥。

(10)各种混合料的各项试验应按《公路工程无机结合料稳定材料试验规程》(JTG E51—2009)进行。

2. 原材料的试验

在石灰工业废渣稳定土施工前，应取有代表性的样品进行下列试验：

土的颗粒分析；液限和塑性指数；石料的压碎值试验；有机质含量(必要时做)；石灰的有效钙和氧化镁含量；收集或试验粉煤灰的化学成分、细度和烧失量。

3. *石灰工业废渣类混合料的设计步骤*

(1)制备不同比例的石灰粉煤灰混合料(如 10：90，15：85，20：80，25：75，30：70，35：65，40：60，45：55，50：50)，确定其各自的最佳含水率和最大干密度，确定同一龄期和同一压实度试件的抗压强度，选用强度最大时的石灰粉煤灰比例。

(2)根据试验所得到的二灰比例，制备同一种土样 4～5 种不同配合比的二灰土或二灰级配集料。其配合比宜位于表 9-3，表 9-4 和表 9-5 所列范围内。

(3)确定各种二灰土或二灰级配集料的最佳含水率和最大干密度(用重型击实试验法)。

(4)按规定达到的压实度，分别计算不同配合比时二灰、二灰级配集料试件应有的干密度。

(5)按最佳含水率和计算得到的干密度制备试件。进行强度试验时，作为平行试验的最少试件数量应不少于表 9-10 的规定，如试验结果的偏差系数大于表中规定的值，则应重做试验，并找出原因，加以解决。如不能降低偏差系数，则应增加试件数量。

最少试件数量　　表 9-10

偏差系数 / 试件数量 / 土类	<10%	10%～15%	15%～20%
细粒土	6	9	
中粒土	6	9	13
粗粒土		9	13

(6)试件在规定温度下保湿养生 6d，浸水 24h 后，按《公路工程无机结合料稳定材料试验规程》进行无侧限抗压强度试验。

(7)计算试验结果的平均值和偏差系数。

(8)根据表 9-6 强度标准，选用混合料的配合比。在此配合比下，试件室内试验结果的平均抗压强度 $\overline{R}$ 应符合式(9-2)的要求：

$$\overline{R} \geqslant R_d/(1 - Z_\alpha C_v) \tag{9-2}$$

式中：R_d——设计抗压强度；

C_v——试验结果的偏差系数(小数计)；

Z_α——标准正态分布表中随保证率(或置信度 α)而变的系数；高速公路和一级公路应取保证率 95%，即 Z_α=1.645，其他公路应取公路应取保证率 90%，即 Z_α=1.282。

(9)石灰煤渣混合料的设计可参照上述石灰粉煤灰混合料的设计步骤。

三、石灰稳定土类混合料组成设计

1. *一般规定*

(1)各级公路用石灰稳定类材料的 7d 浸水无侧限抗压强度应符合表 9-6 的规定。

(2)石灰稳定类材料的组成设计应根据表 9-6 的强度标准，通过试验选取最宜于稳定的材料，确定必需的或最佳的石灰剂量和混合料的最佳含水率，在需要改善混合料的物理力学性质时，还应确定掺加料的比例。

(3)采用综合稳定土时，如水泥用量占结合料总量的30%以下，则按本节的技术要求进行组成设计。

(4)石灰稳定土的各项试验应按《公路工程无机结合料稳定材料试验规程》(JTG E51—2009)进行。

2.原材料试验

(1)在石灰稳定类土层施工前，应取所定料中有代表性的土样进行下列试验：颗粒分析，液限和塑性指数，击实试验，碎石或砾石的压碎值，有机质含量和硫酸盐含量(必要时做)。

(2)如碎石、碎石土、砂砾、砂砾土等的级配不好，宜先改善其级配。

(3)应检验石灰的有效氧化钙和氧化镁含量。

3.石灰稳定土类混合料设计步骤

(1)按表9-11所列石灰剂量配制同一种土样、不同石灰剂量的混合料。

石灰剂量配制建议值 表9-11

结构层	土　类	石灰剂量(全部粗、细土颗粒的干重百分比)
基层	砂砾土和碎石土	3,4,5,6,7
	塑性指数小于12的黏性土	10,12,13,14,16
	塑性指数大于12的黏性土	5,7,9,11,13
底基层	塑性指数小于12的黏性土	8,10,11,12,14
	塑性指数大于12的黏性土	5,7,8,9,11

(2)确定混合料的最佳含水率和最大干密度，至少应做3个不同石灰剂量混合料的击实试验，即最小剂量、中间剂量和最大剂量，其余2个混合料的最佳含水率和最大干密度用内插法确定。

(3)按规定的压实度，分别计算不同石灰剂量的试件应有的干密度。

(4)按最佳含水率和计算得到的干密度制备试件。进行强度试验时，作为平行试验的最少试件数量应不小于表9-12中的规定。如试验结果的偏差系数大于表中规定的值，则应重做试验，并找出原因，加于解决。如不能降低偏差系数，则应增加试件数量。

最少试件数量 表9-12

偏差系数 / 试件数量 / 土类	<10%	10%～15%	15%～20%
细粒土	6	9	
中粒土	6	9	13
粗粒土		9	13

(5)试件在规定温度下保湿养生6d，浸水24h后，按现行《公路工程无机结合料稳定材料试验规程》进行无侧限抗压强度试验。

(6)计算试验结果的平均值和偏差系数。

(7)根据表 9-6 强度标准,选用混合料的配合比。在此配合比下,试件室内试验结果的平均抗压强度 $\overline{R}$ 应符合式(9-3)的要求:

$$\overline{R} \geqslant R_d/(1-Z_\alpha C_v) \tag{9-3}$$

式中:R_d——设计抗压强度;

C_v——试验结果的偏差系数(小数计);

Z_α——标准正态分布表中随保证率(或置信度 α)而变的系数;高速公路和一级公路应取保证率 95%,即 $Z_\alpha=1.645$,其他公路应取公路应取保证率 90%,即 $Z_\alpha=1.282$。

(8)工地实际采用的石灰剂量应比室内试验确定的剂量多 0.5%～1.0%。采用集中厂拌法施工时,可只增加 0.5%;采用路拌法施工时,宜增加 1%。

(9)石灰稳定不含黏性土的级配碎石、未筛分碎石和级配砂砾用作高等级公路沥青路面的基层时,碎石和砂砾的颗粒组成应符合规范级配碎石或未筛分碎石或级配砾石的级配范围,并应添加黏性土。石灰和所加土的总质量与碎石或砂砾的质量比宜为 1∶4～1∶5,即碎石在混合料中的质量应不少于 80%。

第三节　基层材料含水率烘干试验方法

一、目的和适用范围

本方法适用于测定水泥、石灰、粉煤灰及无机结合料稳定材料的含水率。

二、仪器设备

1.水泥、粉煤灰、生石灰粉、消石灰和消石灰粉、稳定细粒土

(1)烘箱:量程不小于 110℃,控温精度为±2℃。

(2)铝盒:直径约 50mm,高 25～30mm。

(3)电子天平:量程不小于 150g,感量 0.01g。

(4)干燥器:直径 200～250mm,并用硅胶做干燥剂。

注:用指示硅胶作干燥剂,而不用氯化钙。因为许多黏土烘干后能从氯化钙中吸收水分。

2.稳定中粒土

(1)烘箱:量程不小于 110℃,控温精度为±2℃。

(2)铝盒:能放样品 500g 以上。

(3)电子天平:量程不小于 1 000g,感量 0.1g。

(4)干燥器:直径 200～250mm,并用硅胶做干燥剂。

3.稳定粗粒土

(1)烘箱:量程不小于 110℃,控温精度为±2℃。

(2)大铝盒:能放样品 2 000g 以上。

(3)电子天平:量程不小于 3 000g,感量 0.1g。

(4)干燥器:直径 200～250mm,并用硅胶做干燥剂。

三、试验步骤

1. 水泥、粉煤灰、生石灰粉、消石灰和消石灰粉、稳定细粒土

(1)取清洁干燥的铝盒,称其质量 m_1 并精确至 0.01g;取约 50g 试样(对生石灰粉、消石灰和消石灰粉取 100g)经手工木锤粉碎后松放在铝盒中,应尽快盖上盒盖,尽量避免水分散失,称其质量 m_2 并精确至 0.01g。

(2)对于水泥稳定材料,将烘箱温度调到 110℃,对于其他材料(注 a),将烘箱调到 105℃。待烘箱达到设定的温度后,取下盒盖,并将盛有试样的铝盒放在盒盖上,然后一起放入烘箱中进行烘干,需要的烘干时间随试样种类和试样数量而改变。当冷却试样连续两次称量的差(每次间隔 4h)不超过原试样质量的 0.1%(注 b)时,即认为样品已烘干。

(3)烘干后,从烘箱中取出盛有试样的铝盒,并将盒盖盖紧。

(4)将盛有烘干试样的铝盒放入干燥器内冷却(注 c)。然后称铝盒和烘干试样的质量 m_3,并精确至 0.01g。

注 a:某些含有石膏的土在烘干时会损失其结晶水,用此方法测定其含水率有影响。每 1%石膏对含水率的影响约为 0.2%。如果土中有石膏,则试样应该在不超过 80℃的温度下烘干,并可能要烘更长的时间。

注 b:对于大多数土,通常烘干 16~24h 即可。但是,某些土或试样数量过多或试样很潮湿,可能需要烘更长的时间。烘干的时间也与烘箱内试样的总质量、烘箱的尺寸及其通风系统的效率有关。

注 c:如铝盒的盖密闭,而且试样在称量前放置时间较短,可以不需要放在干燥器中冷却。

2. 稳定中粒土

(1)取清洁干燥的铝盒,称其质量 m_1 并精确至 0.1g。取 500g 试样(至少 300g)经粉碎后松松地放在铝盒中,盖上盒盖,称其质量 m_2 并精确至 0.1g。

(2)对于水泥稳定材料将烘箱温度调到 110℃,对于其他材料,将烘箱调到 105℃。待烘箱达到设定的温度后,取下盒盖,并将盛有试样的铝盒放在盒盖上,然后一起放入烘箱中进行烘干,需要的烘干时间随土类和试样数量而改变。当冷却试样连续两次称量的差(每次间隔 4h)不超过原试样质量的 0.1%时,即认为样品已烘干。

(3)烘干后,从烘箱中取出盛有试样的铝盒,并将盒盖盖紧,放置冷却。

(4)称铝盒和烘干试样的质量 m_3,并精确至 0.1g。

3. 稳定粗粒土

(1)取清洁干燥的铝盒,称其质量 m_1 并精确至 0.1g。取 2 000g 试样经粉碎后松放在铝盒中,盖上盒盖,称其质量 m_2 并精确至 0.1g。

(2)对于水泥稳定材料将烘箱温度调到 110℃,对于其他材料,将烘箱调到 105℃。待烘箱达到设定的温度后,取下盒盖,并将盛有试样的铝盒放在盒盖上,然后一起放入烘箱中进行烘干,需要的烘干时间随土类和试样数量而改变。当冷却试样连续两次称量的差(每次间隔 4h)不超过原试样质量的 0.1%时,即认为样品已烘干。

(3)烘干后,从烘箱中取出盛有试样的铝盒,并将盒盖盖紧,放置冷却。

(4)称铝盒和烘干试样的质量 m_3,并精确至 0.1g。

四、计算

用下式计算无机结合料稳定材料的含水率 w(%)。

$$w=\frac{m_2-m_3}{m_3-m_1}\times 100 \tag{9-4}$$

式中：m_1——铝盒的质量(g)；

m_2——铝盒和湿稳定材料的合计质量(g)；

m_3——铝盒和干稳定材料的合计质量(g)。

五、结果整理

本试验应进行两次平行测定，取算术平均值，保留至小数点后两位。允许重复性误差：含水率≤7%，允许误差≤0.5%；7%＜含水率≤40%，允许误差≤1%；含水率＞40%，允许误差≤2%。

六、试验说明及注意事项

(1)水泥与水拌和就要发生水化作用，在较高温度下水化作用发生得较快。如先将混合料放入烘箱中，再启动烘箱升温，则在升温过程中水泥与水的水化作用发生得较快。而烘干法又不能除去已与水泥发生水化作用的部分，这样得出的含水率往往偏小。所以应提前将烘箱升温到110℃，使放入水泥的混合料一开始就能在110℃的环境下进行烘干。另外，烘干后冷却时用指示硅胶作干燥剂，而不用氯化钙，是因为许多黏土烘干后能从氯化钙中吸收水分。

(2)由于稳定中粒土和稳定粗粒土中大部分是砂粒以上的颗粒，为提高测得含水率的准确度，所取样品数量较大，分别为500g和2 000g。在没有大铝盒时，也可以将这些样品分成2盒进行烘干，试验结果应满足平行试验的误差要求，然后取其平均值。

(3)对于有机质土尽量采用烘干法，并酌情降低烘箱温度。某些含有石膏的土在烘干时会损失其结晶水，用此方法测定其含水率有影响。每1%石膏对含水率的影响约为0.2%。如果土中有石膏，则试样应该在不超过80℃的温度下烘干，并可能要烘更长的时间。

(4)对于大多数土，通常烘干16～24h即可。但是，某些土或试样数量过多及试样很潮湿，可能需要烘更长的时间。烘干的时间也与烘箱内试样的总质量、烘箱的尺寸及其通风系统的效率有关。

第四节　石灰有效氧化钙和氧化镁试验方法

一、石灰有效氧化钙测定方法

1.目的与适用范围

适用于测定各种石灰的有效氧化钙含量，作为评定路用石灰质量的主要指标。

2.试验原理

根据石灰活性氧化钙与蔗糖 $C_{11}H_{22}O_{11}$ 化合而成水溶性的蔗糖钙 $CaO \cdot C_{22}H_{11}O \cdot 2H_2O$，而石灰中其他非活性的钙盐则不与蔗糖作用，氧化镁则与蔗糖反应缓慢的原理，应用此不同的反应条件，采用中和滴定法，用已知浓度的盐酸进行滴定(以酚酞为指示剂)，达到滴定终点时，按盐酸消耗量计算出有效氧化钙的含量。

3.试剂

(1)蔗糖(分析纯)。

(2)酚酞指示剂:称取0.5g酚酞溶于50mL95%乙醇中。

(3)0.1%甲基橙水溶液:称取0.05g甲基橙溶于50mL蒸馏水(40~50℃)中。

(4)盐酸标准溶液(相当于0.5mol/L):将42mL浓盐酸(相对密度1.19)稀释至1L,按下述方法标定其摩尔浓度后备用。

称取约0.800~1.000g(精确至0.000 2g)已在180℃烘干2h的碳酸钠(优级纯或基准级)记录为Q,置于250mL三角瓶中,加100mL水使其完全溶解;然后加入2~3滴0.1%甲基橙指示剂,记录滴定管中待标定盐酸标准溶液的体积V_1,用待标定的盐酸标准溶液滴定,至碳酸钠溶液由黄色变为橙红色;将溶液加热至沸腾,并保持微沸3min,然后放在冷水中冷至室温,如此时橙红色变为黄色,再用盐酸标准溶液滴定,至溶液出现稳定橙红色时为止,记录滴定管中盐酸标准溶液的体积V_2,V_1、V_2的差值即为盐酸标准溶液的消耗量V。

盐酸标准溶液的摩尔浓度按下式计算:

$$M = Q/(V \times 0.053) \tag{9-5}$$

式中:M——盐酸标准溶液摩尔浓度;

Q——称取碳酸钠的质量(g);

V——滴定时盐酸标准溶液的消耗量(mL)。

0.053——与1.00mL盐酸标准溶液[C(HCl)=1.000mol/L]相当的以克表示的无水碳酸钠的质量。

注:该处的盐酸标准溶液的浓度相当于1mol/L,标准溶液浓度的一半左右。

4.准备试样

(1)生石灰试样:将生石灰样品打碎,使颗粒不大于1.18mm。拌和均匀后用四分法缩减至200g左右,放入瓷研钵中研细。再经四分法缩减至20g左右。研磨所得石灰样品,应通过0.15mm(方孔筛)的筛。从此细样中均匀挑取10余克,置于称量瓶中在105℃烘箱内烘至恒重,储于干燥器中,供试验用。

(2)消石灰试样:将消石灰样品四分法缩减至10余克。如有大颗粒存在,须在瓷研钵中磨细至无不均匀颗粒存在为止。置于称量瓶中在105℃烘箱内烘至恒重,储于干燥器中,供试验用。

5.试验步骤

(1)称取约0.5g(用减量法称准至0.000 5g)试样,记录为G,放入干燥的250mL具塞三角瓶中,取5g蔗糖覆盖在试样表面,投入干玻璃珠15粒,迅速加入新煮沸并已冷却的蒸馏水50mL,立即加塞振荡15min(如有试样结块或黏于瓶壁现象,则应重新取样)。

(2)打开瓶塞,用水冲洗瓶塞及瓶壁,加入2~3滴酚酞指示剂,记录滴定管中盐酸标准溶液体积V_3,用已标定的约0.5mol/L盐酸标准溶液滴定(滴定速度以每秒2~3滴为宜),至溶液的粉红色显著消失并在30s内不再复现即为终点,记录滴定管中盐酸标准溶液的体积V_4。V_3、V_4的差值即为盐酸标准溶液的消耗量V_5。

6.计算

有效氧化钙的百分含量(X)按下式计算:

$$X=\frac{V_5\times M\times 0.028}{G}\times 100 \tag{9-6}$$

式中：V_5——滴定时消耗标准溶液的体积(mL)；

0.028——氧化钙毫克当量；

G——试样质量(g)；

M——盐酸标准溶液摩尔浓度。

7.试验说明及注意事项

(1)取样时，若是消石灰，用四分法缩至10g左右研细取得，而不是通过0.15mm筛取得。

(2)蔗糖要迅速覆盖试样，以防试样被碳化；加热蒸馏水是为了排除二氧化碳，故冷却后马上进行下一步操作。另外，在试验检测中要注意石灰的有效钙含量随着其存放时间的增长在减少(尤其是野外露天存放时)。

(3)生石灰打碎，原规程是过2mm圆孔筛，现为统一采用标准方孔筛，筛孔为1.18mm。

(4)当量浓度和摩尔浓度之间的换算关系如下：①对于酸碱滴定过程中的试剂浓度，主要看每个分子中氢离子或氢氧根离子的数量，1mol/L的盐酸就是1N的盐酸，1mol/L的硫酸就是2N的硫酸，同理1mol/L的氢氧化钠就是1N；②对于氧化还原滴定过程的试剂浓度，要看每个分子在氧化还原反应过程中具体得到或失去的电子个数来确定，例如1mol/L的重铬酸钾就是6N(因为每个重铬酸钾分子中有两个铬离子，每个铬离子的价态由6+到3+得到3个电子)；而硫酸亚铁铵作为还原剂，1mol/L的就是1N，因为一个硫酸亚铁铵分子被氧化后失去1个电子。总之，当量浓度的原则是，相同当量浓度的酸、碱试剂(或氧化剂、还原剂试剂)发生反应使消耗的试剂体积相同。

二、石灰氧化镁测定方法

1.目的与适用范围

适用于测定各种石灰的总氧化镁含量。

2.试验原理

利用EDTA在pH＝10左右的溶液中能与钙镁完全络合的原理，测出镁、钙总含量，再利用EDTA在pH≥12的溶液中只与钙离子络合的原理，测出钙含量，两者之差即为镁的含量。

3.准备试样

(1)生石灰试样：将生石灰样品打碎，使颗粒不大于1.18mm。拌和均匀后用四分法缩减至200g左右，放入瓷研钵中研细。再经四分法缩减至20g左右。研磨所得石灰样品，应通过0.15mm(方孔筛)的筛。从此细样中均匀挑取10余克，置于称量瓶中在105℃烘箱内烘至恒重，储于干燥器中，供试验用。

(2)消石灰试样：将消石灰样品四分法缩减至10余克。如有大颗粒存在须在瓷研钵中磨细至无不均匀颗粒存在为止。置于称量瓶中在105℃烘箱内烘至恒量，储于干燥器中，供试验用。

4.试验步骤

(1)称取约0.5g(准确至0.000 5g)石灰试样，并记录试样质量G，放入250mL烧杯中，用水湿润，加1∶10盐酸30mL，用表面皿盖住烧杯，加热近沸并保持微沸8～10min。

(2)用水把表面皿洗净，冷却后把烧杯内的沉淀及溶液移入 250mL 容量瓶中，加水至刻度摇匀。

(3)待溶液沉淀后，用移液管吸取 25mL 溶液，放入 250mL 三角瓶中，加 50mL 水稀释后，加酒石酸钾钠溶液 1mL、三乙醇胺溶液 5mL，再加入铵-铵缓冲溶液 10mL(此时待测溶液的 pH＝10)、酸性铬兰 K-萘酚绿 B 指示剂约 0.1g。记录滴定管中初始 EDTA 二钠标准溶液体积 V_5，用 EDTA 二钠标准溶液滴定至溶液由酒红色变为纯蓝色时即为终点，记录滴定管中 EDTA 二钠标准溶液的体积 V_6，则 V_5、V_6 的差值即为滴定钙镁合量的 EDTA 二钠标准溶液的消耗量 V_3。

(4)再从步骤(2)的容量瓶中，用移液管吸取 25mL 溶液，置于 300mL 三角瓶中，加水 150mL 稀释后，加三乙醇胺溶液 5mL 及 20％氢氧化钠溶液 5mL(此时待测溶液的 pH≥12)，放入约 0.2g 钙指示剂。记录滴定管中初始 EDTA 二钠标准溶液体积 V_7，用 EDTA 二钠标准溶液滴定，至溶液由酒红色变为蓝色即为终点，记录滴定管中 EDTA 二钠标准溶液的体积 V_8，则 V_7、V_8 的差值即为滴定钙离子的 EDTA 二钠标准溶液的消耗量 V_4。

5.计算

氧化镁的百分含量(X_2)按式(9-7)计算：

$$X_2=\frac{T_{MgO}(V_3-V_4)\times 10}{G\times 1\,000}\times 100 \tag{9-7}$$

式中：T_{MgO}——EDTA 二钠标准溶液对氧化镁的滴定度；

V_3——滴定钙、镁合量消耗 EDTA 二钠标准溶液体积(mL)；

V_4——滴定钙消耗 EDTA 二钠标准溶液体积(mL)；

10——总溶液对分取溶液的体积倍数；

G——试样质量(g)

6.试验说明及注意事项

一般来说，氧化镁的含量比氧化钙低，V_3、V_4的差值(即滴定终点)很难控制，并且 V_3或 V_4的差值直接影响到氧化镁的含量，因此在试验中应严格做好各步操作。用万分之一天平称取石灰试样时宜用减量法，用 EDTA 滴定时，V_3或 V_4的滴定速度应以 2～3 滴/s，不易过快，有时滴定 V_3或 V_4时，溶液会由原来的酒红色消失变蓝色后又复现酒红色，因没有达到滴定终点，应继续滴定。其原因是溶液局部浓度过大，造成在滴定未到终点时，指示剂变蓝色，在不到 30s 时又恢复酒红色，此时应放慢速度，逐滴滴加，并不断摇动三角瓶，使反应充分，仔细观察由红变蓝的瞬间，使反应进行到底，蓝色稳定后再读取 V_3、V_4的值。

三、石灰有效氧化钙和氧化镁简易测定方法

1.适用范围

本试验方法适用于氧化镁含量在 5％以下的低镁石灰。

2.准备试样

(1)生石灰试样：将生石灰样品打碎，使颗粒不大于 1.18mm。拌和均匀后用四分法缩减至 200g 左右，放入瓷研钵中研细。再经四分法缩减至 20g 左右。研磨所得石灰样品，应通过 0.15mm(方孔筛)的筛。从此细样中均匀挑取 10 余克，置于称量瓶中在 105℃烘箱烘至恒重，

储于干燥器中，供试验用。

(2)消石灰试样：将消石灰样品四分法缩减至10余克左右。如有大颗粒存在须在瓷研钵中磨细至无不均匀颗粒存在为止。置于称量瓶中在105℃烘箱烘至恒重，储于干燥器中，供试验用。

3. 试验步骤

(1)迅速称取石灰试样0.8～1.0g(准确至0.000 5g)放入300mL三角瓶中，记录试样质量G。加入150mL新煮沸并已冷却的蒸馏水和10颗玻璃珠。瓶口上插一短颈漏斗，使用带电阻的电炉，加热5min(调到最高档)，但勿使沸腾，放入冷水中迅速冷却。

(2)向三角瓶中滴入酚酞指示剂2滴，记录滴定管中盐酸标准溶液体积V_3，在不断摇动下以盐酸标准液滴定，控制速度为2～3滴/s，至粉红色完全消失，稍停，又出现红色，继续滴入盐酸，如此重复几次，直至5min内不出现红色为止，记录滴定管中盐酸标准溶液体积V_4，则V_3、V_4的差值为盐酸标准液的消耗量V_5。如滴定过程持续半小时以上，则结果只能作参考。

4. 计算

$$(\mathrm{CaO}+\mathrm{MgO})\% = \frac{V_5 \times N \times 0.028}{G} \times 100 \tag{9-8}$$

式中：V_5——滴定消耗盐酸标准液的体积(mL)；

N——盐酸标准液的摩尔浓度；

G——样品质量(g)；

0.028——氧化钙的毫克当量。因氧化镁含量甚少，并且两者之毫克当量相差不大，故有效(CaO+MgO)%的毫克当量都以CaO的毫克当量计算。

5. 试验说明

氧化镁分解的作用缓慢，如果氧化镁含量高，到达滴定终点的时间很长，从而增加了与空气中二氧化碳的作用时间，影响测定结果，因此本方法适用于氧化镁含量在5%以下的低镁石灰。

第五节　水泥或石灰稳定材料中水泥或石灰剂量EDTA滴定法

一、适用范围

(1)本试验方法适用于在工地快速测定水泥和石灰稳定材料中水泥和石灰的剂量，并可用于检查现场拌和和摊铺的均匀性。

(2)本办法适用于在水泥终凝之前的水泥含量测定，现场土样的石灰剂量应在路拌后尽快测试，否则需要用相应龄期的EDTA二钠耗量的标准曲线确定。

(3)本方法也可以用来测定水泥和石灰综合稳定材料中结合料的剂量。

二、仪器设备

(1)滴定管(酸式)50mL，1支。

(2)滴定台,1个。

(3)滴定管夹,1个。

(4)大肚移液管:10mL、50mL,10支。

(5)锥形瓶(即三角瓶):200mL,20个。

(6)烧杯:2 000mL(或1 000mL),1只;300mL,10只。

(7)容量瓶:1 000mL,1个。

(8)搪瓷杯:容量大于1 200mL,10只。

(9)不锈钢棒(或粗玻璃棒),10根。

(10)量筒:100mL和5mL,各一只;50mL,2只。

(11)棕色广口瓶:60mL,1只(装钙红指示剂)。

(12)电子天平:量程不小于1 500g,感量0.01g。

(13)秒表1只。

(14)表面皿:ϕ9cm,10个。

(15)研钵:ϕ12～13cm,1个。

(16)洗耳球:1个。

(17)精密试纸:pH12～14。

(18)聚乙烯桶:20L,3个(装蒸馏水和装氯化铵及EDTA二钠标准液)5L,1个(装氢氧化钠);5L(大口桶)10个。

(19)毛刷、去污粉、吸水管、塑料勺、特种铅笔、厘米纸。

(20)洗瓶(塑料)500mL,1只。

三、试剂

(1)0.1mol/m^{3}乙二胺四乙酸二钠(简称EDTA二钠)标准液:准确称取EDTA二钠(分析纯)37.23g,用40～50℃的无二氧化碳蒸馏水溶解,待全部溶解并冷却至室温后,定容至1 000mL。

(2)10%氯化铵(NH_4Cl)溶液:将500g氯化铵(分析纯或化学纯)放在10L的聚乙烯桶内,加蒸馏水4 500mL,充分振荡,使氯化铵完全溶解。也可以分批在1 000mL的烧杯内配制,然后倒入塑料桶内摇匀。

(3)1.8%氢氧化钠(内含三乙醇胺)溶液:用电子天平称18g氢氧化钠(NaOH)(分析纯),放入洁净干燥的1 000mL烧杯中,加1 000mL蒸馏水使其全部溶解,待溶液冷却至室温后,加入2mL三乙醇胺(分析纯),搅拌均匀后储于塑料桶中。

(4)钙红示剂:将0.2g钙试剂羧酸钠(分子式$C_{21}H_{13}N_2NaO_7S$,分子量460.39)与20g预先在105℃烘箱中烘1h的硫酸钾混合。一起放入研钵中,研成极细粉末,储于棕色广口瓶中,以防吸潮。

四、准备标准曲线

(1)取样:取工地用石灰和土,风干后用烘干法测其含水率(如为水泥可假定含水率为0%)。

(2)混合料组成的计算：

公式：

干料质量＝湿料质量/(1＋含水率)

计算步骤：

①求干混合料质量＝混合料湿料重/(1＋最佳含水率)

②干土质量＝干混合料质量/(1＋石灰(或水泥)剂量)

③干石灰(或水泥)质量＝干混合料质量－干土质量

④湿土质量＝干土质量×(1＋土的风干含水率)

⑤湿石灰质量＝干石灰×(1＋石灰的风干含水率)

⑥石灰土中应加入的水＝混合料湿料重－湿土质量－湿石灰质量

(3)准备5种试样，每种2个样品(以水泥稳定材料为例)，如为水泥稳定中、粗粒土，每个样品取1 000g左右(如为细粒土则可称取300g左右)准备试验，为了减少中、粗粒土的离散，宜按设计级配单份掺配的方式备料。5种混合料的水泥剂量应为：水泥剂量为0%，最佳水泥剂量左右、最佳水泥剂量的±2%和±4%[①]，每种剂量取两个(为湿质量)试样，共10个试样，并分别放在10个大口聚乙烯桶(如为稳定细粒土可用搪瓷杯或1 000mL具塞三角瓶；如为粗粒土可用5L的大口聚乙烯桶)内。土的含水率应等于工地预期达到的最佳含水率，土中所加的水应与工地所用的水相同。

注①：在此，准备标准曲线的水泥剂量可为：0%、2%、4%、6%、8%，如水泥剂量较高或较低应保证工地实际所用水泥或石灰的剂量位于标准曲线所用剂量的中间。

(4)取一个盛有试样的盛样器，在盛样器内加入两倍试样质量(湿料重)体积的10%氯化铵溶液(如湿料重为300g则氯化铵溶液为600mL；湿料重为1 000g则氯化铵溶液为2 000mL)，料为300g，则搅拌3min(每分钟搅110～120次)，料为1 000g则搅拌5min。如用1 000mL具塞三角瓶，则手握三角瓶(瓶口向上)用力振荡3min(每分钟120次±5次)，以代替搅拌棒搅拌。放置沉淀10min[②]，然后将上部清液转移到300mL烧杯内，搅匀，加盖表面皿待测。

注②：如10min后得到的是混浊悬浮液，则应增加放置沉淀时间，直到出现无明显悬浮颗粒的悬浮液为止，并记录所需的时间，以后所有该种水泥(或石灰)稳定材料的试验，均应以同一时间为准。

(5)用移液管吸取上层(液面上1～2cm)悬浮液10.0mL放入200mL的三角瓶内，用量管量取1.8%氢氧化钠(内含三乙醇胺)溶液50mL倒入三角瓶中，此时溶液pH值为12.5～13.0(可用pH12～14精密试纸检验)，然后加入钙红指示剂(质量约为0.2g)，摇匀，溶液呈玫瑰红色。记录滴定管中EDTA的体积V_1，然后用EDTA二钠标准液滴定，边滴定边摇匀，并仔细观察溶液的颜色，在溶液颜色变为紫色时，放慢滴定速度，并摇匀；直到变为纯蓝色为止，记录滴定管中EDTA二钠体积V_2(以mL计，读至0.1mL)，计算V_1-V_2即为EDTA二钠的消耗量。

(6)对其他几个盛样器中的试样，用同样的方法进行试验，并记录各自的EDTA二钠的耗量。

(7)以同一水泥或石灰剂量稳定材料EDTA二钠消耗量(mL)的平均值为纵坐标，以水泥或石灰剂量(%)为横坐标制图。两者的关系应是一根顺滑的曲线，如图9-1所示。如素土、水泥或石灰改变，必须重做标准曲线。

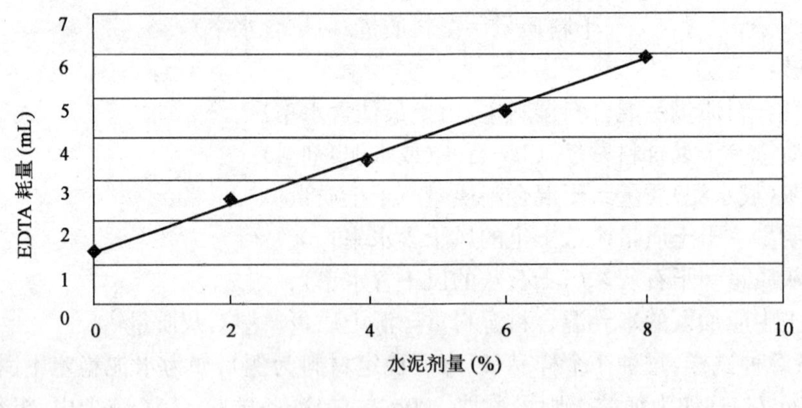

图 9-1 EDTA 标准曲线

五、试验步骤

(1)选取有代表性的无机结合料稳定材料。对稳定中、粗粒土取试样约 3 000g，对稳定细粒土取试样约 1 000g。

(2)对水泥或石灰稳定细粒土，称 300g 放在搪瓷杯中，用搅拌棒将结块搅散，加 10%氯化铵溶液 600mL；对水泥或石灰稳定中、粗粒土，可直接称取 1 000g 左右，放入 10%氯化铵溶液 2 000mL，然后如前述步骤进行试验。

(3)利用所绘制的标准曲线，根据 EDTA 二钠消耗量，确定混合料中的水泥或石灰剂量。

六、结果整理

本试验应进行两次平行测定，取算术平均值，精确到 0.1mL，允许重复性误差不得大于均值的 5%，否则，重新进行试验。

七、试验说明和注意事项

(1)由于氯化铵的标装一瓶为 500g，在使用过程中氯化铵必须用电子秤称量，不可用一瓶当 500g。瓶装蒸馏水也是一桶 4 500mL，在使用过程中必须重新过量筒。

(2)在试验操作过程中，每个样品搅拌的时间、速度和方式应力求相同，以减小试验误差。在做标准曲线时，如工地实际水泥剂量较大，素集料和低剂量水泥的试样可以不做，而直接用较高的剂量试验，但应有两种剂量大于实用剂量和两种剂量小于实用剂量。配制的氯化铵溶液最好当天用完，不要放置过久，以免影响试验的精度。如素土、水泥或石灰较长时间没有改变，应在每天试验前，增加 1～2 点对标准曲线进行验证，以减少原材料可能的离散对试验结果的影响。

(3)控制好滴定的各环节。EDTA 滴定过程中，溶液的颜色有明显的变化过程，从玫瑰红色变为紫色，并最终变为蓝色。因此要把握好滴定的临界点，切不可直接将溶液滴到纯蓝色，因为在滴定过量时，溶液的颜色始终保持为纯蓝色，因此如果没有经过临界点的，可能已经过量很多。一般来说在溶液颜色变为紫色后，如水泥剂量较低，1～2滴就能彻底变蓝，如水泥剂量较高，可能需要再多些，因此此时的滴定速度务必放慢，逐滴滴入，并保持摇匀，以免滴定过量。

(4)将室内标准曲线制作的湿混合料采用单份掺配后进行试验，同时为了减少配料过程中的离散，对粗集料基层（最大粒径在25mm左右）就必须有1 000g左右的总重，放入体积是湿料质量两倍的氯化铵溶液进行拌和，然后取样进行滴定。试验表明，采用该种试验方法制作标准曲线和现场取样差别最小，可最大限度减少室内试验取样的离散。但采用该方法后，氯化铵溶液的用量将显著增加，同时为了达到拌和的均匀性，搅拌时间和搅拌力度增大。

(5)在不同的龄期应该用不同的EDTA二钠消耗量的标准曲线，只有这样才能在不同龄期都能测出实际的掺灰量。因此，现场土样的掺灰率应在路拌后尽快测试，否则即使龄期不超过7d也需要用相应龄期的EDTA二钠消耗量的标准曲线确定。对水泥稳定材料超出终凝时间（12h以后）所测定的水泥剂量，需作出相应的龄期校正。

(6)EDTA法的龄期效应曲线与素集料、水泥剂量、水泥品质、稳定层压实度、养护、温度等因素有关，应按工地具体使用的材料和配合比，通过试验，制备好龄期效应标准曲线，为实际检测工作提供依据。水泥稳定材料的龄期修正以小时计，石灰及二灰修正以天计，水泥剂量测定不宜超过终凝，石灰剂量测定不宜超过火山灰反应开始时间，一般为7d。

第六节　无机结合料稳定材料击实试验方法

一、适用范围

(1)本试验方法适用于在规定的试筒内，对水泥稳定材料（在水泥水化前）、石灰稳定材料及石灰（或水泥）粉煤灰稳定材料进行击实试验，以绘制稳定材料的含水率—干密度关系曲线，从而确定其最佳含水率和最大干密度。

(2)试验集料的公称最大粒径宜控制在37.5mm以内（方孔筛）。

(3)试验方法类别。本试验方法分三类，各类击实方法的主要参数列于表9-13。

击实试验方法类别表　　表9-13

类别	锤击面直径(cm)	锤质量(kg)	落高(cm)	试样尺寸			层数	每层击数	平均单位击实功(J)	容许公称最大粒径(mm)
				内径(cm)	高(cm)	容积(cm^3)				
甲	5.0	4.5	45	10	12.7	997	5	27	2.687	19
乙	5.0	4.5	45	15.2	12.0	2 177	5	59	2.687	19
丙	5.0	4.5	45	15.2	12.0	2 177	3	98	2.687	37.5

二、仪器设备

(1)击实筒：小型，内径100mm、高127mm的金属圆筒，套环高50mm，底座；大型，内径152mm、高170mm的金属圆筒，套环高50mm，直径151mm和高50mm的筒内垫块，底座。

(2)多功能自控电动击实仪:击锤的底面直径 50mm,总质量 4.5kg。击锤在导管内的总行程为 450mm。可设置击实次数。并保证击锤自由垂直落下,落高应为 450mm,锤迹均匀分布于试样面。

(3)电子天平:量程 4000g,感量 0.01g。

(4)电子天平:量程 15kg,感量 0.1g。

(5)方孔筛:孔径 53mm、37.5mm、26.5mm、19mm、4.75mm、2.36mm 的筛各 1 个。

(6)量筒:50mL、100mL 和 500mL 的量筒各 1 个。

(7)直刮刀:长 200~250mm、宽 30mm、厚 3mm,一侧开口的直刮刀,用以刮平和修饰粒料大试件的表面。

(8)刮土刀:长 150~200mm、宽约 20mm 的刮刀,用以刮平和修饰小试件的表面。

(9)工字形刮平尺:30mm×50mm×310mm,上下两面和侧面均刨平。

(10)拌和工具:约 400mm×600mm×70mm 的长方形金属盘,拌和用平头小铲等。

(11)脱模器。

(12)测定含水率用的铝盒、烘箱等其他用具。

(13)游标卡尺。

三、试验准备

(1)将具有代表性的风干试料(必要时,也可以在 50℃烘箱内烘干)用木锤或木碾捣碎。土团均应捣碎到能通过 4.75mm 的筛孔。但应注意不使粒料的单个颗粒破碎或不使其破碎程度超过施工中拌和机械的破碎率。

(2)如试料是细粒土,将已捣碎的具有代表性的土过 4.75mm 筛备用(用甲法或乙法做试验)。

(3)如试料中含有粒径大于 4.75mm 的颗粒,则先将试料过 19mm 的筛,如存留在筛孔 19mm 筛的颗粒的含量不超过 10%,则过 26.5mm 筛,留作备用(甲法或乙法做试验)。

(4)如试料中粒径大于 19mm 的颗粒含量超过 10%,则将试料过 37.5mm 筛,如存留在筛孔 37.5mm 筛的颗粒的含量不超过 10%,则过 53mm 的筛备用(用丙法试验)。

(5)每次筛分后,均应记录超尺寸颗粒的百分率 P。

(6)在预定做击实试验的前一天,取有代表性的试料测定其风干含水率。对于细粒土,试样应不少于 100g;对于中粒土,试样应不少于 1 000g;对于粗粒土的各种集料,试样应不少于2 000g。

(7)在试验前用游标卡尺准确测量试模的内径、高和垫块的高,以计算试筒的容积。

四、试验步骤

(1)在试验前应将试验所需要的各种仪器设备准备齐全,测量设备应满足精度要求;调试击实仪器,检查其运转是否正常。

(2)甲法

①将已筛分的试样用四分法逐次分小,至最后取出约 10~15kg 试料。再用四分法将已取出的试料分成 5~6 份,每份试料的干质量为 2.0kg(对于细粒土)或 2.5kg(对于各种中粒

土)。

②预定 5～6 个不同含水率,依次相差 0.5%～1.5%,且其中至少有两个大于和两个小于最佳含水率。

注:对于中、粗粒土,在最佳含水率附近取 0.5%,其余取 1%。对于细粒土,取 1%,但对于黏土,特别是重黏土,可能需要取 2%。

③按预定含水率制备试样。将 1 份试料平铺于金属盘内,将事先计算得的该份试料中应加的水量均匀地喷洒在试料上,用小铲将试料充分拌和到均匀状态(如为石灰稳定材料、石灰粉煤灰综合稳定材料、水泥粉煤灰综合稳定材料和水泥、石灰综合稳定材料,可将石灰、粉煤灰和试料一起拌匀),然后装入密闭容器或塑料口袋内浸润备用。

浸润时间要求:黏性土 12～24h,粉性土 6～8h,砂性土、砂砾土、红土砂砾、级配砂砾等可以缩短到 4h 左右,含土很少的未筛分碎石、砂砾和砂可缩短到 2h。浸润时间一般最长不应超过 24h。

应加水量可按式(9-9)计算:

$$Q_w = \left(\frac{Q_n}{1+0.01w_m} + \frac{Q_c}{1+0.01w_c}\right)\times 0.01w - \frac{Q_n}{1+0.01w_n}\times 0.01w_n - \frac{Q_c}{1+0.01w_c}\times 0.01w_c \tag{9-9}$$

式中:Q_w——混合料中应加的水量(g);

Q_n——混合料中素土(或集料)的质量,其原始含水率为 w_n,即风干含水率(%);

Q_c——混合料中水泥或石灰的质量,其原始含水率为 w_n(%);

w——要求达到的混合料的含水率(%);

④将所需要的稳定剂水泥加到浸润后的试样中,并用小铲、泥刀或其他工具充分拌和到均匀状态。水泥应在土样击实前逐个加入,加有水泥的试样拌和后,应在 1h 内完成下述击实试验,拌和后超过 1h 的试样,应予作废(石灰稳定材料和石灰粉煤灰稳定材料除外)。

⑤试筒套环与击实底板应紧密联结。将击实筒放在坚实地面上,用四分法取制备好的试样 400～500g(其量应使击实后的试样等于或略高于筒高的 1/5)倒入筒内,整平其表面并稍加压紧,然后将其安装到多功能自控电动击实仪上,设定所需锤击次数,进行第一层试样的击实。第一层击实完后,检查该层高度是否合适,以便调整以后几层的试样用量。用刮土刀或螺丝刀将已击实层的表面"拉毛",然后重复上述做法,进行其余四层试样的击实。最后一层试样击实后,试样超出筒顶的高度不得大于 6mm,超出高度过大的试件应该作废。

⑥用刮土刀沿套环内壁削挖(使试样与套环脱离)后,扭动并取下套环。齐筒顶细心刮平试样,并拆除底板。如试样底面略突出筒外或有孔洞,则应细心刮平或修补。最后用工字形刮平尺齐筒顶和筒底将试样刮平。擦净试筒的外壁,称其质量 Q_1。

⑦用脱模器推出筒内试样。从试样内部从上至下取两个有代表性的样品(可将脱出试件用锤打碎后,用四分法采取),测定其含水率,计算至 0.1%。两个试样的含水率的差值不得大于 1%。所取样品的数量见表 9-14。如只取一个样品测定含水率,则样品的质量应为表列数值的两倍。擦净试筒,称重 Q_2。

测稳定材料含水率的样品数量 表 9-14

公称最大粒径(mm)	样品质量(g)	公称最大粒径(mm)	样品质量(g)
2.36	约 50	37.5	约 1 000
19	约 300		

烘箱的温度应事先调整到 110℃左右,以使放入的试样能立即在 105～110℃的温度下烘干。

⑧按本款第③～第⑦项的步骤进行其余含水率下稳定材料的击实和测定工作。

凡已用过的试样,一律不再重复使用。

(3)乙法

在缺乏内径 10cm 的试筒时,以及在需要与承载比等试验结合起来进行时,采用乙法进行击实试验。本法更适宜于公称最大粒径达 19mm 的集料。

①将已用过筛的试料用四分法逐次分小,至最后取出约 30kg 试料。再用四分法将取的试料分成 5～6 份,每份试料的干重约为 4.4kg(细粒土)或 5.5kg(中粒土)。

②以下各步的做法与甲法中②～⑧项相同,但应该先将垫块放入筒内底板上,然后加料并击实。所不同的是,每层需取制备好的试样约 900g(对于水泥或石灰稳定细粒土)或 1 100g(对于稳定中粒土),每层的锤击次数为 59 次。

(4)丙法

①将已过筛的试料用四分法逐次分小,至最后取出约 33kg 试料。再用四分法将取出的试料分成 6 份(至少要 5 份),每份重约 5.5kg(风干质量)。

②预定 5～6 个不同含水率,依次相差 0.5%～1.5%。在估计最佳含水率左右可只差 1%,其余差 1.5%。

③同甲法③。

④同甲法④。

⑤将试筒、套环与夯击底板紧密地联结在一起,并将垫块放在筒内底板上。击实筒应放在坚实地面上,取制备好的试样 1.8kg 左右[其量应使击实后的试样略高于(高出 1～2mm)筒高的 1/3]倒入筒内,整平其表面,并稍加压紧。然后将其安装到多功能自控电动击实仪上,设定所需锤击次数,进行第一层试样的击实。第 1 层击实完后检查该层的高度是否合适,以便调整以后两层的试样用量。用刮土刀或改锥将已击实的表面"拉毛",然后重复上述做法,进行其余两试样的击实。最后一层试样击实后,试样超出试筒顶的高度不得大于 6mm。超出高度过大的试件应该作废。

⑥用刮土刀沿套环内壁削挖(使试样与套环脱离),扭动并取下套环。齐筒顶细心刮平试样,并拆除底板,取走垫块。擦净试筒的外壁,称重 Q_1。

⑦用脱模器推出筒内试样。从试样内部由上至下取两个有代表性的样品(可将脱出试件用锤打碎后,用四分法采取),测定其含水率,计算至 0.1%。两个试样的含水率的差值不得大于 1%。所取样品的数量应不少于 700g,如只取一个样品测定含水率,则样品的数量应不少于 1 400g。烘箱的温度应事先调整到 110℃左右,以使放入的试样能立即在 105～110℃的温度下烘干。擦净试筒,称重 Q_2。

⑧按本款第③～第⑦项进行其余含水率下稳定材料的击实和测定。凡已用过的试料，一律不再重复使用。

五、计算

1. 稳定材料湿密度计算

按式(9-10)计算每次击实后稳定材料的湿密度。

$$\rho_w = \frac{Q_1 - Q_2}{V} \tag{9-10}$$

式中：ρ_w——稳定材料的湿密度(g/cm^2)；

Q_1——试筒与湿试样的合质量(g)；

Q_2——试筒的质量(g)；

2. 稳定材料干密度计算

按式(9-11)计算每次击实后稳定材料的干密度。

$$\rho_d = \frac{\rho_w}{1 + 0.01w} \tag{9-11}$$

式中：ρ_d——试样的干密度(g/cm^2)；

w——试样的含水率(%)。

3. 制图

(1)以干密度为纵坐标，含水率为横坐标，绘制含水率—干密度曲线。曲线必须为凸形的，如试验点不足以连成完整的凸形曲线，则应该进行补充试验。

(2)将试验各点连成圆滑的曲线，曲线的峰值点对应的含水率及干密度即为最佳含水率和最大干密度。

4. 超尺寸颗粒的校正

当试样中大于规定最大粒径的超尺寸颗粒的含量为5%～30%时，按式(9-12)对试验所得最大干密度和最佳含水率进行校正(超尺寸颗粒的含量小于5%时，可以不进行校正)。

注：超尺寸颗粒的含量少于5%时，它对最大干密度的影响位于平行试验的误差范围内。

最大干密度按式(9-12)校正：

$$\rho'_{dm} = \rho_{dm}(1 - 0.01p) + 0.9 \times 0.01pG'_a \tag{9-12}$$

式中：ρ'_{dm}——校正后的最大干密度(g/cm^2)；

ρ_{dm}——试验所得的最大干密度(g/cm^3)；

p——试样中超尺寸颗粒的百分率(%)；

G'_a——超尺寸颗粒的毛体积相对密度。

计算精确至$0.01g/cm^3$。

最佳含水率按式(9-13)校正：

$$w'_0 = w_0(1 - 0.1p) + 0.01pw_a \tag{9-13}$$

式中：w'_0——校正后的最佳含水率(%)；

w_0——试验所得的最佳含水率(%)；

p——试样中超尺寸颗粒的百分率(%)；

w_a——超尺寸颗粒的吸水量(%)。

六、结果整理

(1)应做两次平行试验,取两次试验的平均值作为最大干密度和最佳含水率。两次重复性试验最大干密度的差不应超过 0.05g/cm³(稳定细粒土)和 0.08g/cm³(稳定中粒土和粗粒土),最佳含水率的差不应超过 0.5%(最佳含水率小于 10%)和 1.0%(最佳含水率大于 10%)。超过上述规定值,应重作试验,直到满足精度要求。

(2)混合料密度计算应保留小数点后三位有效数字,含水率应保留小数点后 1 位有效数字。

七、报告

报告应包括以下内容:

(1)试样的最大粒径、超尺寸颗粒的百分率;

(2)水泥和石灰的剂量(%)或石灰粉煤灰土(粒料)的配合比;

(3)所用试验方法类别;

(4)最大干密度(g/cm³);

(5)最佳含水率(%)并附击实曲线。

八、试验说明和注意事项

(1)预定含水率的确定,对于细粒土,可参照其塑限估计素土的最佳含水率。一般其最佳含水率较塑限小 3%~10%,对于砂性土较塑限值小接近 3%,对于黏性土较塑限值小 6%~10%。天然砂砾土,级配集料等的最佳含水率与集料中细土的含量和塑性指数有关,一般在 5%~12%范围内。对于细土少的、塑性指数为 0 的未筛分碎石,其最佳含水率接近 5%。对于细土偏多的、塑性指数较大的砂砾土,其最佳含水率约在 10%左右。水泥稳定材料的最佳含水率与素土接近,石灰、粉煤灰稳定材料的最佳含水率可能较素土大 1%~3%。

(2)水泥遇水就要开始水化作用。从加水拌和到进行击实试验间隔的时间越长,水泥的水化作用和结硬程度就越大。它会影响水泥混合料所能达到的密实度,间隔时间越长,影响越大。因此,加有水泥的试样拌和后应在 1h 内完成击实试验。据施工经验,石灰土(特别是稳定黏土类土)击实最大干密度在 7d 以内其数值是逐渐减小的,因此应注意击实试验的时间。

(3)不管是采用直径 10cm 还是直径 15cm 的试筒,击实所用的锤都是锤击面直径为 5cm。对于直径 10cm 的试筒,应在筒内沿筒壁转圈击实。对于直径 15cm 的试筒,在筒内沿壁锤击一圈(约 6 次)后应到筒中心锤击一次,然后再沿筒壁锤击一圈并在筒中心锤击一次,如此反复进行,直到要求的总次数。采用符合要求的电动击实仪,能严格保持上述条件。手工击实时,还应注意保持击锤自由垂直落下和每次落高均为 45cm。

(4)第 1 层击实完后检查该层的高度是否合适,以便调整以后两层的试样用量。用刮土刀或螺丝刀将已击实的表面“拉毛”。最后一层试样击实后,试样超出试筒顶的高度不得大于 6mm。超出高度过大的试件应该作废。

(5)含水率—干密度曲线必须为凸形的,如试验点不足以连成完整的凸形曲线,则应该进行补充试验。将试验各点连成圆滑的曲线,曲线的峰值点对应的含水率及干密度即为最佳含水率和最大干密度。

(6)当试样中大于规定最大粒径的超尺寸颗粒的含量为5%～30%时,必须对试验所得最大干密度和最佳含水率进行校正。

(7)对于含有砾石或碎石颗粒的中粒土特别是粗粒土,难以刮平。在整平过程中,可允许某些大颗粒露出表面,但同时要取出某些颗粒,使表面有空洞或凹陷,这些空洞或凹陷的体积尽可能与表面突出的大颗粒体积相等。根据同一种混合料多次击试验所得的n个最佳干密度和最佳含水率各自的标准差S,用$2\sqrt{2S}$得出此允许误差。它表示两次击实试验的结果之差只有5%的概率会大于规定的允许误差。

第七节　无机结合料稳定材料试件制作方法(圆柱形)

一、适用范围

适用于无机结合料稳定材料的无侧限抗压强度、间接抗拉强度、室内抗压回弹模量,动态模量、劈裂模量等试验的圆柱体试件。

二、仪器设备

(1)方孔筛:孔径37.5mm、26.5mm及2.36mm及其大一级的筛各一个。

(2)试模:适用于下列不同土的试模尺寸:细粒土:试模的直径×高=ϕ50mm×50mm;中粒土:试模的直径×高=ϕ100mm×100mm;粗粒土:试模的直径×高=ϕ150mm×150mm。

(3)电动脱模器。

(4)反力框架:反力为400kN以上。

(5)液压千斤顶(200～1 000kN)。

(6)钢板尺,量程200mm或300mm,最小刻度1mm。

(7)游标卡尺,量程200mm或300mm。

(8)电子天平:量程为15kg,感量为0.1g;量程为4 000g,感量为0.01g。

(9)压力试验机,可替代千斤顶和反力架,量程不小于2 000kN,行程速度可调。

三、试验准备

(1)试件的直径与高的比一般为1∶1,根据需要也可成型1∶1.5或1∶2的试件。试件的成型根据需要的压实度水平,按照体积标准,采用静力压实法制备。

(2)将具有代表性的风干试料(必要时,可以在50℃烘箱内烘干),用木锤和木碾捣碎,但应避免破坏粒料的原粒径。按照公称最大粒径的大一级筛,将土过筛并进行分类。

(3)在预定做试验的前一天,取有代表性的试料测定其风干含水率。对于细粒土,试样应不少于100g;对于中粒土,试样应不少于1 000g;对于粗粒土,试样的质量应不少于2 000g。

(4)按照试验规程击实试验方法确定无机结合料的最佳含水率和最大干密度。

(5)根据击实结果，称取一定质量的风干土，其质量随试件大小而变。对 50mm×50mm 的试件，1 个试件约需干土 180～210g；对于 100mm×100mm 的试件，1 个试件约需干土 1 700～1 900g；对于 50mm×150mm 的试件，1 个试件约需干土 5 700～6 000g。

对于细粒土，一次可称取 6 个试件的土；对于中粒土，一次宜称取一个试件的土；对于粗粒土，一次只称取一个试件的土。

(6)将准备好的试料分别装入塑料袋中备用。

四、试验步骤

(1)调试成型所需要的各种设备，检查是否运行正常；将成型用的模具擦拭干净，并涂抹机油。成型中、粗粒土时，试模筒的数量应与每组试件的个数相配套。上下垫块应与试模筒相配套，上下垫块能够刚好放入试筒内上下自由移动（一般来说上下垫块直径比试筒内径小约 0.2mm），且上下垫块完全放入试筒后，试筒内未被上下垫块占用的空间体积能满足径高比为 1∶1 的设计要求。

(2)对于无机结合料稳定细粒土，至少应该制 6 个试件；对于无机结合料稳定中粒土和粗粒土，至少应该分别制 9 个和 13 个试件。

(3)根据击实结果和无机结合料的配合比按式(9-14)，计算每份料的加水量、无机结合料的质量。

(4)将称好的土放在长方盘（约 400mm×600mm×70mm）内。向土中加水拌料、闷料。石灰稳定材料、水泥和石灰综合稳定材料、石灰粉煤灰综合稳定材料、水泥粉煤灰综合稳定材料，可将石灰或粉煤灰和土一起拌和，将拌和均匀后的试料放在密闭容器或塑料袋中（封口）浸润备用。

对于细粒土（特别是黏性土），浸润时的含水率应比最佳含水率小 3%，对于中粒土和粗粒土可按最佳含水率加水，对于水泥稳定类材料，加水量应比最佳含水率小 1%～2%。

浸润时间要求为：黏性土 12～24h，粉性土 6～8h，砂性土、砂性土、砂砾土、红土砂砾、级配砂砾等可以缩短到 4h 左右；含土很少的未筛分碎石、砂砾及砂可以缩短到 2h。浸润时间一般不超过 24h。

按最佳含水率加水，应加的水量可按下式计算：

$$Q_w=\left(\frac{Q_n}{1+0.01w_n}+\frac{Q_c}{1+0.01w_c}\right)\times 0.01w-\frac{Q_n}{1+0.01w_n}\times 0.01w_n-\frac{Q_c}{1+0.01w_c}\times 0.01w_c \tag{9-14}$$

式中：Q_w——混合料中应加的水量(g)；

Q_n——混合料中素土（或集料）的质量(g)；其含水率为 w_n(%)；

Q_c——混合料中水泥或石灰的质量(g)；其原始含水率 w_c(%)（水泥的 w_c 通常很小，也可以忽略不计）；

w——要求达到的混合料的含水率(%)。

(5)在试件成型前 1h 内，加入预定数量的水泥并拌和均匀。在拌和过程中，应将预留的水

(对于细粒土为3%,对于水泥稳定类为1%~2%)加入土中,使混合料达到最佳含水率。拌和均匀的加有水泥的混合料应在1h内按下述方法制成试件,超过1h的混合料应该作废。其他结合料稳定材料,混合料虽不受此限,但也应尽快制成试件。

(6)用反力框架和液压千斤顶,或采用压力试验机制件。

将试模配套的下垫块放入试模的下部,但外露2cm左右。将称量的规定数量m_2(g)的稳定材料混合料分2~3次灌入试模中,每次灌入后用夯棒轻轻均匀插实。如制的是50mm×50mm的小试件,则可以将混合料一次倒入试模中。然后将与试模配套的上垫块放入试模内。应使其也外露2cm左右(即下压柱露出试模外的部分应该相等)。

(7)将整个试模(连同上下压柱)放到反力框架内的千斤顶上(千斤顶下应放一扁球座),或压力机上,以1mm/min的加载速率加压,直到上下压柱都压入试模为止。维持压力2min。

(8)解除压力后,取下试模,并放到脱模器上将试件顶出。用水泥稳定有黏结性的材料(如黏性土)时,制件后可以立即脱模,用水泥稳定无黏结性细粒土时,最好过2~4h再脱模;对于中、粗粒土的无机结合料稳定材料,也最好过2~6h脱模。

(9)在脱模器上取试件时,应用双手抱住试件侧面的中下部,然后沿水平方向轻轻旋转,待感觉到试件移动后,再将试件轻轻捧起,放置到试验台上,切勿直接将试件向上捧起。

(10)称试件的质量m_2,小试件精确到0.01g;中试件精确到0.01g;大试件精确到0.1g。然后用游标尺量试件高度h,精确到0.1mm。检查试件的高度和质量,不满足成型标准的试件应作为废件。

(11)试件称量后应立即放在塑料袋中封闭,并用潮湿的毛巾覆盖,移放至养生室。

五、计算

单个试件的标准质量:

$$m_0 = V \times \rho_{\max} \times (1 + w_{\text{opt}}) \times \gamma \tag{9-15}$$

考虑到试件成型过程中的质量损耗,实际操作过程中每份试件的质量可增加0%~2%,即:

$$m'_0 = m_0 \times (1 + \delta) \tag{9-16}$$

每份试件的干料(包括干土和无机结合料)总质量:

$$m_1 = \frac{m_0}{1 + w_{\text{opt}}} \tag{9-17}$$

每份试件中的无机结合料质量:

外掺法: $$m_2 = m_1 \times \frac{\alpha}{1+\alpha} \tag{9-18}$$

内掺法: $$m_2 = m_1 \times \alpha \tag{9-19}$$

每份试件中的干土质量: $$m_3 = m_1 - m_2 \tag{9-20}$$

每份试件中的加水量: $$m_w = (m_2 + m_3) \times w_{\text{opt}} \tag{9-21}$$

验算: $$m'_0 = m_2 + m_3 + m_w \tag{9-22}$$

式中:V——试件体积(cm^3);

w_{opt}——混合料最佳含水率(%);

ρ_{max}——混合料最大干密度(g/cm^3)；

γ——混合料压实度标准(%)；

m_0、m_0'——混合料质量(g)；

m_1——干混合料质量(g)；

m_2——无机结合料质量(g)；

m_3——干土质量(g)；

δ——计算混合料质量的冗余量(%)；

α——无机结合料的掺量(%)；

m_w——加水质量(g)。

六、结果整理

(1)小试件的高度误差范围应为－0.1～0.1cm，中试件的高度误差范围应为－0.1～0.15cm，大试件的高度误差范围应为－0.1～0.2cm。

(2)质量损失小试件应不超过标准质量的5g，中试件应不超过25g，大试件应不超过50g。

七、试验说明和注意事项

(1)试验时采用的石灰应与施工现场所用石灰相同。在采用生石灰粉时，必须与土拌和后一起进行浸润，而且浸润时间不应少于3h，使生石灰粉能充分消解。否则，试件在养生过程中易由于生石灰粉膨胀而损坏。

(2)40kN反力框架和液压千斤顶适宜于制备ϕ50mm×50mm的试件，也可用它制备ϕ100mm×100mm的试件。用它制备ϕ150mm×150mm的试件时，有时压力不够，宜采用1 000kN的压力机或反力框架和千斤顶。制作试件时，要特别注意两端压柱是否均匀进入。如发现压柱的一侧已进入试模筒内并已与筒顶齐平，而另一侧尚未完全进入筒内，则应解除压力后旋转试模筒，然后再继续加压，直到压柱完全进入试模筒内。如加压过程中不注意，压力过大易将试模筒压坏(中间鼓出)。

(3)圆柱形试件是无机结合料稳定材料物理力学性能试验的基本形状之一，是强度试验、模量试验的标准试件。圆柱形试件尺寸一般分为三种规格，根据稳定材料粒径的大小而选择，稳定材料混合料的粒径越大，试件尺寸也越大。为了便于试验操作，圆柱形试件尺寸的径高比一般为1∶1，这也是目前我国相关试验的标准尺寸规格。

(4)在科学研究中，根据需要可采用径高比为1∶1.5或1∶2甚至1∶2.5(或1∶3)的试件。其成型方法同本方法，但需要注意，随着径高比的增加，不仅单个试件的质量显著增加，而且试件中部的压实、试件成型后的脱模等都将带来较大困难，这将对试验结果的稳定性产生影响。

(5)成型试验根据试件尺寸的大小一般需要2～3d，大致分为三个步骤：成型前一天进行试料准备，包括闷料；然后第二天上午可进行压实成型；下午再进行脱模、称量。

(6)试件成型是按一定标准密度或压实度成型的，因此需要对成型后试件的密度或压实度进行计算评价以确保试件满足成型要求，即按照试件的实际几何尺寸计算试件的体积，然后根据试件实际质量计算出试件的密度，进而计算出试件压实度，一般要求成型后试件的压实度不超过标准压实度的±1%。

(7)在成型过程中,一般情况下会有少量水分挤出,在计算试件干密度时可忽略,如果挤出水过多或出现试件难以压实成标准尺寸,说明原击实结果有问题,或者成型的配料计算有误,需要认真检查、复核,找出原因,重新成型。

(8)对于粗粒料稳定材料(特别是水泥稳定类材料)由于细集料较少,在成型过程中,内壁涂机油是必要的。同时避免表面出现裂纹,应保持试模内壁光洁度,试模口无毛刺、变形,试筒垂度、试模直径公差满足要求。在脱模过程中为了减少对试件的损伤,延长脱模时间是必要的,用水泥稳定有黏结性的材料(如黏性土)时,制件后可以立即脱模,用水泥稳定无黏结性材料时,最好过 2～4h 再脱模;对于中、粗粒土的无机结合料稳定材料,也最好过 2～6h 再脱模。此外,对于所有试件在脱模过程中应做到轻拿轻放,防止脱模搬运过程中对试件的损伤。

第八节　无机结合料稳定材料试件制作方法(梁式)

一、适用范围

本方法适用于无机结合料稳定材料的弯拉抗压强度、干缩试验、温缩试验,疲劳试验、弯拉模量等试验的梁式试件的成型。

二、仪器设备

(1)方孔筛:孔径 37.5mm、26.5mm、2.36mm 及其大一级的筛各一个。

(2)试模:内壁尺寸 50mm×50mm×200mm、100mm×100mm×400mm 或 150mm×150mm×550mm 铸铁制成;内表面磨光,拆装方便,内部尺寸允许偏差为:棱边长度不超过 1mm,直角不超过 0.5°。模板应有足够的刚度,在加压振动作用下,不易变形。

(3)套模:铸铁或钢制成,内轮廓尺寸与试模相同,高度约 100mm,不易变形并能固定于试模上。

(4)压力机:量程不小于 2 000kN。

(5)钢板尺:量程应满足测量长度的要求,最小刻度 1mm。

(6)游标卡尺:量程 200mm。

(7)电子天平:量程为 15kg,感量为 0.1g;量程为 4kg,感量为 0.01g。

(8)天平:量程 50kg,感量 1g。

(9)垫板:小梁垫板厚度 1mm,中梁垫板厚度 1.5～2mm,大梁垫板厚度 4～5mm。

三、试验准备

(1)将具有代表性的风干试料(必要时,也可以在 50℃烘箱内烘干),用木锤和木碾捣碎,但应避免碎粒料的原粒径。按照公称最大粒径的大一级筛将土过筛并进行分类。

(2)在预定做试验的前一天,取有代表性的试料测定其风干含水率。对于细粒土,试样应不少于 100g;对于公称最大粒径小于 26.5mm 的中粒土,试样应不少于 1 000g;对于公称最大粒径小于 37.5mm 的粗粒土,试样的质量应不少于 2 000g。

按 T 0804—94 确定无机结合料结合料的最佳含水率和最大干密度。

根据击实结果,称取一定数量的风干土的质量,其数量随试件大小而变。对于小梁试件,1 个试件需干土 900~1 100g;对于中梁试件,1 个试件需干土 8 500~10 000g;对于大梁试件,1 个试件需干土 26 000~28 000g。

将准备好的试料分别装入塑料袋中备用。

四、试验步骤

(1)调试成型所需要的各种设备,检查是否运行正常。

(2)将成型用的模具擦拭干净,并涂抹机油。

(3)对于同一无机结合料剂量的混合料,需要制相同状态的试件数量(即平行试验的数量)与土类及操作的仔细程度有关。对于无机结合料稳定细粒上,至少应该制 6 个试件;对于无机结合料稳定中粒土和粗粒土,至少分别应该制 9 个和 13 个试件。

(4)根据击实结果和无机结合料的配方,计算每份试料的加水量、无机结合料的质量。

(5)将称好的土放在长方盘(约 400mm×600mm×70mm)内。向土中加水拌料、闷料。如为石灰稳定土、水泥和石灰综合稳定土、石灰粉煤灰综合稳定土、水泥粉煤灰综合稳定土,可将石灰或粉煤灰和土一起拌和,将拌和均匀后的试料放在密闭容器或塑料袋中(封口)内浸润备用。

对于细粒土(特别是黏性土),浸润时的含水率应比最佳含水率小 3%,对于中粒土和粗粒土可按最佳含水率加水,对于水泥稳定类材料,加水量应比最佳含水率小 1%~2%。

浸润时间要求:黏性土 12~24h,粉性土 6~8h,砂性土、砂性土、砂砾土、红土砂砾、级配砂砾等可以缩短到 4h 左右;含土很少的未筛分碎石、砂砾及砂可以缩短到 2h。浸润时间一般不超过 24h。

按最佳含水率加水,应加的水量可按下式计算:

$$Q_w=\left(\frac{Q_n}{1+0.01w_n}+\frac{Q_c}{1+0.01w_c}\right)\times 0.01w-\frac{Q_n}{1+0.01w_n}\times 0.01w_n-\frac{Q_c}{1+0.01w_c}\times 0.01w_c \tag{9-23}$$

式中:Q_w——混合料中应加的水量(g);

Q_n——混合料中素土(或集料)的质量(g);其含水率为 w_n(风干含水率)(%);

Q_c——混合料中水泥或石灰的质量(g);其原始含水率为 w_c(%)(水泥 w_c 通常很小,也可以忽略不计);

w——要求达到的混合料的含水率(%)。

(6)在试件成型前 1h 内,加入预定数量的水泥并搅和均匀。在拌和过程中,应将预留的水(对于细粒土为 3%,对于水泥稳定类为 1%~2%)加入土中,使混合料含量达到最佳含水率。搅和均匀的加有水泥的混合料应在 1h 内按下述方法制成试件,超过 1h 的混合料应该作废。其他结合料稳定土,混合料虽不受此限,但也应尽快制成试件。

(7)采用压力机制件。

将试模的下压块放入试模的下部，但外露 2cm 左右，然后将垫板两面刷油后放在下压块的上面(为了在梁式试件脱模后，能够承托试件的重力，减少试件在搬运过程中的损坏)，当制作小梁时，宜再垫张等尺寸的纸。将称量的规定质量 m_2(g)的稳定土混合料分 2～3 次灌入试模中，每次灌入后用夯棒轻轻均匀插实。如制的是小梁试件，则可以将混合料一次倒入试模中。最后将上压块放入试模内。应使其也外露 2cm 左右(即下压块露出试模外的部分应该相等)。

将整个试模(连同上下压块)放到压力机上，加压直到上下压块都压入试模为止。小梁维持压力 2min，中梁维持 5min，大梁维持压力至少 10min。

(8)解除压力后，取下试模，对于小梁可利用压力机顶推法脱模，对于中梁、大梁宜采用拆卸模具方法脱模。用水泥稳定有黏结性的材料时，制件后可以立即脱模，用水泥稳定无黏结性材料时，宜过 2～4h 再脱模；对于中、粗粒土的无机结合料稳定材料，宜过 2～6h 脱模。

(9)称试件的质量 m_2，小梁准确到 0.01g，中梁准确到 0.1g，大梁准确到 1g。然后用游标尺测量试件的断面尺寸以及小梁的长度，准确到 0.1mm。用钢板尺量取中梁、大梁试件的长度，准确到 1mm。

五、计算

单个试件的标准质量：

$$m_0 = V \times \rho_{max} \times (1 + w_{opt}) \times \gamma \tag{9-24}$$

考虑到试件成型过程中的质量损耗，实际操作过程中每份试件的质量可增加 1%～5%，即：

$$m_0' = m_0 \times (1 + \delta) \tag{9-25}$$

每份试件的干料(包括干土和无机结合料)总质量：

$$m_1 = \frac{m_0'}{1 + w_{opt}} \tag{9-26}$$

每份试件中的无机结合料质量：

外掺法
$$m_2 = m_1 \times \frac{\alpha}{1 + \alpha} \tag{9-27}$$

内掺法
$$m_2 = m_1 \times \alpha \tag{9-28}$$

每份试件中的干土质量：
$$m_3 = m_1 - m_2 \tag{9-29}$$

每份试件中的加水量：
$$m_w = (m_2 + m_3) \times w_{opt} \tag{9-30}$$

验算：
$$m_0' = m_2 + m_3 + m_w \tag{9-31}$$

式中：V——试件体积(cm^3)；

w_{opt}——混合料最佳含水率(%)；

ρ_{max}——混合料最大干密度(g/cm^3)；

γ——混合料压实度标准(%)；

m_0、m_0'——混合料质量(g)；

m_1——干混合料质量(g)；

m_2——无机结合料质量(g)；

m_3——干土质量(g)；

δ——计算混合料质量的冗余量(%)；

α——无机结合料的掺量(%)；

m_w——加水质量(g)。

六、结果整理

成型后，应检查试件的断面尺寸和质量，以满足成型的标准，否则作为废件。

(1)小梁试件的断面尺寸误差范围应为－0.1～0.1cm，中梁试件的断面尺寸误差范围应为－0.1～0.15cm，大梁试件的断面尺寸误差范围应为－0.1～0.3cm。

(2)质量损失：小梁试件应不超过标准质量的5g，中梁试件应不超过20g，大梁试件应不超过50g。

七、试验说明及注意事项

(1)梁式试件是无机结合料稳定土物理、力学试验另一种标准规范试件之一。根据稳定土混合料粒径的不同，分别选择小、中、大型试件尺寸规格。

(2)梁式试件成型步骤与圆柱形试件类似，大致分为三步：成型前一天备料、闷料；然后第二天上午可压实成型，下午或第三天(中梁、大梁)再进行脱模。由于梁式试件的体积比较大(一个中梁试件一般相当于大型圆柱试件质量的1.5倍)，脱模操作比较烦琐，所以操作人员一般为3～4人。

(3)中梁试件适用的稳定土粒径放宽至26.5mm，主要是由于我国半刚性基层材料的主要级配形式为公称最大粒径为26.5mm的粗粒料，如成型大梁进行试验，目前国内绝大多数试验室不具备相应的成型条件，而且以往我国相应粒径混合料是采用中梁试验，因此中梁试件的公称最大粒径范围放宽至26.5mm。

(4)同圆柱形试件一样，梁式试件成型后需要检测试件的密度或压实度，以保证试件的质量。

第九节　无机结合料稳定材料养生试验方法

一、适用范围

(1)本方法适用于水泥稳定材料类和石灰、二灰稳定材料类的养生。

(2)标准养生方法是指无机结合料稳定类材料在规定的标准温度和湿度环境下强度增长的过程。快速养生是为了提高试验效率，采用提高养生温度缩短养生时间的养生方法。

(3)本方法规定了无机结合料稳定材料的标准养生和快速养生的试验方法和步骤。在采用快速养生时，应建立快速养生条件下与标准养生条件下，混合料的强度发展的关系曲线，并确定标准养生的长龄期强度对应的快速养生短龄期。

二、仪器设备

(1)标准养护室:标准养护室温度20℃±2℃,相对湿度在95%以上。

(2)高温养护室:能保持试件养生温度60℃±1℃,相对湿度95%以上。容积能满足试验要求。

三、试验步骤

1. 标准养生方法

(1)试件从试模内脱出并量高称重后,中试件和大试件应装入塑料薄膜袋内。试件装入塑料袋后,将袋内的空气排除干净,扎紧袋口,将包好的试件放入养护室。

(2)标准养生的温度(20℃±2℃),标准养生的湿度为≥95%。试件宜放在铁架或木架上,间距至少10～20mm,试件表面应保持一层水膜,并避免用水直接冲淋。

(3)标准养生方法,对无侧限抗压强度试验是养生龄期7d,最后一天泡水。对弯拉强度、间接抗拉强度,水泥稳定材料类的标准养生龄期是90d,石灰稳定材料类的标准养生龄期是180d。

(4)在养生期的最后一天,将试件取出,观察试件的边角有无磨损和缺块,并量高称重,然后将试件浸泡于20℃±2℃水中,应使水面在试件顶上约2.5cm。

2. 快速养生方法

(1)快速养生龄期的确定

①将一组无机结合料稳定材料,在标准养生条件下(20℃±2℃,湿度≥95%)养生180d(石灰稳定类材料养生180d,水泥稳定类材料标准养生90d)测试抗压强度值。

②将同样的一组无机结合料稳定材料,在高温养生条件下(60℃±1℃,湿度≥95%)养生7d、14d、21d、28d等,进行不同龄期的抗压强度,建立高温养生条件下强度—龄期的相关关系。

③在强度—龄期关系曲线上,找出对应标准养生长龄期的强度对应的高温养生的短龄期。并以此作为快速养生的龄期。

(2)快速养生试验步骤

①将高温养护室的温度调至规定的温度60℃±1℃,湿度也保持在95%以上,并能自动控温控湿。

②将制定的试件量高称重后,小心装入塑料薄膜袋内。试件装入塑料袋后,将袋内的空气排除干净,并将袋口用麻绳扎紧,将包好的试件放入养护箱中。

③养生期的最后一天,将试件从高温养护室内取出,凉至室温(约2h),再将打开塑料袋取出试件,观察试件有无缺损,量高称重后,浸入20℃±2℃恒温水槽中,水面高出试件顶2.5cm。浸水24h后,取出试件,用软布擦去可见自由水,称重、量高后,立即进行相关的试验。

四、结果整理

(1)对养生期间有明显的边角缺损,试件应该作废。

(2)对养生7d的试件,在养生期间,试件质量应该符合下列规定:小试件不超过1g;中试件不超过 4g;大试件不超过 10g。质量损失超过此规定的试件,应作废。

(3)对养生 90d 和 180d 的试件,在养生期间,试件质量的损失应该符合下列规定:小试件不超过 1g;中试件不超过 10g;大试件不超过 20g。质量损失超过此规定的试件,应该作废。

五、试验说明和注意事项

(1)试件的质量损失指含水率的减少,不包括由于各种不同原因从试件上掉下的混合料。

(2)无机结合料稳定材料的养生温度统一为 20℃±2℃。由于此次标准养生温度的改变将影响到无机结合料稳定材料的设计强度的确定,相同无机结合料在分别在 20℃±2℃、25℃±2℃情况下养生,测试其抗压强度试验。试验结果为,同一组混合料在 25℃±2℃、95%湿度下养生 7d 的抗压强度为 6.4MPa,在 20℃±2℃、95%湿度下养生 7d 的抗压强度为 5.4MPa。也就是 25℃±2℃下养生的强度是 20℃±2℃下养生强度的 1.18 倍。

(3)在快速养生过程中,确定标准养生的长龄期对应的快速养生的短龄期时,也可以采用测试抗压回弹模量和劈裂强度值来建立两者的关系。在实际试验中,根据具体试验目的选用。

第十节 无机结合稳定材料无侧限抗压强度试验方法

一、适用范围

本试验方法适用于测定无机结合料稳定材料(包括稳定细粒土、中粒土和粗粒土)试件的无侧限抗压强度。

二、仪器设备

(1)标准养护室。

(2)水槽:深度应大于试件高度 50mm。

(3)压力机或万能试验机(也可用路面强度试验仪和测力计):压力机除符合《液压式万能试验机》(GB/T 3159—2008)及《试验机通用技术要求》(GB/T 2611—2007)中的要求,其测量精度为±1%,同时应具有加荷速度指示装置或加荷速度控制装置。上下压板平整并有足够刚度,可以均匀地连续加荷卸荷,可以保持固定荷载,开机停机均灵活自如,能够满足试件吨位要求。且压力机加载速率可以有效控制在 1mm/min。

(4)电子天平:量程为 15kg,感量为 0.1g;量程为 4 000g,感量为 0.01g。

(5)量筒、拌和工具、漏头、大小铝盒、烘箱等。

(6)球形支座。

(7)机油若干。

三、试件制备和养护

(1)细粒土,试模的直径×高=ϕ50mm×50mm;中粒土,试模的直径×高=ϕ100mm×

100mm；粗粒土，试模的直径×高＝ϕ150mm×150mm。

(2)按照无机结合料稳定材料试件制作方法(圆柱形)成型径高比为1∶1的圆柱形试件。

(3)按照无机结合料稳定材料养生试验方法进行7d的标准养生。

(4)将试件两顶面用刮刀刮平，必要时可用快凝水泥砂浆磨平试件顶面。

(5)为保证试验结果的可靠性和准确性，每组试件的数目要求为：小试件不少于6个，中试件不少于9个，大试件不少于13个。

四、试验步骤

(1)根据试验材料的类型和一般的工程经验，选择合理量程的测力计和压力机，试件破坏荷载应大于测力量程的20%且小于测力量程的80%。球形支座和上下顶板上涂上机油，使球形支座能够灵活转动。

(2)将已浸水一昼夜的试件从水中取出，用软布吸去试件表面的水分，并称试件的质量m_4。

(3)用游标卡尺量试件的高度h_1，准确到0.1mm。

(4)将试件放在路面材料强度试验仪或压路机上，并在升降台上先放一扁球座，进行抗压试验。试验过程中，应保持加载速率为1mm/min。记录试件破坏时的最大压力P(N)。

(5)从试件内部取有代表性的样品(经过打破)，按照含水率试验方法(烘干法)，测定其含水率w。

五、计算

试件的无侧限抗压强度R_c(MPa)用下列相应的公式计算：

$$R_c = \frac{P}{A} \tag{9-32}$$

式中：P——试件破坏时的最大压力(N)；

A——试件的截面积(mm^2)。

六、结果整理

(1)抗压强度保留一位小数。

(2)同一组试件试验中，采用三倍均方差方法计算异常值，小试件可以允许有1个异常值，中试件1～2个异常值，大试件2～3个异常值。异常值超过上述规定的试验重做。

(3)同一组试验的变异系数C_v(%)应符合下列规定，方可为有效试验。小试件$C_v \leqslant 6\%$；中试件$C_v \leqslant 10\%$；大试件$C_v \leqslant 15\%$。如不能保证试验结果的变异系数小于规定的值，则应按允许误差10%和90%概率重新计算所需的试件数量，应增加试件数量并另做新试验。试验结果与老试验结果一并重新进行统计评定，直到变异系数满足上述规定。

七、试验说明和注意事项

(1)在进行强度试验时，试件需放置在竖向荷载的中心位置，如采用测力计，测力计中心、球形支座、上压板、试件及下压板(或半球形支座)应处在同一条直线上，避免偏载对试验结果的影响。

(2)试验前试件表面应用刮刀刮平,避免试件表面不均匀的突起物在试验过程中造成应力集中,导致试验数据失真。必要时,可用快凝的水泥砂浆抹面处理。如需要抹面应在试件饱水前完成,然后进行饱水。

(3)由于试件与上、下压块之间,在荷载施加过程中仍会产生较大的摩擦力,对试验结果产生比较显著的影响。为此应采用必要措施消除这种影响,即首先将甘油与滑石粉的混合物(质量比 2∶1)涂在试件的上、下顶面上,再用 60℃左右的溶蜡将两端封闭,可封闭两次,蜡膜厚度 1~2mm 左右。然后进行强度测试。如采用顶面处理方法测量强度,其强度标准将会大幅降低,广大的工程技术人员还难以接受,工程操作存在一定困难,为此,仍采用以往试验方法,但顶面处理方法暴露出的问题值得引起重视。

(4)除特殊目的外,试件的干密度应与规定的施工过程中必须达到的干密度(压实度×最大干密度)相一致。

第十一节 无机结合料稳定材料室内抗压回弹模量顶面试验方法

一、适用范围

本试验方法适用于在室内对无机结合料稳定材料试件进行抗压回弹模量试验。

二、仪器设备

(1)压力机或万能试验机(也可用路面强度试验仪和测力计):压力机除符合《液压式万能试验机》(GB/T 3159—2008)及《试验机通用技术要求》(GB/T 2611—2007)中的要求,其测量精度为±1%。同时应具有加荷速度指示装置或加荷速度控制装置。上下压板平整并有足够刚度,可以均匀地连续加荷卸荷,可以保持固定荷载,开机停机均灵活自如,能够满足试件吨位要求。且压力机加载速率可以有效控制在 1mm/min。

(2)测形变装置

圆形金属平面加载顶板和圆形金属平面加载底板,板的直径应大于试件的直径,底板直径线两侧有立柱,立柱上装有千分表夹。也可以直接利用直径 152mm 击实筒的底座。

(3)千分表(1/1 000mm),2 只,或相同精度的位移传感器,2 个。也可采用数据采集系统:包括荷载传感器(1 个),位移传感器(2 个)。荷载计数器以及数据采集仪。

(4)标准养护室。

(5)水槽:深度应大于试件高度 50mm。

(6)天平:量程 4 000g,感量 0.01g;量程 15kg,感量 0.1g。

(7)机油若干。

(8)球形支座。

(9)适合测试范围的测力计。

(10)圆形钢板。

三、试件制备和养护

(1)细粒式和中粒式混合料成型 $\phi100\times100$mm 试件，粗粒式混合料成型 $\phi150\times150$mm 试件。

(2)按照击实法确定无机结合料稳定材料的最佳含水率和最大干密度。

(3)试件数量

对于无机结合料稳定细粒土，应制不少于 6 个试件，并要求模量试验结果的变异系数不超过 10%；对于无机结合料稳定中粒土，应制不少于 9 个试件，并要求模量试验结果的变异系数不超过 10%；对于无机结合料稳定粗粒土，应制不少于 15 个试件，并要求模量试验结果的变异系数不超过 15%。

(4)按照无机结合料稳定材料试件制作方法(圆柱形)制备试件。

(5)按照无机结合料稳定材料养生试验方法进行养生，水泥稳定类土养生龄期为 90d，石灰或粉煤灰稳定类土养生龄期 180d。

(6)圆柱形试件的两个端面应用水泥净浆彻底抹平。将试件直立桌上，在上端面用早强高强水泥净浆薄涂一层后，在表面撒少许量 0.25～0.5mm 的细砂，用直径大于试件的平面圆形钢板放在顶面，加压旋转圆钢板，使顶面齐平。边旋转边平移并迅速取下钢板。如有净浆被钢板黏去，则重新用净浆抹平，并重复上述步骤。一个端面整平后，放置 4h 以上，然后将另一端面同样整平。整平应该达到：加载板放在试件顶面后，在任一方向都不会翘动。试件整平后放置 8h 以上。

(7)将端面已经处理平整的试件饱水 24h。水面高于试件顶面约 2.5cm。

四、试验步骤

(1)根据试验材料的类型和一般的工程经验，选择合理量程的测力计和试验机，被测试件的压力应在量程的 20%～80%。如采用压力机系统，需调试设备，设定好加载速率。

(2)加载板上的计算单位压力的选定值：对于无机结合料稳定基层材料，用 0.5～0.7MPa，对于无机结合料稳定底基层材料，用 0.2～0.4MPa，实际加载的最大单位压力应略大于选定值。

(3)将试件浸水 24h 后从水中取出并用布擦干后放在加载底板上，在试件顶面撒少量 0.25～0.5mm 的细砂，并手压加载板在试件顶面边加压边旋转，使细砂填补表面微观的不平整，并使多余的砂流出，以增加顶板与试件的接触面积。

(4)安置千分表，使千分表的脚支在加载顶板直径线的两侧并离试件中心距离大致相等。

(5)将带有试件的测形变装置放到路面材料强度试验仪的升降台上(也可以先将测形变装置放在升降台上再安置试件和千分表)，调整升降台的高度，使测力环下端的压头中心与加载板的中心接触。

(6)预压：先用拟施加的最大荷载的一半进行两次加荷卸荷预压试验，使加载顶板与试件表面紧密接触。每 2 次卸载后等待 1min，然后将千分表的短指针调到中间位置，并将长指针调到 0，记录千分表的原始读数。

(7)回弹形变测量：将预定的单位压力分成 5～6 等分，作为每次施加的压力值。实际施加的荷载应较预定级数增加一级。施加第1级荷载(如为预定最大荷载的1/5),待荷载作用达1min时,记录千分表的读数,同时卸去荷载,让试件的弹性形变恢复。到0.5min时记录千分表的读数,施加第2级荷载(为预定最大荷载的2/5),同前待荷载作用1min,记录千分表的读数,卸去荷载。卸荷后达0.5min时,再记录千分表的读数,并施加第3级荷载。如此逐级进行,直至记录下最后一级荷载下的回弹形变。

五、计算

(1)计算每级荷载下的回弹形变 l。

$$l = \text{加荷时读数} - \text{卸荷时读数} \tag{9-33}$$

(2)以单位压力 p 为横坐标(向右),以回弹形变 l 为纵坐标(向下),绘制 p 与 l 的关系曲线,修正曲线开始段的虚假形变。修正时,一般情况下将第1个和第2个试验点取成直线,并延长此直线与纵坐标轴相交,此交点即为新原点,见图9-2。

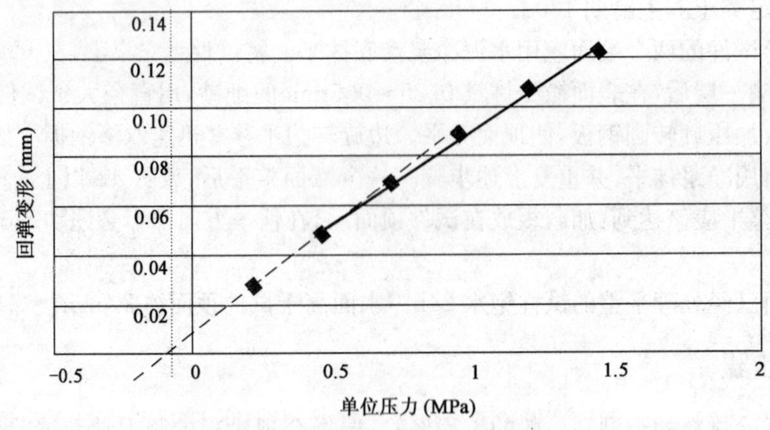

图9-2 单位压力与回弹变形关系曲线

(3)用加载板上的计算单位压力 p 以及与相应的回弹形变 l 按式(9-34)计算回弹模量。

$$E_c = \frac{ph}{l} \tag{9-34}$$

式中:E_c——抗压回弹模量(MPa);

p——单位压力(MPa);

h——试件高度(mm);

l——试件回弹形变(mm)。

六、结果整理

(1)抗压回弹模量用整数表示。

(2)同一组试件试验中,采用3倍均方差方法剔出异常值,大试件2～3个异常值。异常值超过上述规定的试验重做。

(3)对于无机结合料稳定细粒土、中粒土,变异系数不超过10%;粗粒土,变异系数不超过15%。如不能保证变异系数小于上述规定,则还应按允许误差10%和90%概率重新计算增加试件数量，并另做新试验。试验结果与老试验结果一并重新进行统计评定，直到变异系数满足上述规定。

第十二节　无机结合料稳定材料间接抗拉强度劈裂试验方法

一、适用范围

本试验方法适用于测定无机结合料稳定材料（包括稳定细粒土、中粒土和粗粒土）试件的间接抗拉强度。

二、试件的制备和养护

(1)试件采用高：直径＝1：1的圆柱体。细粒土试模的直径×高＝50mm×50mm；中粒土试模的直径×高＝100mm×100mm；粗粒土试模的直径×高＝150mm×150mm；本试验应采用静力压实法制备等干密度的试件。

(2)按照无机结合料稳定材料试件制作方法（圆柱形）成型径高比为1：1的圆柱形试件。

(3)按照无机结合料稳定材料养生试验方法进行设计龄期的标准养生。

(4)为保证试验结果的可靠性和准确性，每组试件的数目要求为：小试件不少于6个，中试件不少于9个，大试件不少于13个。

三、试验步骤

(1)根据试验材料的类型和一般的工程经验，选择合理量程的测力计和试验机，试件破坏荷载应大于测力量程的20%，且小于测力量程的80%。球形支座和上下压条上涂上机油，使球形支座能够灵活转动。

(2)将已浸水一昼夜的试件从水中取出，用软布吸去试件表面的可见自由水，并称试件的质量。

(3)用游标卡尺量试件的高度 h，精确到0.1mm。

(4)在压力机的升降台上置一压条，将试件横置在压条上，在试件的顶面也放一压条（上下压条与试件的接触线必须位于试件直径的两端，并与升降台垂直）。

(5)在上压条上面放置球形支座，球形支座应位于试件的中部。

(6)试验过程中应使试验的形变等速增加，保持加载速率为1mm/min。记录试件破坏时的最大压力 P(N)。

(7)从试件内部取有代表性的样品（经过打碎），按照含水率试验方法（烘干法），测定其含水率 w_1。

第十三节　承载比(CBR)试验方法

一、目的和适用范围

(1)本试验方法只适用于在规定的试筒内制件后，对各种土和路面基层、底基层材料进行承载比试验。

(2)试样的最大粒径宜控制在 20mm 以内,最大不得超过 40mm 且含量不超过 5%。

二、仪器设备

(1)直圆孔筛:孔径 40mm、20mm 及 5mm 筛各 1 个。

(2)试筒:内径 152mm、高 170mm 的金属圆筒;套环:高 50mm;筒内垫块:直径 151mm、高 50mm;夯击底板:同击实仪。也可用击实试验的大击实筒。

(3)夯锤和导管:夯锤的底面直径 50mm,总质量 4.5kg。夯锤在导管内的总行程为 450mm,夯锤的形式和尺寸与重型击实试验法所用的相同。

(4)贯入杆;端面直径 50mm、长约 100mm 的金属柱。

(5)路面材料强度仪或其他载荷装置:能量不小于 50kN,能调节贯入速度至每分钟贯入 1mm,可采用测力计式。

(6)百分表:3 个。

(7)试件顶面上的多孔板(测试件吸水时的膨胀量)。

(8)多孔底板(试件放上后浸泡水中)。

(9)测膨胀量时支承百分表的架子。

(10)荷载板:直径 150mm,中心孔眼直径 52mm,每块质量 1.25kg,共 4 块,并沿直径分为两个半圆块。

(11)水槽:浸泡试件用,槽内水面应高出试件顶面 25mm。

(12)其他:台称,感量为试件用量的 0.1%;拌和盘,直尺,滤纸,脱模器等与击实试验相同。

三、试样

将具有代表性的风干试料(必要时可在 50℃烘箱内烘干),用木碾捣碎,但应尽量注意不使土或粒料的单个颗粒破碎。土团均应捣碎到通过 5mm 的筛孔。

采取有代表性的试料 50kg,用 40mm 筛筛除大于 40mm 的颗粒,并记录超尺寸颗粒的百分数。将已过筛的试料按四分法取出约 25kg。再用四分法将取出的试料分成 4 份,每份质量 6kg,供击实试验和制试件之用。

在预定做击实试验的前一天,取有代表性的试料测定其风干含水率。测定含水率用的试样数量可参照击实试验中的数量。

四、试验步骤

(1)称试筒本身质量(m_1),将试筒固定在底板上,将垫块放入筒内,并在垫块上放一张滤纸,安上套环。

(2)将 1 份试料,按规定的层数和每层的击数,求试料的最大干密度和最佳含水率。

(3)将其余 3 份试料,按最佳含水率制备 3 个试件。将一份试料平铺于金属盘内,按事先计算得到的该份试料应加的水量均匀地喷洒在试料上。用小铲将试料充分拌和到均匀状态,然后装入密闭容器或塑料口袋内浸润备用。浸润时间:重黏土不得少于 24h;轻黏土可缩短到 12h;砂土可缩短到 1h;天然砂砾可缩短到 2h 左右。

制每个试件时，都要取样测定试料的含水率。

注：需要时，可制备三种干密度试件。如每种干密度试件制 3 个，则共制 9 个试件。每层击数分别为 30、50 和 98 次，使试件的干密度从 95%到等于 100%的最大干密度。这样，9 个试件共需试料约 55kg。

(4)将试筒放在坚硬的地面上，取备好的试样 3～5 次倒入筒内（视最大料径而定）。按五层法时，每层需试样约 900（细粒土）～1 100g（粗粒土）。按三层法时，每层需试样 1 700g 左右（其量应使击实后的试样高出 1/3 筒高 1～2mm）。整平表并稍加压紧，然后按规定的击数进行第一层试样的击实，击实时锤应自由垂直落下，锤迹必须均匀分布于试样面上。第一层击实完后，将试样层面"拉毛"，然后再装入套筒，重复上述方法进行其余每层试样的击实。大试筒击实后，试样不宜高出筒高 10mm。

(5)卸下套环，用直刮刀沿试筒顶修平击实的试件，表面不平整处用细料修补。取出垫块，称试筒和试件的质量(m_2)。

(6)泡水测膨胀量的步骤如下：

①在试件制成后，取下试件顶面的破残滤纸，放一张好滤纸，并在上安装附有调节杆的多孔板，在多孔板上加 4 块荷载板。

②将试筒与多孔板一起放入槽内（先不放水），并用拉杆将模具拉紧，安装百分表，并读取初读数。

③向水槽内放水，使水自由进到试件的顶部和底部。在泡水期间，槽内水面应保持在试件顶面以上大约 25mm。通常试件要泡水 4 昼夜。

④泡水终了时，读取试件上百分表底终读数，并用下式计算膨胀量：

$$膨胀量=\frac{泡水后试件高度变化}{原试件高(120\text{mm})}\times 100 \tag{9-35}$$

⑤从水槽中取出试件，倒出试件顶面的水，静置 15min，让其排水，然后卸去附加荷载和多孔板、底板和滤纸，并称量(m_3)，以计算试件的湿度和密度的变化。

(7)贯入试验

①将泡水试验终了的试件放到路面材料强度试验仪的升降台上，调整扁球座，使贯入杆与试件顶面全面接触，在贯入杆周围放置 4 块荷载板。

②先在贯入杆上施加 45N 荷载，然后将测力和测变形的百分表的指针都调整至零点。

③加荷使贯入杆以 1～1.25mm/min 的速度压入试件，记录测力计内百分表某些读数（如 20、40、60）时的贯入量，并注意使贯入量为 250×10^{-2}mm 时，能有 5 个以上的读数。因此，测力计内的第一个读数应是贯入量 30×10^{-2}mm 左右。

五、结果整理

(1)以单位压力(p)为横坐标，贯入量(l)为纵坐标，绘制 p-l 关系曲线，如图 9-3 所示。图上曲线 1 是合适的。曲线 2 开始段是凹曲线，需进行修正。修正时，在变曲率点引一切线，与纵坐标交于 O'点，O'即为修正后的原点。

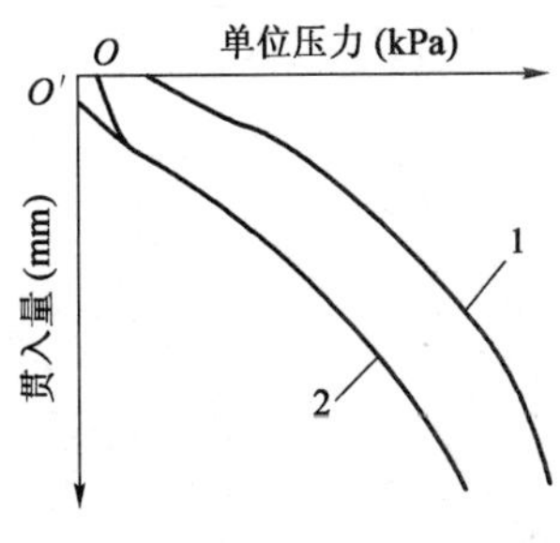

图 9-3　单位压力与贯入量的关系曲线

(2)一般采用贯入量为 2.5mm 时的单位压力与标准压力之比作为材料的承载比(CBR)，即：

$$\mathrm{CBR}=p/7\,000\times100 \tag{9-36}$$

式中：CBR——承载比(%)；

p——单位压力(kPa)。

同时计算贯入量为5mm时的承载比：

$$\mathrm{CBR}=(p/10\,500)\times100 \tag{9-37}$$

如贯入量为5mm时的承载比大于2.5mm时的承载比，则试验要重作。如结果仍然如此，则采用5mm时的承载比。

(3)试件的湿密度用下式计算：

$$\rho=\frac{m_2-m_1}{2\,177} \tag{9-38}$$

式中：ρ——试件的湿密度(g/cm³)；

m_2——试筒和试件的合质量(g)；

m_1——试筒的质量(g)；

2 177——试筒的容积(cm³)。

(4)泡水后试件的吸水量按下式计算：

$$w_a=m_3-m_2 \tag{9-39}$$

式中：w_a——泡水后试件的吸水量(g)；

m_3——泡水后试筒和试件的合质量(g)；

m_2——试筒和试件的合质量(g)。

六、精度要求

如根据3个平行试验结果计算得的承载比变异系数 C_v 大于12%，则去掉一个偏离大的值，取其余2个结果的平均值。如 C_v 小于12%，且3个平行试验结果计算的干密度偏差小于0.03g/cm³，则取3个结果的平均值。如3个试件结果计算的干密度偏差超过0.03g/cm³，则去掉一个偏离大的值，取其余2个结果的平均值。

承载比小于100，相对偏差不大于5%；承载比大于100，相对偏差不大于10%。

第三篇

公路路基路面现场试验检测

本篇内容依据部颁《公路路基路面现场测试规程》(JTG E60—2008)编写,该规程于2008年9月1日起正式执行。公路路基路面现场试验检测是指为评价公路工程路基路面的施工质量和使用技术状况在现场进行的原位测试,规程的制定是为了规范各类现场检测仪具与设备、试验方法和操作要求。规程适用于公路路基路面的现场调查、工程质量检测及技术状况检测等。每项用于路基路面的技术评价指标可以用多种试验或检测方法进行测试。本篇着重介绍了几何尺寸、压实度、平整度、强度及模量、承载能力、抗滑性能、渗水、错台、车辙、施工控制等10项评价指标的30个试验方法。

第十章

几何尺寸

在路面工程中，各结构层的厚度与道路整体承载能力密切相关。在路面结构设计中，除了确定各结构层的材料外，最重要的就是决定各个层次的厚度，只有在保证厚度的情况下，路面的各个层次及整体强度才能得到保证。另外，严格控制各结构层的厚度，还能对路面高程起到一定的控制作用。因此路面结构层的厚度是一个非常重要的指标。

路面结构层厚度的检测一般与压实度同时进行，当用灌砂法进行压实度检测时，可通过量取试坑的深度，从而得到结构层的厚度；当用钻芯取样法检测压实度时，可直接量取芯样的高度。上述两种方法均会对路面造成一定的损坏，需要做填补处理。结构层厚度也可以采用水准仪量测法求得。即在同一测点量出结构层底面及顶面的高程，然后求其差值。这种方法无需破坏路面，准确性也较高，但是要受制于施工周期，不能实时实施检测。另外，利用短脉冲雷达等无损测试手段进行路面结构层厚度的检测，已在我国广泛使用。此类方法测试效率高，准确性能够满足工程需要，且不受施工周期的限制，能对隐蔽工程实时检测。但由于它是一种无损的、间接的厚度测试手段，加之人们的认识程度有所差异，故遇到检测结果争议时，还需要通过开挖或钻芯来进一步检验。

第一节　挖坑及钻芯法测定路面厚度试验方法

路面厚度是施工过程中的质量控制及施工验收的关键项目。路面厚度的检测通常规定通过测量钻孔试件厚度或挖坑法为标准试验方法，属于破坏性检验。因此，在沥青路面施工过程中，要求尽量采用无破损方法进行检验，以减少对路面造成损坏或留下后患。要求沥青路面要待路面完全冷却后，在钻孔检测压实度的同时测量沥青层的厚度。用插尺(一种专用的松铺厚度插入式测杆)或其他工具量松铺厚度，利用拌和数据进行总量检验，以及利用地质雷达检测都属于无破损检测方法，应该是质量控制的重点。从数据点的代表性及对路面的破损来说，钻芯法是最不应该采取的方法，但是它的数据比较直观准确，所以现在还在使用中。

一般来说，基层或砂石路面的厚度可用挖坑法测定，沥青面层及水泥混凝土路面板的厚度应用钻孔法测定。

一、挖坑法厚度测试步骤

(1)根据《公路路基路面现场测试规程》(JTG E60—2008)的要求，按规程附录 A 的方法，随机取样决定挖坑检查的位置，如为旧路，该点有坑洞等显著缺陷或接缝时，可在其旁边检测。

(2)在选择试验地点，选一块约 40cm×40cm 的平坦表面，用毛刷将其清扫干净。

(3)根据材料坚硬程度,选择镐、铲、凿子等适当的工具,开挖这一层材料,直至层位底面,在便于开挖的前提下,开挖面积应尽量缩小,坑洞大体呈圆形,边开挖边将材料铲出,置搪瓷盘中。

(4)用毛刷将坑底清扫,确认为下一层的顶面。

(5)将钢板尺平放横跨于坑的两边,用另一把钢尺或卡尺等量具在坑的中部位置垂直伸至坑底,测量坑底至钢板尺的距离,即为检查层的厚度,以 mm 计,准确至 1mm。

二、钻孔取芯样法厚度测试步骤

(1)根据《公路路基路面现场测试规程》(JTG E60—2008)的要求,按规程附录 A 的方法,随机取样决定钻孔检查的位置,如为旧路,该点有坑洞等显著缺陷或接缝时,可在其旁边检测。

(2)用路面取芯钻机钻孔,芯样的直径应符合规范的要求,钻孔深度必须达到层厚。

(3)仔细取出芯样,清除底面灰土,找出与下层的分界面。

(4)用钢板尺或卡尺沿圆周对称的十字方向四处量取表面至上下层界面的高度,取其平均值,即为该层的厚度,准确至 1mm。

在沥青路面施工过程中,当沥青混合料尚未冷却时,可根据需要随机选择测点,用大改锥插入至沥青层底面深度后用尺读数(必要时用小锤轻轻敲打,但不得使用铁镐等扰动四周的沥青层)量取沥青层的厚度,以 mm 计,准确至 1mm。

三、试坑或钻孔的填补

(1)适当清理坑中残留物,钻孔时留下的积水应用棉纱吸干。

(2)对无机结合料稳定层及水泥混凝土路面板,应按相同配比用新拌的材料分层填补并用小锤压实。水泥混凝土中宜掺加少量快凝早强的外掺剂。

(3)对无结合料粒料基层,可用挖坑时取出的材料,适当加水拌和后分层填补,并用小锤压实。

(4)对正在施工的沥青路面,用相同级配的热拌沥青混合料分层填补,并用加热的铁锤或热夯压实,旧路钻孔也可用乳化沥青混合料修补。

(5)所有补坑结束时,宜比原面层略鼓出少许,用重锤或压路机压实平整。

注:补坑工序如有疏忽、遗留或修补得不好,易成为隐患而导致开裂,所有挖坑、钻孔均应仔细做好。

第二节 短脉冲雷达测定路面厚度试验方法

雷达测试技术在军事、工业、医疗、勘探、考古等众等多种行业都有应用,而公路行业采用短脉冲雷达测试技术测定路基路面结构层厚度。其基本工作原理是:利用雷达波(电磁波)在不同物质界面上的反射信号,识别分界面,通过电磁波的走时和在介质中的波速推算相应介质的厚度。“短脉冲”是指雷达波脉冲持续时间在毫秒级以下,这类波具有抗干扰能力强、距离分辨力高、强杂波背景下目标检测能力强、信号处理(DSP)方式相对简化等优势,能够较好地适应公路上复杂的检测环境。

一、目的与适用范围

(1)本方法适用于采用短脉冲雷达无损检测路面面层厚度。短脉冲雷达是目前公路行业路面厚度无损检测应用最广泛的雷达，它具有测值精度高、工作稳定等特点。为了满足测试准确度和垂直分辨率的要求，用于检测路面厚度的雷达天线频率一般为 1.0GHz 以上。

(2)本方法适用于新、改建路面工程质量验收和旧路加铺路面设计的厚度调查。改建路面工程中的检测需要注意一些问题。如果重新铺筑沥青路面，由于面层与基层材料的差异较大，层面分界会非常清晰，适合用雷达测试路面厚度；如果在原有沥青面层上加铺就需要进行现场试验，观察新旧沥青面层材料介电常数的差异性，如果差异性过小，层面将难以分清，就不适合用此方法测试加铺路面厚度。

(3)雷达发射的电磁波在道路面层传播过程中会逐渐衰减。雷达最大探测深度是由雷达系统的参数以及路面材料的电磁属性决定的。对于材料过度潮湿或饱水以及有高含铁量的矿渣集料的路面不适合用本方法测试。雷达波受环境条件的影响较大，根据以往的现场试验经验，在晴天和雨天检测同一路段的数据，误差可达到 20%以上。因此，如果是雨后工作，建议等待 1d 时间，待路面含水率稳定后再测。对于基层中有高铁含量的矿渣时，由于雷达信号受到较为强烈的干扰，不建议采用本方法检测。

二、仪具与材料技术要求

雷达测试系统由承载车、天线、雷达发射接收器和控制系统组成，部分设备如图 10-1 所示。

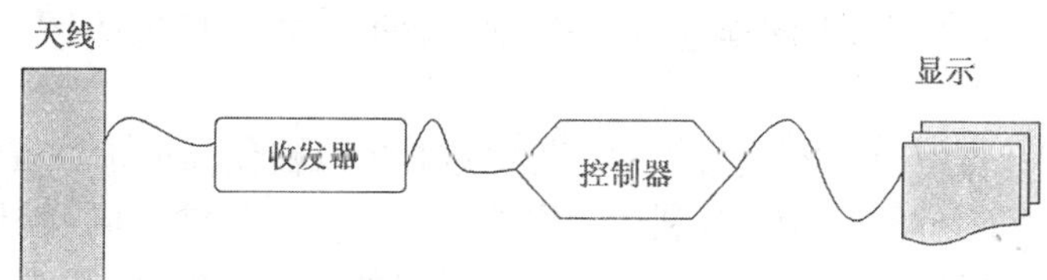

图 10-1　雷达系统组成图

1)设备承载车车型应满足设备制造商的要求。

2)测试系统技术要求和参数：

(1)距离标定误差：≤0.1%。

(2)设备工作温度：0～40℃。

(3)最小分辨层厚：≤40mm。

(4)系统测量精度要求见表 10-1。

系统测量精度技术要求　　表 10-1

测量深度(cm)	测量误差(mm)	测量深度(cm)	测量误差(mm)	测量深度(cm)	测量误差(mm)
<10	±3	10～25	±5	>25	±10

(5)天线：喇叭形空气耦合天线，带宽能适应所选择的发射脉冲频率。

(6)收发器：脉冲宽度≤1.0ns，时间信号处理能力可以适应所需的测试深度。

沥青路面的最小厚度多为40mm，因此这里规定最小分辨层厚为不超过40mm。雷达垂直分辨率理论值为雷达波波长的一半，即$\lambda/2$，这同时也对天线主频提出了要求。例如，假定雷达波在面层材料中的传播速率为10cm/ns，那么为了分清层厚40mm，天线主频就要大于1.25GHz。但是，天线主频不是越大越好，天线频率与可探测深度是成反比的，为了探测较大的面层厚度，在误差允许范围内，可以适当降低天线频率。

三、方法与步骤

电子产品一般都需要进行通电稳定，雷达设备也不例外。在正式开始检测之前，应对整套系统进行充分预热和必要的参数设置（如设置采样间隔、时间窗、增益等），防止因预热不充分产生零漂移现象。

(1)将承载车停止在起点，开启安全警示灯，启动软件测试程序，令驾驶员缓慢加速车辆到正常检测速度。

(2)检测过程中，操作人员应记录测试线路所遇到的桥梁、涵洞、隧道等构造物的起终点。

雷达信号受环境干扰时会产生假信号，如果没有现场的详细记录难以正确分辨真假信号。因此，现场检测人员应该详细记录桥梁、涵洞、隧道等结构物，为后续分析提供参考。

(3)当测试车辆到达测值终点后，操作人员关闭采集程序。

(4)芯样标定：为了准确反算出路面厚度，必须知道路面材料的介电常数。通常采用与钻芯结果进行比对的方法获取路面材料的介电常数，具体做法是首先用雷达测取某点的路面厚度，然后在该点钻芯并量取该点路面的实际厚度，最后将实际厚度数据输入到计算程序中，反算出路面材料的介电常数或者雷达波在材料中的传播速度。路面材料的介电常数会随集料类型、沥青产地、密度、湿度等而不同，测试过程中应根据实际情况增加芯样钻取数量，以保证测试厚度的准确性。

芯样标定对于数据解析起着重要作用。检测过程中仪器仅仅记录了雷达波在结构层上下表面之间的走时，而不是厚度。因此，利用标定数据计算出雷达波在同样材料中的传播速度，对于准确地反算出层间厚度是十分必要的。由于材料的产地不同、配比不同、压实度不同等，都会影响到雷达波在沥青面层中的传播速度，因此建议现场检测时，每一个标段都应该至少做一次芯样标定，同时再次标定后雷达检测的采样间距不宜超过5km。

(5)操作人员应注意检查数据文件是否完整，内容是否正常，如有问题应重新测试。

(6)关闭测试系统电源，结束测试。

四、计算

(1)计算原理：由于地下介质具有不同的介电常数，造成各种介质具有不同的电导性，电导性的差异影响了电磁波的传播速度，一般用下式计算电磁波在不同介质中的传播速度：

$$v=\frac{c}{\sqrt{\varepsilon_r}} \tag{10-1}$$

式中：v——电磁波在介质中的传播速度（mm/ns）；

c——电磁波在空气中的传播速度（300mm/ns）；

ε_r——介质的相对介电常数。

根据雷达波在路面面层中的双程走时以及材料的相对介电常数，用下式确定面层厚度：

$$T=\frac{\Delta t\times c}{2\sqrt{\varepsilon_r}} \tag{10-2}$$

式中：T——面层厚度(mm)；

c——电磁波在空气中的传播速度(300mm/ns)；

ε_r——相对介电常数；

Δt——雷达波在路面面层中的双程走时时间(ns)。

(2)路面材料的相对介电常数 ε_r 可以通过钻芯标定的方法反算得到。路面厚度的计算通常先由雷达波识别软件自动识别各层分界线，得到雷达波在各层中的双程走时，然后计算各层厚度。现场检测数据为雷达波在各层中的双程走时，在计算层厚时必须注意使用的计算时间为检测得到时间的一半。

第十一章

压 实 度

路基路面的压实质量是道路工程施工质量管理最重要的内在指标之一，只有对其进行充分压实，才能保证路基路面的强度、刚度和平整性，并可以保证及延长道路的使用寿命。长期以来，路基路面的现场压实质量用压实度表示，对于路基土及路面基层，压实度一般是指工地实际达到的干密度与室内击实试验所得的最大干密度的比值；对沥青面层，压实度一般是指现场实际达到的密度与根据《公路沥青路面施工技术规范》(JTG F40—2004)附录E确定的标准密度的比值。

第一节　挖坑灌砂法测定压实度试验方法

一、目的与适用范围

(1)本试验法适用于在现场测定基层(或底基层)、砂石路面及路基土的各种材料压实层的密度和压实度检测；但不适用于填石路堤等有大孔洞或大孔隙的材料的压实度检测。

(2)用挖坑灌砂法测定密度和压实度时，应符合下列规定：

①当集料的最大粒径小于13.2mm，测定层的厚度不超过150mm时，宜采用ϕ100mm的小型灌砂筒测试。

②当集料的最大粒径等于或大于13.2mm，但不大于31.5mm，测定层的厚度不超过200mm时，应用ϕ150mm的大型灌砂筒测试。

二、仪具与材料技术要求

本试验需要的主要仪器设备有：灌砂筒、金属标定罐、基板、天平或台秤、含水率测定器具、量砂等。其中，灌砂筒有大小两种，根据需要采用。形式和主要尺寸见图11-1。当尺寸与表中不一致，但不影响使用时，亦可使用。上部为储砂筒，筒底中心有一个圆孔。下部装一倒置的圆锥形漏斗，漏斗上端开口，直径与储砂筒的圆孔相同，漏斗焊接在一块铁板上，铁板中心有一圆孔与漏斗上开口相接。在储砂筒筒底与漏斗顶端铁板之间设有开关。开关为一薄铁板，一端与筒底及漏斗铁板铰接在一起，另一端伸出筒身外，开关铁板上也有一个相同直径的圆孔。

挖坑灌砂法是施工过程中最常用的试验方法之一。此方法看似简单，但实际操作时经常掌握不好，易引起较大误差。又因为它是评定压实度的依据之一，所以也是检测部门与施工单位之间易发生矛盾的环节，因此应严格遵循试验规程的每个细节，以提高试验精度。为使试验做得准确，在试验过程中应着重注意以下几个环节：

(1)量砂要规则，如果重复使用时一定要注意晾干，处理一致；否则会影响量砂的松方密度。

(2)每换一次量砂，都必须测定松方密度，漏斗中砂的数量也应该重新测定。因此宜事先准备较多数量的量砂，切勿到试验时临时找砂，更不能不做试验，仅使用以前的数据。

(3)地表面处理要平，只要表面凸出一点(即使 1mm)，使整个表面高出一薄层，其体积便算到试坑中去了，这将影响试验结果。因此，本方法一般宜采用先放上基板测定一次粗糙表面消耗的量砂。只有在非常光滑的情况下方可省去此步骤操作。

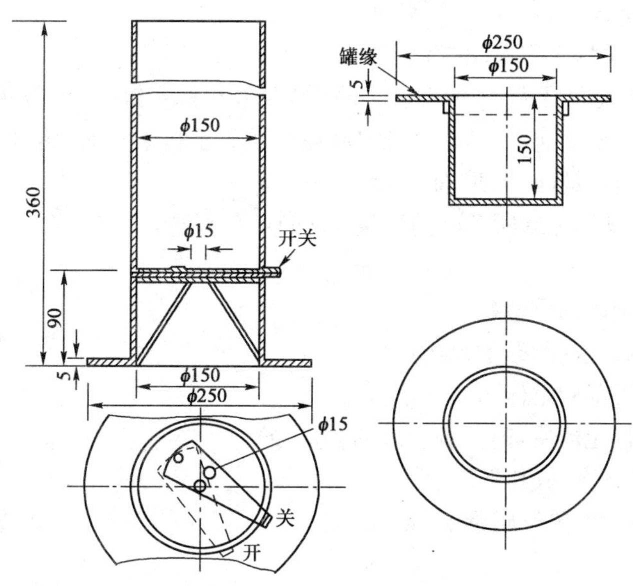

图 11-1 灌砂筒和标定罐(尺寸单位：mm)

三、方法与步骤

(1)按现行试验方法对检测对象试样用同种材料进行击实试验，得到最大干密度(ρ_c)及最佳含水率。

(2)按规定选用适宜的灌砂筒。

(3)按下列步骤标定灌砂筒下部圆锥体内砂的质量：

①在灌砂筒筒口高度上，向灌砂筒内装砂至距筒顶的距离 15mm 左右为止。称取装入筒内砂的质量 m_1，准确至 1g。以后每次标定及试验都应该维持装砂高度与质量不变。

②将开关打开，使灌砂筒筒底的流砂孔、圆锥形漏斗上端开口圆孔及开关铁板中心的圆孔上下对准重叠在一起，让砂自由流出，并使流出砂的体积与工地所挖试坑内的体积相当(或等于标定罐的容积)，然后关上开关。此步骤不能省略，它是为了使量砂处于测量时的状态，以准确地得到量砂的体积。

③不晃动储砂筒的砂，轻轻地将灌砂筒移至玻璃板上，将开关打开，让砂流出，直到筒内砂不再下流时，将开关关上，并细心地取走灌砂筒。

④收集并称量留在玻璃板上的砂或称量筒内的砂，准确至 1g。玻璃板上的砂就是填满筒

下部圆锥体的砂(m_2)。

⑤重复上述测量三次,取其平均值。

上述步骤是对实际试验环境的模拟,保证标定时与实际试验时量砂的堆积密度相同,因此应注意以下三点:

a. 每次标定及试验都应该维持装砂高度与质量一样;

b. 首次流出砂的体积与工地所挖试坑内的体积相当(或等于标定罐的容积);

c. 轻拿轻放,避免晃动储砂筒内的砂。

(4)按下列步骤标定量砂的单位质量 γ_S(g/cm^3):

①用水确定标定罐的容积 V,准确至 1mL。

②在储砂筒中装入质量为 m_1 的砂,并将灌砂筒放在标定罐上,将开关打开,让砂流出。在整个流砂过程中,不要碰动灌砂筒,直到储砂筒内的砂不再下流时,将开关关闭。取下灌砂筒,称取筒内剩余砂的质量(m_3),准确至 1g。

③按下式计算填满标定罐所需砂的质量 m_a(g):

$$m_a = m_1 - m_2 - m_3 \tag{11-1}$$

式中:m_a——标定罐中砂的质量(g);

m_1——装入灌砂筒内的砂的总质量(g);

m_2——灌砂筒下部圆锥体内砂的质量(g);

m_3——灌砂入标定罐后,筒内剩余砂的质量(g)。

④重复上述测量三次,取其平均值。

⑤按下式计算量砂的单位质量 γ_S(g/cm^3):

$$\gamma_S = \frac{m_a}{V} \tag{11-2}$$

式中:γ_S——量砂的单位质量(g/cm^3);

V——标定罐的体积(cm^3)。

量砂的单位质量 γ_S 是计算试坑体积的关键参数,标定时应以不干扰量砂正常流动,不改变量砂堆积密度为原则。

(5)试验步骤如下:

①在试验地点,选一块平坦表面,并将其清扫干净,其面积不得小于基板面积。

②将基板放在平坦表面上。当表面的粗糙度较大时,则将盛有量砂(m_5)的灌砂筒放在基板中间的圆孔上。将灌砂筒的开关打开,让砂流入基板的中孔内,直到储砂筒内的砂不再下流时关闭开关。取下灌砂筒,并称量筒内砂的质量(m_6),准确至 1g。

③取走基板,并将留在试验地点的量砂收回,重新将表面清扫干净。

④将基板放回清扫干净的表面上(尽量放在原处),沿基板中孔凿洞(洞的直径与灌砂筒一致)。在凿洞过程中,应注意不使凿出的材料丢失,并随时将凿松的材料取出装入塑料袋中,不使水分蒸发,也可放在大试样盒内。试洞的深度应等于测定层厚度,但不得有下层材料混入,最后将洞内的全部凿松材料取出。对土基或基层,为防止试样盘内材料的水分蒸发,可分几次称取材料的质量,全部取出材料的总质量为 m_w,准确至 1g。

注:当需要检测厚度时,应先测量厚度后再进行这一步骤。

⑤从挖出的全部材料中取有代表性的样品，放在铝盒或洁净的搪瓷盘中，测定其含水率 w（以%计）。样品的数量如下：用小灌砂筒测定时，对于细粒土，不少于 100g；对于各种中粒土，不少于 500g。用大灌砂筒测定时，对于细粒土，不少于 200g；对于各种中粒土，不少于 1 000g；对于粗粒土或水泥、石灰、粉煤灰等无机结合料稳定材料，宜将取出的全部材料烘干，且不少于 2 000g，称其质量（m_d）。

⑥将基板安放在试坑上，将灌砂筒安放在基板中间（储砂筒内放满砂到要求质量 m_1），使灌砂筒的下口对准基板的中孔及试洞，打开灌砂筒的开关，让砂流入试坑内。在此期间，应注意勿碰动灌砂筒。直到储砂筒内的砂不再下流时，关闭开关。仔细取走灌砂筒，并称量筒内剩余砂的质量（m_4），准确至 1g。

⑦如清扫干净的平坦表面的粗糙度不大，也可省去②和③的操作。在试洞挖好后，将灌砂筒直接对准放在试坑上，中间不需要放基板。打开筒的开关，让砂流入试坑内。在此期间，应注意勿碰动灌砂筒。直到储砂筒内的砂不再下流时，关闭开关。仔细取走灌砂筒，并称量剩余砂的质量（m'_4），准确至 1g。

⑧仔细取出试筒内的量砂，以备下次试验时再用。若量砂的湿度已发生变化或量砂中混有杂质，则应该重新烘干、过筛，并放置一段时间，使其与空气的湿度达到平衡后再用。

四、计算

(1)按下式计算填满试坑所用的砂的质量 m_b(g)：

灌砂时，试坑上放有基板时：

$$m_b = m_1 - m_4 - (m_5 - m_6) \tag{11-3}$$

灌砂时，试坑上不放基板时：

$$m_b = m_1 - m'_4 - m_2 \tag{11-4}$$

式中：m_b——填满试坑的砂的质量(g)；

m_1——灌砂前灌砂筒内砂的质量(g)；

m_2——灌砂筒下部圆锥体内砂的质量(g)；

m_4、m'_4——灌砂后灌砂筒内剩余砂的质量(g)；

$(m_5 - m_6)$——灌砂筒下部圆锥体内及基板和粗糙表面间砂的合计质量(g)。

(2)按下式计算试坑材料的湿密度 ρ_w(g/cm³)：

$$\rho_w = \frac{m_w}{m_b} \times \gamma_S \tag{11-5}$$

式中：m_w——试坑中取出的全部材料的质量(g)；

γ_S——量砂的单位质量(g/cm³)。

(3)按下式计算试坑材料的干密度 ρ_d(g/cm³)：

$$\rho_d = \frac{\rho_w}{1 + 0.01w} \tag{11-6}$$

式中：w——试坑材料的含水率(%)。

(4)当为水泥、石灰、粉煤灰等无机结合料稳定土的场合，可按下式计算密度 ρ_d(g/cm³)：

$$\rho_d = \frac{m_d}{m_b} \times \gamma_S \tag{11-7}$$

式中：m_d——试坑中取出的稳定土的烘干质量(g)。

(5)按下式计算施工压实度：

$$K = \frac{\rho_d}{\rho_c} \times 100 \tag{11-8}$$

式中：K——测试地点的施工压实度(%)；

ρ_d——试样的干密度(g/cm^3)；

ρ_c——由击实试验得到的试样的最大干密度(g/cm^3)。

注：当试坑材料组成与击实试验的材料有较大差异时，可以试坑材料作标准击实，求取实际的最大干密度。

第二节 核子密度湿度仪测定压实度试验方法

核子密度湿度仪检测技术在国际上已经广泛应用了近40年，对世界各地的高速公路等土木工程的质量控制和保障施工速度起到了重要作用。目前核子法检测技术经过长期的应用和发展，已经成为一个包括反射和透射两种基本检测方法，包括常规、沟槽和薄层三种检测模式，仪器类型分为浅层核子仪、双杆分层核子仪和深层核子仪的完整的技术体系。对于土、岩石、沥青混凝土和水泥混凝土等各种材料，国际上尤其是美国经过大量的研究和应用实践，总结出了丰富和实用的应用经验和使用方法。然而，在我国的道路建设领域，由于长期缺乏实际应用和系统的实验研究，大多数工程技术人员基本上不了解核子法检测技术。而对核子法检测技术有所了解的人员当中，对其检测原理、检测样的位置、检定的作用以及仪器操作是否安全等方面也存在普遍的误解。在这种情况下，核子法检测技术难以得到有效的应用，不能对提高工程质量和加快施工速度发挥应有的作用。通过本书对国际上的应用状况和成熟使用经验的概要介绍，希望对大家快速掌握正确的应用方法有所帮助。

一、目的与适用范围

(1)本方法适用于现场用核子密度湿度仪以散射法或直接透射法测定路基或路面材料的密度和含水率，并计算施工压实度。

(2)核子密度湿度仪是现场检测压实度较常用的一种方法，仪器按规定方法标定后，其检测结果可作为工程质量评定与验收的依据。本方法可检测土、碎石、土石混合物、沥青混合料和非硬化水泥混凝土等材料。

核子密度湿度仪是国外用于现场控制压实度最常用的方法，随着国内各种新规范的实施，用核子密度湿度仪测定路基路面材料的密度、含水率的检测方法已得到广泛的应用。为了保证其测试数据的可靠性，应重视检测过程中的干扰因素以及对仪器使用时的标定等问题。目前国内使用的核子密度仪主要是进口的，但是也有国产的仪器，各产品的性能大同小异。为确保压实度的真实性，标准密度应按照现行《公路沥青路面施工技术规范》(JTG F40—2004)附录E的规定选用。

由于核子仪有使用方便、快速的优点，现在广泛用于工地的施工质量控制及快速评定。但由于受测定层温度及多种环境因素的影响，其测定值的波动性较大，因此规定检测时必须经常标定，标定条件应尽可能与测定时的条件一致。对纹理较大的路面必须用细砂填平，每次测定以 13 个测点的平均值作为一个数据。检测精度参照有关规范要求执行。

由于目前使用的核子密度湿度仪型号太多，操作步骤有所不同，具体步骤可按照各自的使用说明书进行。根据仪器的功能、应用的要求，以及测量深度的不同，最常用的核子密度湿度测试仪主要有以下两种类型。

①浅层核子仪

浅层核子仪通常是指测量深度为 30cm 以内的核子密度测试仪，如 MC-3C 型和 MC-4C 型核子仪，也是在公路、铁路等施工中应用最常见的核子仪。

②中层核子仪（双杆核子仪）

中层核子仪测量深度为 60～90cm，如 MC-S-24 和 MC-S-36 型核子仪。中层核子仪的放射源和检测器分别放置于两根不同探杆的端部，沿水平层面逐层检测被压实材料，一般应用于压实层较厚的情况，特别适用于碾压混凝(RCC)工程项目的压实检测。

以上两种核子仪都是用于检测材料的密度和湿度的，工作原理基本一样，但是使用方法和适宜的检测范围各不相同。

(3)本方法属非破坏性检测，允许对同一个测试位置进行重复测试，并监测密度和压实度的变化，以确定合适的碾压方法，达到所要求的压实度。

除了检测密度和水分两个基本的功能以外，核子法的非破坏性允许对同一个检测位置在两次碾压之间进行重复检测，可以准确监测碾压变数、不同的碾压功和施工工艺对材料的密度和压实度造成的变化。核子法可以在短时间内获得大量的检测数据，对检测数据的统计分析可以帮助技术人员快速确定材料的碾压效果与材料的配比、施工方法和环境等因素之间的关系。所以本检测方法不但适用于施工质量控制，还可以作为工程质量验收的依据。

二、干扰因素

(1)核子密度湿度仪对靠近表层材料的密度最为敏感，当测试材料的表面与仪器底部之间存在空隙时，测试结果可能存在表面偏差(仅对散射法)。如果采用直接透射法测试，表面偏差不明显。

(2)材料的粒度、级配、均匀度以及组成成分等因素对密度的测试结果影响较小。但是对一些含有结晶水或有机物的化学成分如高岭土、云母、石膏、石灰等可能会对水分的测试有明显的影响，检测时需要与其他可靠的方法进行对比，对测试结果进行调整。

(3)对刚铺筑完的热沥青混合料路面检测时，仪器不能长时间放置在路面上，测试完成后仪器应该从路面上移走冷却，避免影响测试结果。

(4)测量进行时，在周围 8m 之内不能存在其他核子仪和任何其他放射源。

三、仪器的标定

(1)核子密度湿度仪每 12 个月以内要对仪器进行一次标定。标定可以由仪器生产厂家或独立的有资质的服务机构进行。

(2)对新出厂的仪器事先已经标定过了，可以不标定。对现存仪器如果经过维修后，可能影响仪器的结构，必须进行重新标定后才能使用。现存仪器如果在标定核实过程中被发现不能满足规定的限值,也必须重新标定。

(3)标定后的仪器在测量所有标定块的密度时,其示值误差不应超过±16kg/m³。

(4)需要说明以下两个问题。

①什么是核子密度仪的标定

早期的核子仪是一种间接的密度和湿度检测技术。检测人员得到的检测结果还不是材料的实际密度值和湿度值,而是需要事先把一些射线计数率与其他密度和湿度检测方法的结果进行对比,计算出两者的相关关系,用于推算射线计数率代表的实际密度和湿度值。这样每获得一个检测结果都要花费很多的时间用于查表和计算,而且用于对比试验的检测结果也并不一定准确可靠。

标定是核子法检测技术发展到现阶段的一种技术。简略地说,标定过程就是将仪器在一系列密度和湿度已知的标准材料块(标定块)上进行检测,在每一标定块上,在每一个检测深度上确立标准密度值和湿度值与射线计数率之间的对应关系,并在仪器的内存中保存这种关系。在坐标图上,标定关系表现为一条条的标定曲线。仪器的微处理器在收到射线计数率后,通过标定关系和计算程序将之换算成单位为 g/cm³ 的实际密度值和湿度值,并直接显示在屏幕上。标定使核子仪从一种间接的检测方法变成可以直接准确地检测密度和湿度的新技术,从而大大简化和减少了现场技术人员的工作量,并有效地提高了核子仪检测结果的准确度和可靠性,极大地促进了核子法检测技术的应用和发展。

②仪器标定的频率和需要到达的标准

每台仪器放射源的活度和探测器的探测效率等都不是完全一样的,所以每台仪器的标定关系只适用于本台仪器。同位素的衰减、主要配件的更换等因素等都有可能影响射线计数与检测结果的关系。所以每一台仪器的标定关系都不是一成不变的,一般每隔一年,最多两年就重新建立标定关系。

仪器的标定可以由仪器生产厂家提供,也可以由有资质的机构进行。用户必须非常小心地选择仪器检定机构,必须确认检定机构拥有必要的资质、合格的检定块和符合要求的检定设施。检定机构完成仪器检定后必须向用户出具包含所有检定参数的检定证书。仪器完成标定后,核子仪在标准材料块上的检测结果不超出标准密度值(或含水率值)±16kg/m³。

四、仪具与材料技术要求

(1)核子密度湿度仪:符合国家规定的关于健康保护和安全使用标准,密度的测定范围为1.12～2.73g/cm³,测定误差不大于±0.03g/cm³。含水率测量范围为0～0.64g/cm³,测定误差不大于±0.015g/cm³。它主要包括下列部件:

①γ射线源:双层密封的同位素放射源,如铯—137、钴—60或镭—226等。

②中子源:如镅(241)—铍等。

③探测器:γ射线探测器,如G-M计数管;热中子探测器,如氦—3管。

④读数显示设备:如液晶显示器、脉冲计数器、数率表或直接读数表。

⑤标准计数块:密度和含氢量都均匀不变的材料块,用于标验仪器运行状况和提供射线计数的参考标准。

⑥钻杆:用于打测试孔,以便插入探测杆。

⑦安全防护设备：符合国家规定要求的设备。

⑧刮平板、钻杆、接线等。

(2)细砂：直径 0.15～0.3mm。

(3)天平或台秤。

五、方法与步骤

1)本方法用于测定沥青混合料面层的压实密度或硬化混凝土等难以打孔材料的密度时，宜使用散射法；用于测定土基、基层材料或非硬化水泥混凝土等可以打孔材料的密度及含水率时，应使用直接透射法。

2)在表面用散射法测定时，所测定沥青面层的层厚应根据仪器的性能决定最大厚度。用于测定土基或基层材料的压实密度及含水率时，打洞后用直接透射法测定层的厚度不宜大于 30cm。

3)准备工作

(1)每天使用前或者对测试结果有怀疑的时候，按下列步骤用标准计数块测定仪器的标准值：

①进行标准值测定时的地点至少离开其他放射源 8m 的距离，地面必须经压实而且平整。

②接通电源，按照仪器使用说明书建议的预热时间，预热测定仪。

③在测定前，应检查仪器性能是否正常。将仪器在标准计数块上放置平稳，按照仪器说明书的要求进行标准化计数，并判断仪器标准化计数值必须符合要求，如标准计数超过规定的限值时，应确认标准计数的方法和环境是否符合要求，并重复进行标准化计数。若第二次标准计数仍超出规定的限界时，需视做故障，并进行仪器检查。

(2)在进行沥青混合料压实层密度测定前，应用核子仪与钻孔取样的试件进行标定；测定其他材料密度时，宜与挖坑灌砂法的结果进行标定。标定的步骤如下：

①选择压实的路表面，与试验段测定时的条件一致，对纹理较大的路面必须用细砂填平，然后将仪器放置在测试点上转动几下，或者在测试点上用刮平板平刮几下，以达到测试条件。按要求的测定步骤用核子仪测定密度，读数。

②在测定的同一位置用钻机钻孔法或挖坑灌砂法取样，量测厚度，按相关规范规定的标准方法测定材料的密度。

③对同一种路面厚度及材料类型，在使用前至少测定 15 处，求取两种不同方法测定的密度的相关关系，其相关系数 R 应不小于 0.95。

(3)测试位置的选择

①按照随机取样的方法确定测试位置，但与距路面边缘或其他物体的最小距离不得小于 30cm。核子仪距其他的射线源不得少于 10m。

②当用散射法测定时，应按图 11-2 的方法用细砂填平测试位置路表结构凸凹不平的空隙，使路表面平整，能与仪器紧密接触。

③当使用直接透射法测定时，应按图 11-3 的方法用导板和钻杆打孔，在拟测试材料的表面打一个垂直的测试孔，测试孔要以插进探杆后仪器在测点表面上不倾斜为准。孔深必须大于探测杆达到的测试深度。再按图 11-3 的方法将探测杆放下插入已打好的测试孔内，前后或

左右移动仪器，使之安放稳固。

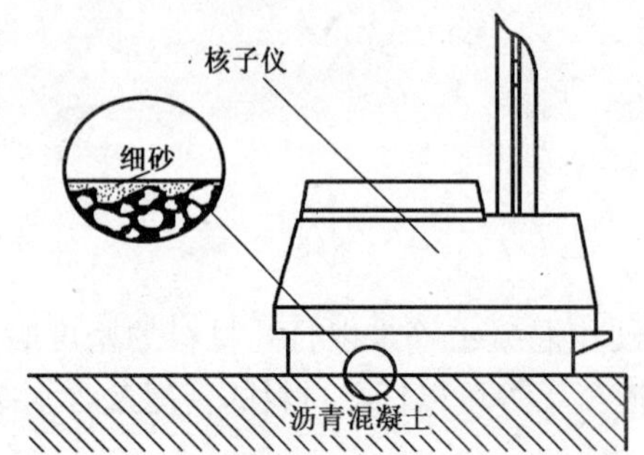

图 11-2 用细砂填平测试位置的方法图

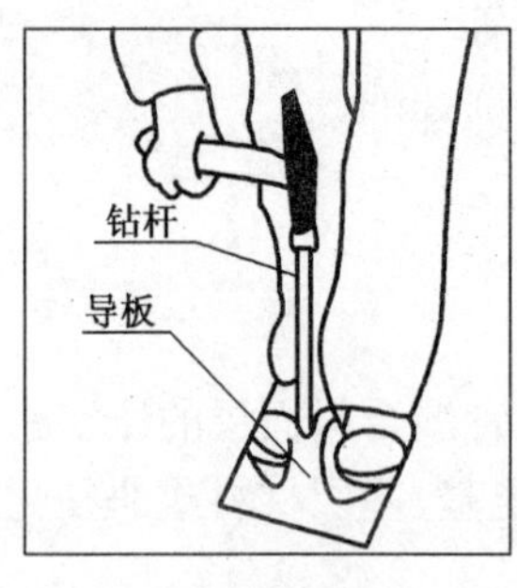

图 11-3 在路表面上打孔的方法

(4)按照规定的时间，预热仪器。

4)测试步骤

(1)如用散射法测定沥青混合料压实层密度时，应按图 11-4 的方法将核子仪平稳地置于测试位置上。测点应随机选择，测定温度应与测定试验段时一致，一组不少于 13 点，取平均值。检测精度通过试验路与钻孔试件比较评定。

(2)如用直接透射法测定时，应按图 11-5 的方法将放射源棒放下插入已预先打好的孔内。

(3)打开仪器，测试员退出仪器 2m 以外，按照选定的测定时间进行测量，到达测定时间后，读取显示的各项数值，并迅速关机。

注：有关各种型号的仪器在具体操作步骤上略有不同，可按照仪器使用说明书进行。

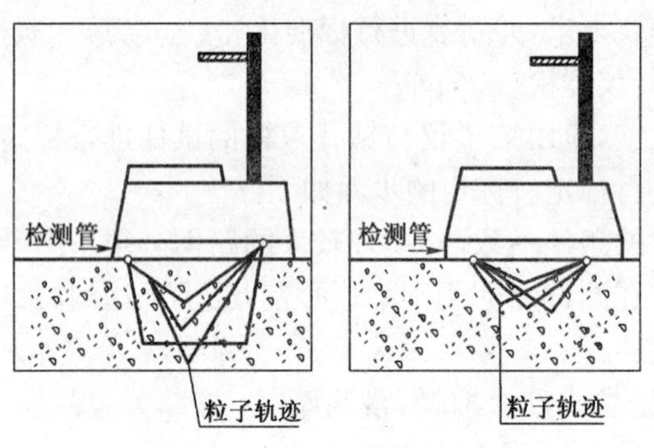

图 11-4 用散射法测定的方法

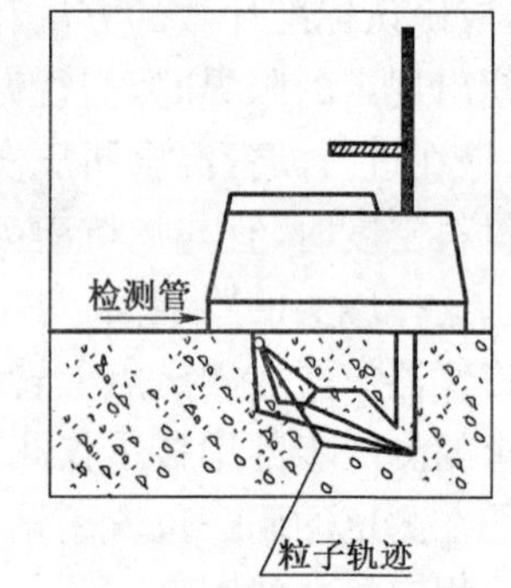

图 11-5 用直接透射法测定的方法

密度检测和水分检测使用的检测原理不同，其检测时试样位置和体积也不完全一样，在实际检测时有不同的注意事项。核子仪的反射法和透射法也有不同的特点，仪器的各种检测模式适用于不同的检测条件，以下根据不同类型建筑材料的特点和不同的检测环境，将核子仪一般情况下适用的检测方法和注意事项叙述如下。

(1)用透射法检测土和土石混合材料

对于土等可以打孔的材料，建议优先使用透射法。透射法检测的材料试样体积较大，而且可以对同一个检测点在不同的深度上进行检测，可以获得更好的检测结果。

在各种情况下，核子仪检测的最佳条件都是仪器的底部同被测材料的表面完全接触。被检测材料表面必须平整。检测土时，可以用工具刨或刮出一个水平的检测表面，有时依靠刮平机等机械协助可以快速获得理想的检测面。对于道路基层材料，可以在检测点上用导板或刮平板平刮或拍打几下，使检测点表面平整，仪器放置在检测点上以后，可以试着将仪器转动几下，确认仪器平稳而不会在任何方向上翘。

如果检测点有表面浮土，应该去除，以避免湿度检测时产生表面干燥误差，对于刚刚洒水的材料，应确认表层材料的水分含量是否能够代表所有的被测材料层。因为水分检测的深度是固定的，核子仪总是检测地表至地下约15cm厚材料的水分含量。

仪器并不要求一定要水平放置，只要检测面平整，检测就可以准确进行。

检测土和土石混合物时，由于施工和材料组成等原因，被测材料有时不均匀，如果检测射线经过的部位含有过大的岩石或空洞，仪器的检测结果将偏高或偏低。出现这种情况，可以挖开被检测部位进行观察，确定该点检测数值能否代表总的施工材料。

对于不均匀的材料，单个检测点检测结果的代表性相对于均匀的材料要差一些。核子仪检测不均匀材料时，检测结果波动比较大，但这是对材料实际情况的反映。为了增大每个检测结果的代表性，可以在同一个检测地点将核子仪围绕检测孔每旋转90°进行一次检测，将所有检测结果的平均值作为这个检测点的检测数据。

用透射法进行检测时，仪器的探杆插入检测孔后，应将仪器轻轻推动使探杆紧靠仪器中心那一侧的孔壁上。被检测的材料主体位于仪器的正下方，如果探杆和靠近仪器中心那一侧的孔壁之间存在空隙，将产生检测误差。

(2)水泥混凝土检测

检测各种水泥混凝土时，透射法和反射法都可以使用。对于已经凝固的混凝土使用反射法，对于还没有凝固的混凝土，优先使用透射法。检测结果可能受水泥混凝土中加固用的钢筋的影响。仪器操作人员在检测过程中通过选择检测地点等控制措施，可以将这些影响减小到最低程度。

碾压混凝土(RCC)工程的施工现场，环境湿度总是很高的，使用仪器时应特别注意防潮。检测RCC材料，国际上一般认为双杆分层核子密度仪更加适用。

(3)反射法检测沥青混合料

沥青混合料不含水分，读取仪器检测结果时可只读取总密度。使用反射法时，检测地点的表面平整度对仪器检测的影响比透射法更大一些。如果检测地点不平整或有大的空隙，应使用当地的细砂填平检测表面。砂子不能填在检测面的高点，这样反而将仪器顶离表面而产生检测误差。

核子仪的反射法包括BS(Back Scatter)常规反射法和AC(Asphalt Concrete)沥青面层专用反射法两种。其典型的检测厚度分别约为7cm和5cm，分别适用于较厚和较薄的面层材料检测。

如果沥青面层厚度小于5cm，射线会穿透被检测层，进入其他面层，使用常规的检测模式进行检测时，检测结果将受到其他面层材料密度的影响。所以检测薄层材料必须使用有薄层检测模式的仪器进行检测。

如果沥青混合料使用细级配的集料，材料的表面比较致密，核子仪与取芯法的检测结果往往比较接近。然而当沥青混合料使用粗级配的集料时，核子仪与取芯法的检测结果往往有一定的差距。对这种现象目前国内外都还没有统一的看法。一种观点认为粗级配混合料的表面粗糙度对核子仪检测结果产生影响，使之偏小。另外一种观点认为，对粗级配混合料取芯时，较多的水分进入试样中，导致试样密度检测时结果偏大。为了缩小核子法与取芯法检测粗级配沥青混合料结果的差距，目前惯常的做法是使用核子仪进行检测前用细沙铺平检测点表面，这种方法是比较可行的。

(4)正确获取对比试验取样的方法

对比试验不是对核子仪检定的代替，而是因为被检测材料的特殊性对仪器检测结果造成影响而需要进行的调整。正确地进行对比试验，要求用于对比的检测方法适用于被检测材料、正确地获取对比试样，而且核子仪也必须经过合格的检定(图 11-6)。

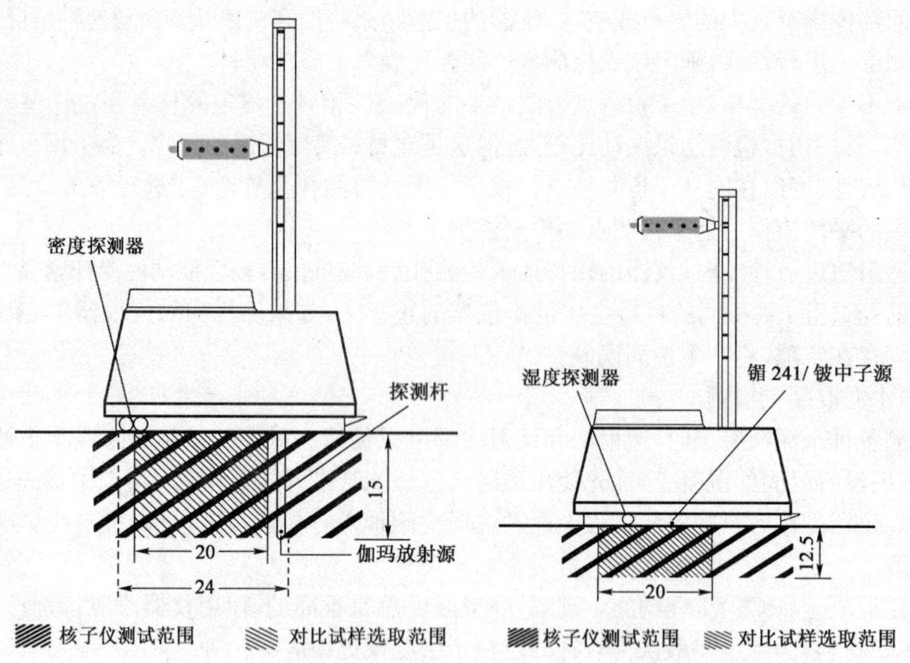

图 11-6 获取对比试验取样的方法示意图(尺寸单位:cm)

根据 ASTM 国际标准 D 6938 等规定，如果检测深度为 15cm，采用直接透射法时，被检测材料试样的体积大约为 0.005 7m^3。若要从被检测材料中获取试样用于与其他检测方法做比较，试样的取得方法是：从放射源和探测器之间连线的中点正下方，取一直径为 200mm 的圆柱体作为对比试样材料的体积。圆柱体的高度，如果使用的是直接透射法，可以等于探测杆的深度；用反向散射法检测，圆柱体的高度为 75mm。

最靠近表面的材料含有的水分对仪器的检测有很大的影响。被检测的土和岩石的试样体积不是固定的，随被测材料的含水率而变化。一般情况下，被测材料的含水率越大，被检测材料试样的体积就越小。根据 ASTM 国际标准 D 6938 等规定，当含水率为 160kg/m^3时，大约50%的检测结果来自距表面 0～75mm 被测材料的含水率。如果要从被检测材料中获取试样用于与其他检测方法做比较，试样的取得方法是：从放射源和探测器之间连线的中点正下方，取一直径为 200mm 的圆柱体作为被测材料的体积。圆柱体的大约高度为：如果含水率为 320 kg/m^3，高度为 12.5cm，此时对比试样的体积为 0.003 9m^3。

六、计算

按下式计算施工干密度及压实度。

$$\rho_d = \frac{\rho_w}{1+w} \tag{11-9}$$

$$K = \frac{\rho_d}{\rho_c} \times 100 \tag{11-10}$$

式中：K——测试地点的施工压实度（%）；

w——含水率，以小数表示；

ρ_w——试样的湿密度（g/cm^3）；

ρ_d——由核子密度仪测定的压实沥青混合料的实际密度，一组不少于 13 个点，取平均值（g/cm^3）；

ρ_c——沥青混合料的标准密度（g/cm^3），标准密度按照《公路沥青路面施工技术规范》（JTG F40—2004）附录 E 的规定选用。

所有核子仪使用的都是双层不锈钢密封源，密封源被放入仪器中可以隔绝射线的掩体。通过专门的设计，核子仪的表面剂量率远低于操作人员或是公众需要进行安全防护的水平，操作人员不需要配备任何附加的防护衣服。使用核子仪的工作人员，可以通过使用辐射量剂量探测器或佩带辐射计量胶片等随身设备了解自己所接受到的辐射量。由于工作人员接受的辐射量通常很少，所以此类设备通常不是必需的，但是购买和佩带都非常方便。

国际辐射防护委员会（ICRP）规定，职业工人每年接受的辐射量不能超过 5rem（雷姆）。合每个季度的限值为 1250mrem（毫雷姆），以每年 50 个工作周计算，合每周限值为 100mrem。使用核子仪的人员所接受到的辐射量被限定在每季度 1.25rem（1250mrem）以内。尽管在使用核子仪时总会有一定量的辐射，实际工作中，一般核子仪使用者的年平均辐射量约为 100mrem，合每个季度 25mrem，远远小于 ICRP 和我国环保机构设置的辐射安全限值。但使用核子密度仪时应注意以下安全事项：

（1）仪器工作时，所有人员均应退至距离仪器 2m 以外的地方。

（2）仪器不使用时，应将手柄置于安全位置，仪器应装入专用的仪器箱内，放置在符合核辐射安全规定的地方。

（3）仪器应由经有关部门审查合格的专人保管，专人使用。从事仪器保管及使用的人员，应符合有关核辐射检测的有关规定。

第三节　环刀法测定压实度试验方法

本方法适用于细粒土及无机结合料稳定细粒土的密度。但对无机结合料稳定细粒土，其龄期不宜超过 2d，且宜用于施工过程中的压实度检验。

本试验需要的主要仪器设备有：人工取土器（图 11-7）或电动取土器（图 11-8）、天平等。

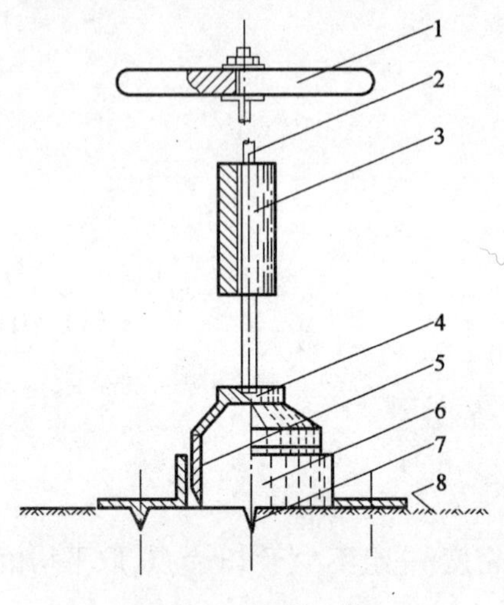

图 11-7 人工取土器

1-手柄；2-导杆；3-落锤；4-环盖；5-环刀；6-定向筒；7-定向筒齿钉；8-试验地面

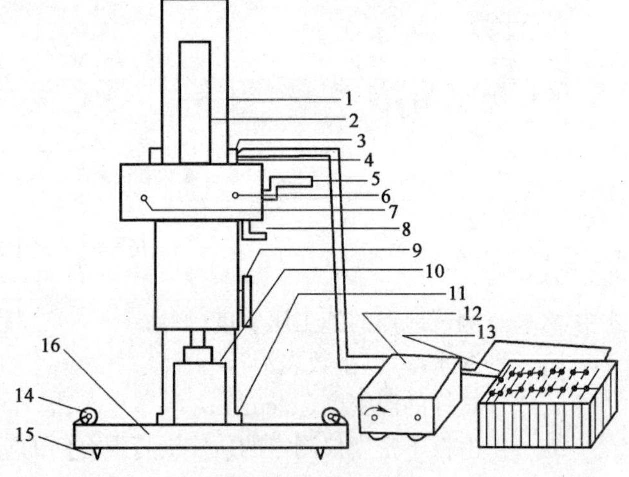

图 11-8 电动取土器

1-立柱；2-升降轴；3-电源输入；4-直流电机；5-升降手柄；6-电源指示；7-电源指示；8-锁紧手柄；9-升降手轮；10-取芯头；11-立柱套；12-调速器；13-蓄电池；14-行走轮；15-定位销；16-底座平台

一、方法与步骤

(1)按有关试验方法对检测对象试样用同种材料进行击实试验，得到最大干密度及最佳含水率。

(2)用人工取土器测定黏性土及无机结合料稳定细粒土密度的步骤：

①擦净环刀，称取环刀质量 m_2，准确至 0.1g。

②在试验地点，将面积约 30cm×30cm 的地面清扫干净，并将压实层铲去表面浮动及不平整的部分，达一定深度，使环刀打下后，能达到要求的取土深度，但不得扰动下层。

③将定向筒齿钉固定于铲平的地面上。顺次将环刀、环盖放入定向筒内与地面垂直。

④将导杆保持垂直状态，用取土器落锤将环刀打入压实层中，至环盖顶面与定向筒上口齐平为止。

⑤去掉击实锤和定向筒，用镐将环刀及试样挖出。

⑥轻轻取下环盖，用修土刀自边至中削去环刀两端余土，用直尺检测直至修平为止。

⑦擦净环刀外壁，用天平称取出环刀及试样合计质量 m_1，准确至 0.1g。

⑧自环刀中取出试样，取具有代表性的试样，测定其含水率(w)。

(3)用人工取土器测定砂性土或砂层密度的步骤：

①如为湿润的砂土，试验时不需使用击实锤和定向筒，在铲平的地面上，细心挖出一个直径较环刀外径略大的砂土柱，将环刀刃口向下，平置于砂土柱上，用两手平稳地将环刀垂直压下，直至砂土柱突出环刀上端约 2cm 时为止。

②削掉环刀口上的多余砂土，并用直尺刮平。

③在环刀上口盖一块平滑的木板，一手按住木板，另一手用小铁锹将试样从环刀底部切断，然后将装满试样的环刀反转过来，削去环刀刃口上部的多余砂土，并用直尺刮平。

④擦净环刀外壁，称环刀与试样合计质量(m_1)，准确至0.1g。

⑤自环刀中取具有代表性的试样测定其含水率。

⑥干燥的砂土不能挖成砂土柱时，可直接将环刀压入或打入土中。

(4)用电动取土器测定无机结合料细粒土和硬塑土密度的步骤：

①装上所需规格的取芯头。在施工现场取芯前，选择一块平整的路段，将四只行走轮打起，四根定位销钉采用人工加压的方法，压入路基土层中。松开锁紧手柄，旋动升降手轮，使取芯头刚好与土层接触，锁紧手柄。

②将蓄电池与调速器接通，调速器的输出端接入取芯机电源插口。指示灯亮，显示电路已通；启动开关，电动机工作，带动取芯机构转动。根据土层含水率调节转速，操作升降手柄，上提取芯机构，停机，移开机器。由于取芯头圆筒外表有几条螺旋状突起，切下的土屑排在筒外顺螺纹上旋抛出地表，因此，将取芯套筒套在切削好的土芯立柱上，摇动即可取出样品。

③取出样品，立即按取芯套筒长度用修土刀或钢丝锯修平两端制成所需规格土芯，如拟进行其他试验项目，装入铅盒，送试验室备用。

④用天平称量土芯带套筒质量 m_1，从土芯中心部分取试样测定含水率。

(5)本试验须进行两次平行测定，其平行差值不得大于0.03g/cm³。求其算术平均值。

环刀法测定压实层密度时应注意以下环节：

①环刀尽量打入到压实层的中部位置，否则可能造成测试结果的偏差。一般情况下，环刀在压实层上部位置时测得的密度值偏大，在压实层下部位置时测得的密度值偏小。

②截取环刀时，不要扰动环刀上下底面之间的材料。

二、计算

1.计算试样的湿密度及干密度

$$\rho = \frac{4 \times (m_1 - m_2)}{\pi \cdot d^2 \cdot h} \tag{11-11}$$

$$\rho_d = \frac{\rho}{1 + 0.01w} \tag{11-12}$$

式中：ρ ——试样的湿密度(g/cm³)；

ρ_d——试样的干密度(g/cm³)；

m_1——环刀或取芯套筒与试样合计质量(g)；

m_2——环刀或取芯套筒质量(g)；

d——环刀或取芯套筒直径(cm)；

h——环刀或取芯套筒高度(cm)；

w——试样的含水率(%)。

2.计算施工压实度

$$K = \frac{\rho_d}{\rho_c} \times 100 \tag{11-13}$$

式中：K——测试地点的施工压实度(%)；

ρ_d——试样的干密度(g/cm^3);

ρ_c——由击实试验得到的试样最大干密度(g/cm^3)。

第四节 钻芯法测定沥青面层压实度试验方法

压实度的大小取决于实测的压实密度,同样也与标准密度的大小有关。有些工程在压实度达不到要求时便重新进行马歇尔试验,调整标准密度,只要把标准密度作小一些,压实度就高了,如果再把不合格的数据随意舍弃,那么钻孔试件的压实度数据将失去价值。这样实际上是弄虚作假。标准密度的选取应严格按照现行《公路路基路面现场测试规程》(JTG E60—2008)或《公路沥青路面施工技术规范》(JTG F40—2004)的有关规定。

一、方法与步骤

1)钻取芯样。

当一次钻孔取得的芯样包含有不同层位的沥青混合料时,应根据结构组合情况用切割机将芯样沿各层结合面锯开分层进行测定。

钻孔取样应在路面完全冷却后进行,对普通沥青路面通常在第二天取样,对改性沥青及SMA路面宜在第三天以后取样。

2)测定试件密度。

(1)将钻取的试件在水中用毛刷轻轻刷净黏附的粉尘。如试件边角有浮松颗粒,应仔细清除。

(2)将试件晾干或用电风扇吹干不少于24h,直至恒量。

(3)按现行《公路工程沥青及沥青混合料试验规程》(JTG E20—2011)的沥青混合料试件密度试验方法测定试件密度 ρ_s。通常情况下采用表干法测定试件的毛体积相对密度;对吸水率大于2%的试件,宜采用蜡封法测定试件的毛体积相对密度;对吸水率小于0.5%特别致密的沥青混合料,在施工质量检验时,允许采用水中重法测定表观相对密度。

3)根据现行《公路沥青路面施工技术规范》(JTG F40—2004)附录E的规定,确定计算压实度的标准密度。

二、计算

(1)当计算压实度的标准密度采用每天试验室实测的马歇尔击实试件密度或试验路段钻孔取样密度时,沥青面层的压实度按下式计算。

$$K = \frac{\rho_s}{\rho_0} \times 100 \tag{11-14}$$

式中:K——沥青层某一测定部位的压实度(%);

ρ_s——沥青混合料芯样试件的实际密度(g/cm^3);

ρ_0——沥青混合料的标准密度(g/cm^3)。

(2)计算压实度的标准密度采用最大理论密度时,沥青面层的压实度按下式计算。

$$K = \frac{\rho_s}{\rho_t} \times 100 \tag{11-15}$$

式中：ρ_s——沥青混合料芯样试件的实际密度（g/cm^3）；

ρ_t——沥青混合料的最大理论密度（g/cm^3）。

沥青路面的压实度采取重点进行碾压工艺的过程控制，适度钻孔抽检压实度校核的方法。对施工及验收过程中的压实度检验不得采用配合比设计时的标准密度，应按如下方法检测确定：

（1）以试验室密度，即沥青拌和厂每天取样1～2次实测的马歇尔试件密度，作为标准密度取平均值作为该批混合料铺筑路段压实度的标准密度。其试件成型温度与路面复压温度一致。当采用配合比设计时，也可采用其他相同的成型方法的试验室密度作为标准密度。

（2）以每天实测的最大理论密度作为标准密度。对普通沥青混合料，沥青拌和厂在取样进行马歇尔试验的同时以真空法实测最大理论密度，平行试验的试样数不少于2个，以平均值作为该批混合料铺筑路段压实度的标准密度；但对改性沥青混合料、SMA混合料，以计算的最大理论密度为准，也可采用抽提筛分的结果及油石比计算最大理论密度。

（3）以试验路密度作为标准密度。用核子密度仪定点检查密度不再变化为止，然后取不少于15个钻孔试件的平均密度为计算压实度的标准密度。

（4）可根据需要选用试验室标准密度、最大理论密度、试验路密度中的1～2种作为钻孔法检验评定的标准密度。

（5）施工中采用核子密度仪等无破损检测设备进行压实度控制时，宜以试验路密度作为标准密度，核子密度仪的测点数不宜少于39个，取平均值，但核子密度仪需经标定。

（6）压实度钻孔频率按相关规范的要求执行。

第五节　无核密度仪测定压实度试验方法

无核密度仪是相对于核子密度仪来说的多种不使用同位素放射源检测土工材料密度的各种检测仪器的统称。最新的两种被称作无核密度仪的产品是利用电磁法原理叫做PQI和利用时域反射（TDR）技术叫做“M＋DI”的仪器。利用发射的电磁波在材料中的能量吸收和损耗来检测材料的密度。材料对电磁波能量的吸收和损耗取决于材料的介电常数（介电常数是指物质保持电荷的能力）。

一、目的与适用范围

（1）本方法适用于现场无核密度仪快速测定沥青路面各层沥青混合料的密度，并计算施工压实度，但测定结果不宜用于评定验收或仲裁。

无核密度仪是一种无损检测手段，鉴于其使用效果尚未经过足够验证，故目前其测定结果不宜用于评定验收或仲裁。

（2）无核密度仪可用于检测铺筑完工的沥青路面、现场沥青混合料铺筑层密度及快速检查混合料的离析。

沥青混合料的组成成分、沥青、集料、空气和水都有不同的介电常数。如果沥青混合料被碾压(密度增加),混合料中各种成分的相互比例发生变化,材料总的介电常数发生变化,从而对电磁波能量吸收的能力产生变化。电磁密度仪通过检测电磁波能量的吸收和损耗的程度,来反映材料的密度变化。但这样测得的密度变化是一种相对的变化,而不是密度的绝对值的变化,其检测结果不能用于质量控制和验收。PQI 等电磁法密度仪比较适宜的用途是检测部分沥青混合料面层的密度离析。

(3)应用无核密度仪时,必须严格标定,通过对比试验检验,确认其可靠性。

(4)每 12 个月要将无核密度仪送到授权服务中心进行标定和检查。

作为一种间接的检测手段,仪器标定和对比试验是提高检测结果准确性的有力工具。

二、仪具与材料技术要求

本试验使用的主要仪具及材料是无核密度仪和标准密度块。对无核密度仪的要求如下:

(1)探头:无核,无电容,用于野外测量。

(2)探测深度:≥4.0cm。

(3)测量时间:1s。

(4)精度:0.003g/cm^3。

(5)操作环境温度,0 ~ 70 ℃。

(6)测试材料表面最高温度:150 ℃ 。

(7)湿度:98%,且不结露。

三、方法与步骤

1.准备工作

(1)所测定沥青面层的层厚应不大于该仪器性能探测的最大深度。在进行沥青混合料压实层密度测定前,应用无核仪与钻孔取样的试件进行标定。

(2)第一次使用前需要对软件进行设置。仪器存储了软件的设置后,操作者无须每次开机后都进行软件的设置。

(3)按照仪器使用说明书的要求综合标定仪器的测量精度。

(4)按照不同的需要选择想要的测量模式。

(5)按照仪器使用说明规定,进行修正值设置。

2.测试步骤

(1)为了保证测量精度,在正式测量前应正确选择测量场地。

(2)把仪器放置平稳,保证仪器不晃动。

(3)为了确保精确测量,仪器应与测量面紧密接触。

(4)在开始测量前应检查仪器的工作状态。如电池电压,内部温度,选择的测量单位,运行参考读数的日期和时间等。

(5)根据需要选择测量模式进行测试。

四、计算

按下式计算压实度:

$$K = \frac{\rho_d}{\rho_c} \times 100 \tag{11-16}$$

式中：K——测试地点的施工压实度(%)；

ρ_d——由无核密度仪测定的压实沥青混合料的实际密度，一组不少于13个点，取平均值(g/cm^3)；

ρ_c——沥青混合料的标准密度(g/cm^3)，标准密度按照现行《公路沥青路面施工技术规范》(JTG F40—2004)的规定选用。

第十二章

平 整 度

平整度(Roughness)是评价路面施工质量和服务水平的一个重要指标。它是指道路表面相对于理想平面的竖向偏差。路表的平整度与其下各结构层的平整状况有一定的联系,即各结构层的平整效果将累积反映到路表上来。路表的不平整会增大行车阻力,使车辆产生附加振动,造成行车颠簸,影响乘客舒适性。同时,振动作用还会对路面施加额外冲击力,从而加剧路面和汽车机件损坏和轮胎磨损,增大油耗。而且,不平整的路表会积滞雨水,不仅加速路面损坏,也给行车带来安全隐患。因此,平整度是路况评价的一项重要参数。

平整度的测试设备大致可分为断面类和反应类两大类。断面类是通过测量路表凸凹情况来反映平整度,如3m直尺、连续式平整度仪以及激光平整度仪等;反应类是通过测定路面凸凹引起车辆的颠簸振动来反映平整度状况,如颠簸累积仪等。常见几种平整度测试方法的特点及评价指标见表12-1。由于平整度的测量受各种因素的影响,使得不同类型测试设备的评价指标存在一定差异,如何将各种仪器测量的数据转换成统一标准的数据是急需解决的问题。为此,国际平整度指数IRI被提出,它是国际道路平整度试验(IRRE)的产物。1982年,由来自巴西、英国、法国、美国以及比利时的研究团体在巴西利亚进行大规模试验,研究在多种状况下,不同仪器、方法在多种类型道路上进行平整度测试的控制方法。最终选用IRI作为平整度的评价指标,因为它最大限度地满足了时间稳定性、空间稳定性以及相关性的标准。

测试方法比较 表12-1

方 法	特 点	技术指标	类 别
3m直尺法	设备成本低,结果直观,间断测试,工作效率低	最大间隙 h(mm)	断面类
连续式平整度仪法	设备成本较低,连续测试,工作效率较高	标准差 σ(mm)	断面类
激光平整度仪法	设备成本高,连续测试,工作效率高,技术指标国际通用	国际平整度指数 IRI(m/km)	断面类
颠簸累积仪法	设备成本较低,连续测试,工作效率较高。测试结果受承载车影响	单向累计值 VBI(cm/km)	反应类

第一节 3m直尺测定平整度试验方法

本方法采用3m直尺基准面距离路表面的最大间隙表示路基路面的平整度(以mm计),适用于测定压实成型的路面各层表面的平整度,以评定路面的施工质量,也可用于路基表面成

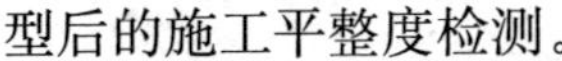

型后的施工平整度检测。

一、仪具与材料技术要求

本试验需要的主要仪具与材料有：

(1)3m 直尺：测量基准面长度为 3m，基准面应平直，用硬木或铝合金钢等材料制成。

(2)最大间隙测量器具：

测量间隙的尺子有两种，楔形塞尺是其中之一，比较常见；深度尺是测量间隙的另一种类型，使用起来较为方便。

①楔形塞尺：硬木或金属制的三角形塞尺，有手柄。塞尺的长度与高度之比不小于 10，宽度不大于 15mm，边部有高度标记，刻度读数分辨率小于等于 0.2mm。

②深度尺：金属制的深度测量尺，有手柄。深度尺测量杆端头直径不小于 10mm，刻度读数分辨率小于等于 0.2mm。

二、方法与步骤

1. 准备工作

(1)按有关规范规定选择测试路段。

(2)测试路段的测试地点选择：当为沥青路面施工过程中的质量检测时，测试地点应选在接缝处，以单杆测定评定；除高速公路以外，可用于其他等级公路路基路面工程质量检查验收或进行路况评定，每 200m 测 2 处，每处连续测量 10 尺。除特殊需要者外，应以行车道一侧车轮轮迹(距车道线 0.8～1.0m)作为连续测定的标准位置。对旧路已形成车辙的路面，应取车辙中间位置为测定位置，用粉笔在路面上做好标记。

(3)清扫路面测定位置处的污物。

2. 测试步骤

(1)施工过程中检测时，根据测试需要确定的方向，将 3m 直尺摆在测试地点的路面上。

(2)目测 3m 直尺底面与路面之间的间隙情况，确定最大间隙的位置。

(3)用有高度标线的塞尺塞进间隙处，量测其最大间隙的高度(mm)；或者用深度尺在最大间隙位置量测直尺上顶面距地面的深度，该深度减去尺高即为测试点最大间隙的高度，准确至 0.2mm。

三、计算

单杆检测路面的平整度计算，以 3m 直尺与路面的最大间隙为测定结果。连续测定 10 尺时，判断每个测定值是否合格，根据要求，计算合格百分率，并计算 10 个最大间隙的平均值。

第二节　连续式平整度仪测定平整度试验方法

本方法规定用连续式平整度仪量测路面不平整度的标准差(σ)，以表示路面的平整度(以 mm 计)，适用于测定路表面的平整度，评定路面的施工质量和使用质量，但不适用于在已有较多坑槽、破损严重的路面上测定。

一、连续式平整度仪的主要技术要求

(1)整体结构:连续式平整度仪构造如示意图 12-1,除特殊情况外,连续式平整度仪的标准长度为 3m,其质量应符合仪器标准的要求;中间为一个 3m 长的机架,机架可缩短或折叠,前后各 4 个行走轮,前后两组轮的轴间距离为 3m。

(2)标准差测量传感器:标准差测量传感器安装在机架中间,可以是能起落的测定轮,或非接触式位移传感器,如激光或超声位移测量传感器。

(3)其他辅助机构:连续式平整度仪的辅助机构有蓄电池电源,距离传感器,与数据采集、处理、存储、输出部分配套的采集控制箱及计算机、打印机等。

(4)测定间距为 10cm,每一计算区间的长度为 100m 并输出一次结果。

(5)可记录测试长度(m)、曲线振幅大于某一定值(如 3mm、5mm、8mm、10mm 等)的次数、曲线振幅的单向(凸起或凹下)累计值及以 3m 机架为基准的中点路面偏差曲线图,并计算打印。

(6)机架装有一牵引钩及手拉柄,可用人力或汽车牵引。

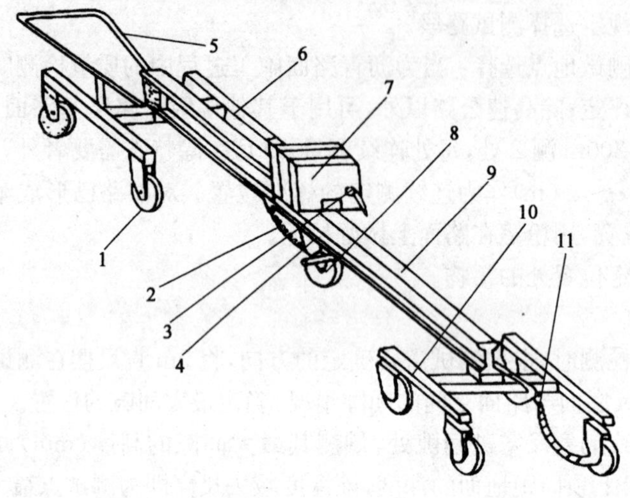

图 12-1 连续式平整度仪示意图

1-脚轮;2-拉簧;3-离合器;4-测量架;5-牵引架;6-前架;7-记录计;8-测定轮;9-纵梁;10-后架;11-软轴

二、方法与步骤

1. 准备工作

(1)选择测试路段。

(2)当为施工过程中质量检测需要时,测试地点根据需要决定,当为路面工程质量检查验收或进行路况评定需要时,通常以行车道一侧车轮轮迹带作为连续测定的标准位置。对旧路已形成车辙的路面,取一侧车辙中间位置为测定位置。按规定在测试路段路面上确定测试位置,当以内侧轮迹带(IWP)或外侧轮迹带(OWP)作为测定位置时,测定位置距车道标线80～100cm。

(3)清扫路面测定位置处的脏物。

(4)检查仪器检测箱各部分应完好、灵敏，并将各连接线接妥，安装记录设备。

2. 测试步骤

(1)将连续式平整度仪置于测试路段路面起点上。

(2)牵引汽车的后部，将连续式平整度仪与牵引汽车连接好，按照仪器使用手册依次完成各项操作。

(3)启动牵引汽车，沿道路纵向行驶，横向位置保持稳定。

(4)确认连续式平整度仪工作正常。牵引连续式平整度仪的速度应保持匀速，速度宜为5km/h，最大不得超过12km/h。

在测试路段较短时，亦可用人力拖拉平整度仪测定路面的平整度，但拖拉时应保持匀速前进。

三、计算

(1)连续式平整度仪测定后，可按每10cm间距采集的位移值自动计算得每100m计算区间的平整度标准差(mm)，还可记录测试长度(m)。

(2)每一计算区间的路面平整度以该区间测定结果的标准差表示，按下式计算：

$$\sigma_i=\sqrt{\frac{\sum d_i^2-(\sum d_i)^2/N}{N-1}} \tag{12-1}$$

式中：σ_i——各计算区间的平整度计算值(mm)；

d_i——以100m为一个计算区间，每隔一定距离(自动采集间距为10cm，人工采集间距为1.5m)采集的路面凹凸偏差位移值(mm)；

N——计算区间用于计算标准差的测试数据个数。

第三节　车载式颠簸累积仪测定平整度试验方法

本方法适用于各类颠簸累积仪在新、改建路面工程质量验收和无严重坑槽、车辙等病害的正常行车条件下连续采集路段平整度数据。

一、测试系统基本技术要求和参数

测试速度：30～80km/h。

最大测试幅值：±20cm。

垂直位移分辨率：1mm。

距离标定误差：<0.5%。

系统工作环境温度：0～60℃。

承载车：颠簸累积仪对承载车的要求很高，用户在采购设备时应该根据设备生产商的要求采购车辆，不能随意选择车辆作为承载车，避免整套系统测值不稳定。

二、方法与步骤

1.准备工作

(1)测试车辆有下面情况之一:在正常状态下行驶超过 20 000km,标定的时间间隔超过 1 年,减振器、轮胎等发生更换、维修,都应进行仪器测值与国际平整度指数 IRI 的相关性标定,相关系数 R 应不低于 0.99。

颠簸累积仪测值受承载车行驶车速、轮胎状况、车内载物及人员乘坐位置变化、承载车减振器等多种因素的影响,为了保证测试结果的准确性,在有条件情况下应该经常性标定。根据对国内车载式颠簸累积仪生产商的调查,相关性标定试验的相关系数 R 完全可以达到 0.99 以上。

(2)检查测试车轮胎气压,应达到车辆轮胎规定的标准气压,车胎应清洁,不得黏附杂物,车上载重、人数以及分布应与仪器相关性标定试验时一致。

(3)距离测量系统需要现场安装的,根据设备操作手册说明进行安装,确保紧固装置安装牢固。

(4)检查测试系统各部分应符合测试要求,不应有明显的可视性破损。

(5)打开系统电源,启动控制程序,检查系统各部分的工作状态。

2.测试步骤

(1)测试开始之前应让测试车以测试速度行驶 5~10km,按照设备操作手册规定的预热时间对测试系统预热。

(2)测试车停在测试起点前 300~500m 处,启动平整度测试系统程序,按照设备操作手册的规定和测试路段的现场技术要求设置完毕所需的测试状态。

(3)驾驶员在进入测试路段前应保持车速在规定的测试速度范围内,沿正常行车轨迹驶入测试路段。

测试车加速过程的测值不能反映路面平整度的真实情况,因此要求测试车在距离测试路段起点 300~500m 位置开始起步,确保测试车进入测试路段时达到规定测试速度。

(4)进入测试路段后,测试人员启动系统的采集和记录程序,在测试过程中必须及时准确将测试路段的起终点和其他需要特殊标记点的位置输入测试数据记录中。

(5)当测试车辆驶出测试路段后,仪器操作人员停止数据采集和记录,并恢复仪器各部分至初始状态。

(6)操作人员检查数据文件应完整,内容应正常,否则需要重新测试。

(7)关闭测试系统电源,结束测试。

三、计算

颠簸累积仪直接测试输出的颠簸累积值 VBI,要按照相关性标定试验得到相关关系式,并以 100m 为计算区间换算成 IRI(以 m/km 计)。

四、颠簸累积仪测值与国际平整度指数 IRI 相关关系对比试验

1.基本要求

由于颠簸累积仪测值受测试速度等因素影响,因此测试系统的每一种实际采用的测试速

度都应单独进行标定，建立相关关系公式。标定过程及分析结果应详细记录并存档。

2. 试验条件

(1)按照每段 IRI 值变化幅度不小于 1.0 的范围选择不少于 4 段不同平整度水平，且有足够加速或减速长度的路段。根据实际测试道路 IRI 的分布情况，可以增加某些范围内的标定路段。

(2)每路段长度不小于 300m。

(3)每一段内的平整度应均匀，包括路段前 50m 的引道。

(4)选择坡度变化较小的直线路段，路段交通量小，便于疏导。

(5)标定宜选择在车道的正常行驶轮迹上进行，明确标出标定路段的轮迹、起终点。

3. 试验步骤

(1)距离标定

①依据设备供应商建议的长度，选择坡度变化较小的平坦直线路段，标出起终点和行驶轨迹。

②标定开始之前应让测试车以测试速度行驶 5～10km，按照设备操作手册规定的预热时间对测试系统进行预热。

③将测试车的前轮对准起点线，启动距离校准程序，然后令车辆沿着路段轨迹直线行驶，避免突然加速或减速，接近终点时，看指挥人员手势减速停车，确保测试车的前轮对准终点线，结束距离校准程序。重复此过程，确保距离传感器脉冲当量的准确性，应在允许误差范围之内。

(2)令颠簸累积仪按选定的测试速度测试每个标定路段的反应值，重复测试至少 5 次，取其平均值作为该路段的反应值。

(3)IRI 值的确定

①以精密水准仪作为标准仪具，分别测量标定路段两个轮迹的纵断高程，要求采样间隔为 250mm，高程测试精度为 0.5mm。然后用 IRI 标准计算程序对每个轮迹的纵断面测量值进行模型计算，得到该轮迹的 IRI 值，两个轮迹 IRI 值的平均值即为该路段的 IRI 值。

②其他符合世界银行一类平整度测试标准的纵断面测试仪具也可以作为确定标定路段标准 IRI 值的仪具。

轮迹带国际平整度指数(IRI)可以用上述两种方法中的其中一种来确定。目前，国内用户基本采用手推式断面仪替代精密水准仪测量纵断面高程。澳大利亚 ARRB 生产的手推式断面仪使用较为方便，其测值与水准仪法测值相关程度为 1。

4. 试验数据处理

用数理统计的方法将各标定路段的 IRI 值和相应的颠簸累积仪测值进行回归分析，建立相关关系方程式，相关系数 R 不得小于 0.99。

5. 报告

(1)平整度测试报告应包括颠簸累积值 VBI、国际平整度 IRI 平均值和现场测试速度。

(2)提供颠簸累积值 VBI 与标准国际平整度指数 IRI 在选定测试条件下的相关关系式及相关系数。

第四节 车载式激光平整度仪测定平整度试验方法

本方法适用于各类车载式激光平整度仪在新、改建路面工程质量验收和无严重坑槽、车辙等病害及无积水、积雪、泥浆的正常通车条件下连续采集路段平整度数据。激光平整度仪受水的影响很大，路面有流动水的情况下不适合用此类型设备检测路面平整度。

一、测试系统基本技术要求和参数

测试速度：30～100km/h。

采样间隔：≤500mm。

传感器测试精度：0.5mm。

距离标定误差：<0.1%。

系统工作环境温度：0～60℃。

设备承载车要求：根据设备供应商的要求选择测试系统承载车辆。

二、方法与步骤

1.准备工作

(1)设备安装到承载车上以后应按规定进行相关性试验。

(2)根据设备操作手册的要求对测试系统各传感器进行校准。

(3)检查测试车轮胎气压，应达到车辆轮胎规定的标准气压，车胎应清洁，不得黏附杂物。

(4)距离测量装置需要现场安装的，根据设备操作手册说明安装，确保机械紧固装置安装牢固。

(5)检查测试系统各部分应符合测试要求，不应有明显的可视性破损。

(6)打开系统电源，启动控制程序，检查各部分的工作状态。

2.测试步骤

(1)测试开始之前应让测试车以测试速度行驶5～10km，按照设备使用说明规定的预热时间对测试系统预热。

激光平整度仪为电子类产品，应该确保预热时间，以保证系统整体运行的稳定。

(2)测试车停在测试起点前50～100m处，启动平整度测试系统程序，按照设备操作手册的规定和测试路段的现场技术要求设置完毕所需的测试状态。

(3)驾驶员应按照设备操作手册要求的测试速度范围驾驶测试车，宜在50～80km/h之间，避免急加速和急减速，急弯路段应放慢车速，沿正常行车轨迹驶入测试路段。

在正常行车速度下，车的变化及车辆本身状况对载式激光平整度仪测试结果的影响很小，但是行车过程中的急加减速会引入较大偏差，应避免检测过程中出现急加减速情况。

(4)进入测试路段后，测试人员启动系统的采集和记录程序，在测试过程中必须及时准确地将测试路段的起终点和其他需要特殊标记的位置输入测试数据记录中。

(5)当测试车辆驶出测试路段后，测试人员停止数据采集和记录，并恢复仪器各部分至初始状态。

(6)检查测试数据文件应完整,内容应正常,否则需要重新测试。

(7)关闭测试系统电源,结束测试。

三、计算

激光平整度仪采集的数据是路面相对高程值,应以 100m 为计算区间长度用 IRI 的标准计算程序计算 IRI 值,以 m/km 计。

国内试验中我们选取 1km 具有典型意义的高速公路沥青路面,以手推式断面仪对其进行纵段高程测量,分别按 10m、20m、30m……200m 为基本计算单位计算,计算出 IRI 及对应的变异系数,如图 12-2 所示。可以发现低于 80m 计算长度的时候,变异系数一般都超过了 5%,高于 80m 以后,逐渐趋于稳定,一般都在 5%以内。因此,目前行业相关规范中一般都选取 100m 为基本的计算区间。

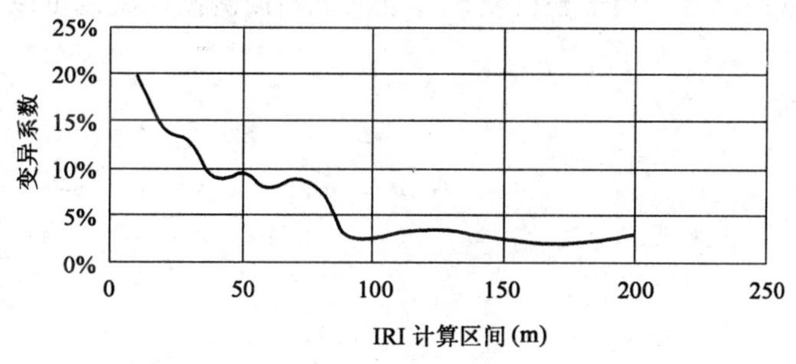

图 12-2 IRI 与对应的变异系数关系

四、激光平整度仪测值与国际平整度指数 IRI 相关关系对比试验

1. 试验条件

(1)按照 IRI 值每段间距大于 1.0 的范围选择不少于 4 段不同平整度水平,且有足够加速或减速长度的路段,根据实际测试道路 IRI 的分布情况,可以适当增加某些范围内的标定路段。

(2)每路段长度不小于 300m。

(3)每一段内的平整度应均匀,包括路段前 50m 的引道。

为了降低试验过程中对驾驶员的要求,这里规定每一个试验路段的平整度水平都尽量均匀。

(4)选择坡度变化较小的直线路段,路段交通量小,便于疏导。

(5)有多个激光测头的系统需要分别标定。

(6)标定宜选择在车道正常行驶轮迹上进行,明确画出轮迹带测线和起终点位置。

2. 试验步骤

(1)距离标定

①依据设备供应商建议的长度,选择坡度变化较小的平坦直线路段,标出起终点和行驶轨迹。

②标定开始之前应让测试车以测试速度行驶5～10km，按照设备操作手册规定的预热时间对测试系统进行预热。

③将测试车的前轮对准起点线，启动距离校准程序，然后令车辆沿着路段轨迹直线行驶，避免突然加速或减速，接近终点时，看指挥人员手势减速停车，确保测试车的前轮对准终点线，结束距离校准程序。重复此过程，确保距离传感器测试结果的准确性，应在允许误差范围之内。

(2)令所标定的纵断面高程传感器对准测线重复测试5次，取其IRI计算值的平均值作为该路段的测试值。

(3)IRI值的确定

①以精密水准仪作为标准仪具，测量标定路段上测线的纵断高程，要求采样间隔为250mm，高程测试精度为0.5mm。然后用IRI标准计算程序对纵断面测量值进行模型计算，得到标定线路的IRI值。

②其他符合世界银行一类平整度测试标准的纵断面测试仪具也可以作为确定标定路段IRI值的仪具。

第十三章

强度及模量

第一节　土基现场 CBR 值测试方法

承载比(CBR)值是规定贯入量时荷载压强与标准压强的比值,最早由美国加利福尼亚公路局提出,用于评定路基土和路面材料的强度指标。我国现行沥青和水泥混凝土路面设计规范,对路基、路面的设计参数系采用回弹模量指标,而在国外修建的公路工程多采用 CBR 指标。为进一步积累经验用于工程实际,以促进国际学术交流,参考了国内外情况,已将对 CBR 指标的要求列入相应规范,作为路基填料选择的依据。路基填料最小强度要求见表 13-1。

路基填料最小强度和最大粒径要求　　表 13-1

项目分类		路面底面下深度(cm)	填料最小强度 CBR(%)		填料最大粒径(mm)
			高速公路、一级公路	其他等级公路	
填料	上路床	0～30	8	6	10
	下路床	30～80	5	4	10
	上路堤	80～150	4	3	15
	下路堤	150 以下	3	2	15
零填及路堑路床		0～30	8	6	10

值得注意的是,这里介绍的 CBR 值与土工试验的室内 CBR 值有所区别。首先是试验条件不同,这里所指的是在公路现场条件下测定,土基含水率、压实度与室内试验不同,也未经泡水。故应通过试验,寻找两者之间的关系,换算为室内试验 CBR 值后,再用于路基施工强度检验或评定。其次是试验的出发点不同,路基填料的 CBR 试验是为了评价路用材料的强度,而本方法更多是为了衡量土基的整体承载能力。其测试原理是在公路路基施工现场,用载重汽车作为反力架,通过千斤顶连续加载,使贯入杆匀速压入土基。为了模拟路面结构对土基的附加压力,在贯入杆位置安放荷载板。路基强度越高,贯入量为 2.5mm 或 5.0mm 时的荷载越大,即 CBR 值越大。

一、目的与适用范围

(1)本方法适用于在现场测定各种土基材料的现场 CBR 值。同时也适合于基层、底基层砂性土、天然砂砾、级配碎石等材料 CBR 值的试验。

(2)本方法所用试样的最大集料粒径宜小于 19.0mm,最大不得超过 31.5mm,也不适用于大粒径的土石混填或填石路基。

二、本试验采用的主要仪具设备

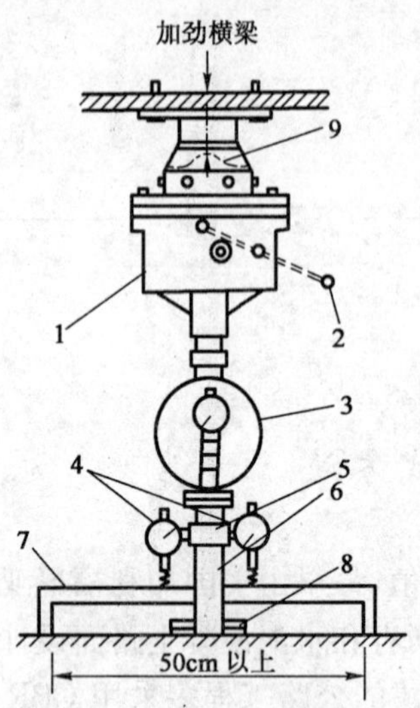

图 13-1 CBR 现场测试装置

1-加载千斤顶；2-手柄；3-测力计；4-百分表；5-百分表夹具；6-贯入杆；7-平台；8-承载板；9-球座

(1)荷载装置：装载有铁块或集料等重物的载重汽车，后轴重不小于 60kN，在汽车大梁的后轴之后设有一加劲横梁作反力架用。

(2)现场测试装置，如图 13-1 所示。由千斤顶(机械或液压)、测力计(测力环或压力表)及球座组成。千斤顶可使贯入杆的贯入速度调节成 1mm/min。测力计的容量不小于土基强度，测定精度不小于测力计量程的 1%。

(3)贯入杆：直径 ϕ50mm，长约 200mm 的金属圆柱体。

(4)承载板：每块 1.25kg，直径 ϕ150mm，中心孔眼直径 ϕ52mm，不少于 4 块，并沿直径分为两个半圆块。

(5)贯入量测定装置：由图 13-1 中所示的平台及百分表组成，百分表量程 20mm，精度 0.01mm，数量 2 个，对称固定于贯入杆上，端部与平台接触，平台跨度不小于 50cm。此设备也可用两台贝克曼梁弯沉仪代替。

应选择合适量程的测力装置，一般土基强度相对路面材料较低，为了保证测力装置容量不小于土基强度而一味选用大量程测力计，可能会导致小贯入量期间测力计无法读数的情况发生，这时需要更换较小量程的测力装置，对于土基材料，可采用 10kN 或 7.5kN 测力计，技术人员应在试验中注意总结经验。

当采用贝克曼梁弯沉仪作为贯入量测定装置时，应注意需要进行贯入量的换算。平台跨度应不小于 50cm，以免造成贯入量读数失真，试用中如发现平台有明显位移，应重新进行试验。

三、方法与步骤

1. 准备工作

(1)将试验地点约直径 ϕ30cm 范围的表面找平，用毛刷刷净浮土，如表面为粗粒土时，应撒布少许洁净的细砂填平，但不能覆盖全部土基表面，避免形成夹层。

(2)装置测试设备，按图 13-1 设置贯入杆及千斤顶，千斤顶顶在加劲横梁上且调节至高度适中。贯入杆应与土基表面紧密接触，但不应在土基表面形成贯入痕迹。

(3)安装贯入量测定装置：将支架平台、百分表(或两台贝克曼梁弯沉仪)安装好。

2. 测试步骤

(1)在贯入杆位置安放 4 块 1.25kg 分开成半圆的承载板，共 5kg。

(2)试验贯入前，先在贯入杆上施加 45N 荷载后，将测力计及贯入量百分表调零，记录初始读数。

(3)启动千斤顶：使贯入杆以 1mm/min 的速度压入土基，相应于贯入量为 0.5mm、1.0mm、1.5mm、2.0mm、2.5mm、3.0mm、4.0mm、5.0mm、6.5mm、10.0mm 及 11.5mm 时，

分别读取测力计读数。根据情况，也可在贯入量达 6.5mm 时结束试验。

注：用千斤顶连续加载，两个贯入量百分表及测力计均应在同一时刻读数，当两个百分表读数不超过平均值的 30%时，以其平均值作为贯入量，当两个表读数差值超过平均值的 30%时，应停止试验。

(4)卸除荷载，移去测定装置。

(5)在试验点下取样，测定材料含水率。取样数量如下：

最大粒径不大于 4.75mm，试样数量约 120g；

最大粒径不大于 19.0mm，试样数量约 250g；

最大粒径不大于 31.5mm，试样数量约 500g。

(6)在紧靠试验点旁边的适当位置，用灌砂法或环刀法等测定土基的密度。

在贯入杆位置安放半圆形承载板，限制贯入杆的侧向倾斜，当发生细微倾斜时，不应人为扶正；当发生较大倾斜时，应重新试验。

在加荷装置上安装贯入杆后，为了使贯入杆端面与土基表面充分接触，所以在贯入杆上施加 45N 的预压力，将此荷载作为试验时的零荷载，并将该状态的贯入量设为零点。绘制的压力和贯入量关系曲线，起始部分呈反弯，则表示试验开始时贯入杆端面与土表面接触不好，应对曲线进行修正。

试验结束标准应根据土基强度而定，当土基强度较大时，可在贯入量达 6.5mm 时结束试验。荷载压强及贯入量读数不宜过少，一般要求在达到 2.5mm 贯入量时应不少于 5 个读数。

四、计算

(1)将贯入试验得到的等级荷重数除以贯入断面积($19.625cm^2$)，得到各级压强(MPa)，绘制荷载压强—贯入量曲线，如图 13-2 所示。当图中曲线在起点处有明显凹凸的情况时，应在曲线的拐弯处作切线延长进行修正，以与坐标轴相交的点 O' 作原点，得到修正后的压强—贯入量曲线。

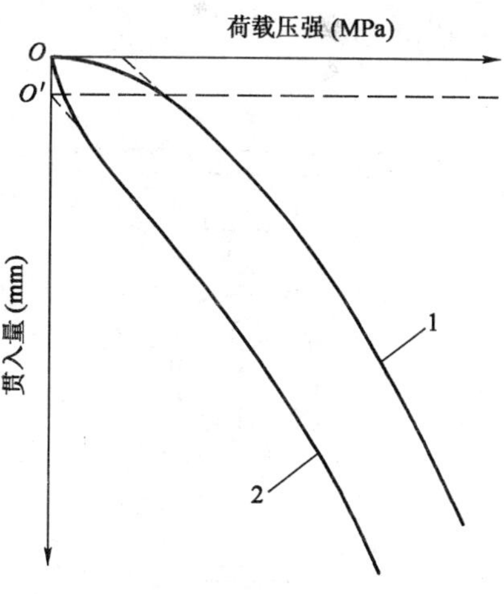

图 13-2　荷载压强—贯入量关系曲线

(2)从压强—贯入量曲线上读取贯入量为 2.5mm 及 5.0mm 时的荷载压强 p_1，按式(13-1)计算现场 CBR 值。CBR 一般以贯入量 2.5mm 时的测定值为准，当贯入量 5.0mm 时的 CBR 大于 2.5mm 时的 CBR 时，应重新试验，如重新试验仍然如此时，则以贯入量 5.0mm 时的 CBR 为准。

$$\text{现场 CBR} = \frac{p_1}{p_0} \times 100(\%) \qquad (13\text{-}1)$$

式中：p_1——荷载压强(MPa)；

p_0——标准压强，当贯入量为 2.5mm 时为 7MPa，当贯入量为 5.0mm 时为 10.5MPa。

原点修正时，应注意压强或贯入量值须随平移后的原点而变化。各级贯入量下的标准压强如表 13-2 所示。

我国路面结构设计中，以路基土和路面材料的回弹模量值作为设计参数，但 CBR 试验过程简捷，还是被许多单位大量使用，不少科研单位对回弹模量和 CBR 的关系进行了大量的试验工作，通过数值分析得出各地区各类土基 CBR 与 E_0 之间的近似关系式。表 13-3 给出几个典型关系式，仅供参考。

各级贯入量下的标准压强　　表 13-2

贯入量(cm)	0.254	0.508	0.762	1.016	1.270
标准压强(kPa)	7 030	10 550	13 360	16 170	18 230

土基的 CBR 与 E_0 的关系　　表 13-3

资料来源	关系式	备注
SHELL 公司	$E_d=10CBR$	动模量
	$E_0=5CBR$	静模量
英国 TRRL	$E_d=17.6CBR^{0.64}$	动模量
AI 协会	$E_d=10.5CBR$	动模量
日本道路公团	$E_0=2\sim4CBR$	静模量

第二节　承载板测定土基回弹模量试验方法

以回弹模量表征土基承载能力，可以反映土基在瞬时荷载作用下的可恢复变形性质，因而可以应用弹性理论公式描述荷载与变形之间的关系。承载板法采用刚性承载板，通过逐级加载卸载的方式，测定土基回弹模量，结果可在以弹性理论为基本体系的各种路面结构设计方法中应用。

一、本试验需要的主要仪具设备

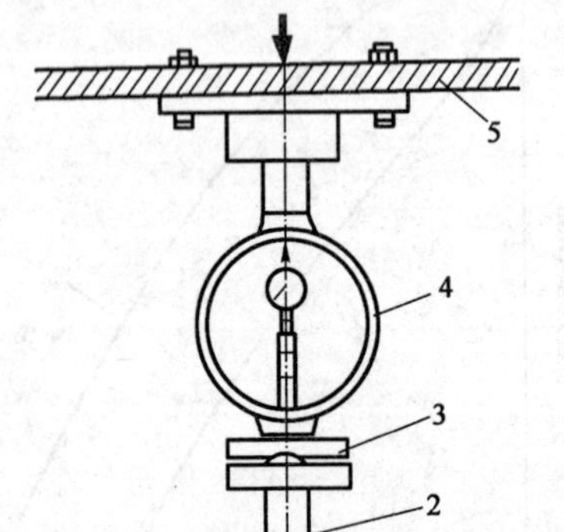

(1)加载设施：载有铁块或集料等重物，后轴重不小于 60kN 的载重汽车一辆，作为加载设备，在汽车大梁的后轴之后约 80cm 处，附设加劲横梁一根作反力架。汽车轮胎充气压力 0.50MPa。

(2)现场测试装置，如图 13-3 所示。由千斤顶、测力计(测力环或压力表)及球座组成。

(3)刚性承载板一块，板厚 20mm，直径为 ϕ30cm，直径两端设有立柱和可以调整高度的支座，供安放弯沉仪测头用，承载板安放在土基表面上。

(4)路面弯沉仪两台，由贝克曼梁、百分表及其支架组成。

(5)液压千斤顶一台，80～100kN，装有经过标定的压力表或测力环，其容量不小于土基强度，测定精度不小于测力计量程的 1%。

图 13-3　承载板试验现场测试装置

1-加载千斤顶；2-钢圆筒；3-钢板及球座；4-测力计；5-加劲横梁；6-承载板；7-立柱及支座

(6)秒表、水平尺。

二、方法与步骤

1. 准备工作

(1)根据需要选择有代表性的测点,测点应位于水平的路基上,土质均匀,不含杂物。

(2)仔细平整土基表面,撒干燥洁净的细砂填平土基凹处,细砂不可覆盖全部土基表面,避免形成夹层。

(3)安置承载板,并用水平尺进行校正,使承载板置水平状态。

(4)将试验车置于测点上,在加劲横梁中部悬挂垂球测试,使之恰好对准承载板中心,然后收起垂球。

(5)在承载板上安放千斤顶,上面衬垫钢圆筒、钢板,并将球座置于顶部与加劲横梁接触,如用测力环时,应将测力环置于千斤顶与横梁中间,千斤顶及衬垫物必须保持垂直,以免加压时千斤顶倾倒发生事故并影响测试数据的准确性。

(6)安放弯沉仪,将两台弯沉仪的测头分别置于承载板立柱的支座上,百分表对零或其他合适的初始位置上。

测点不宜选在大纵坡及超高路段上,尽可能位于水平的路基上,且土质均匀,不含杂物。平整土基表面是必要的,但找平过程中应避免形成人为夹层,使试验结果失真。

承载板应置水平状态,且试验车加劲横梁中部应恰好对准承载板中心。

2. 测试步骤

(1)用千斤顶开始加载,注视测力环或压力表,至预压 0.05MPa,稳压 1min,使承载板与土基紧密接触,同时检查百分表的工作情况应正常,然后放松千斤顶油门卸载,稳压 1min 后,将指针对零,或记录初始读数。

(2)测定土基的压力—变形曲线。用千斤顶加载,采用逐级加载卸载法,用压力表或测力环控制加载量,荷载小于 0.1MPa 时,每级增加 0.02MPa,以后每级增加 0.04MPa 左右。为了使加载和计算方便,加载数值可适当调整为整数。每次加载至预定荷载(P)后,稳定 1min,立即读记两台弯沉仪百分表数值,然后轻轻放开千斤顶油门卸载至 0,待卸载稳定 1min 后,再次读数,每次卸载后百分表不再对零。当两台弯沉仪百分表读数之差不超过平均值的 30%时,取平均值。如超过 30%,则应重测。当回弹变形值超过 1mm 时,即可停止加载。

(3)各级荷载的回弹变形和总变形,按以下方法计算:

回弹变形(L)=(加载后读数平均值-卸载后读数平均值)×弯沉仪杠杆比

总变形(L')=(加载后读数平均值-加载初始前读数平均值)×弯沉仪杠杆比

(4)测定总影响量 a。最后一次加载卸载循环结束后,取走千斤顶,重新读取百分表初读数,然后将汽车开出 10m 以外,读取终读数,两只百分表的初、终读数差之平均值即为总影响量 a。

(5)在试验点下取样,测定材料含水率。取样数量如下:

最大粒径不大于 4.75mm,试样数量约 120g;

最大粒径不大于 19.0mm,试样数量约 250g;

最大粒径不大于 31.5mm,试样数量约 500g。

(6)在紧靠试验点旁边的适当位置,用灌砂法或环刀法等测定土基的密度。

采用逐级加载卸载法,测定土基的压力—变形曲线,荷载增量可视土基承载能力大小而定。土基承载能力小荷载增量可减小,反之可适当加大。一般情况下,荷载小于 0.1MPa 时,每级增加 0.02MPa,以后每级增加 0.04MPa 左右。

国产贝克曼梁弯沉仪的杠杆比一般为 2∶1。

三、计算

(1)各级压力的回弹变形值加上该级的影响量后,则为计算回弹变形值。表 13-4 是以后轴重 60kN 的标准车为测试车的各级荷载影响量的计算值。当使用其他类型测试车时,各级压力下的影响量 a_i 按下式计算:

$$a_i = \frac{(T_1 + T_2)\pi D^2 p_i}{4T_1 Q} \cdot a \tag{13-2}$$

式中:T_1——测试车前后轴距(m);

T_2——加劲小梁距后轴距离(m);

D——承载板直径(m);

Q——测试车后轴重(N);

p_i——该级承载板压力(Pa);

a——总影响量(0.01mm);

a_i——该级压力的分级影响量(0.01mm)。

各级荷载影响量(后轴 60kN 车)　　表 13-4

承载板压力(MPa)	0.05	0.10	0.15	0.20	0.30	0.40	0.50
影响量	0.06a	0.12a	0.18a	0.24a	0.36a	0.48a	0.60a

总影响量是指汽车自重对土基变形的影响大小。根据测试车悬架系统的几何结构,基于弹性力学理论的假设,可以计算出各级压力下的影响量。其力学图示如图 13-4 所示。

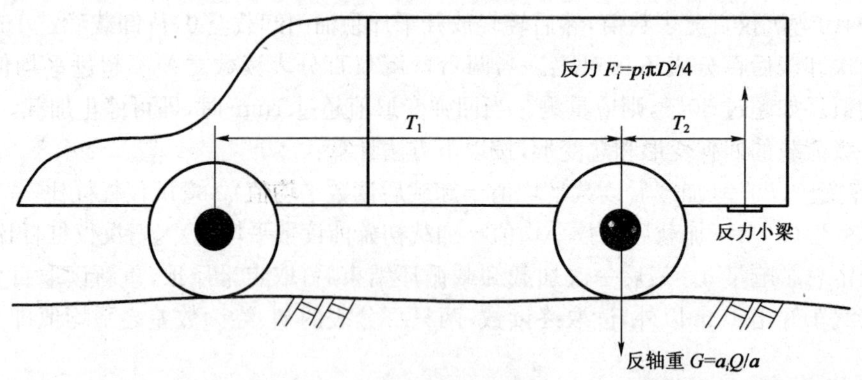

图 13-4　承载板试验力学图式

根据力矩平衡的力学原理,容易得出式(13-2)给出的通用公式。根据各级荷载压力下的影响量,按下式求出计算回弹变形值,用于绘制压力—变形图。

计算回弹变形值=各级压力的回弹变形值+该级的影响量

(2)将各级计算回弹变形值点绘于标准计算纸上，排除显著偏离的异常点并绘出顺滑的p—L曲线，如曲线起始部分出现反弯，应按图13-5所示修正原点O,O'则是修正后的原点。

(3)按下式计算相应于各级荷载下的土基回弹模量E_i值：

$$E_i = \frac{\pi D}{4} \cdot \frac{p_i}{L_i}(1-\mu_0^2) \tag{13-3}$$

式中：E_i——相应于各级荷载下的土基回弹模量(MPa)；

μ_0——土的泊松比，根据路面设计规范规定取用；

D——承载板直径30cm；

p_i——承载板压力(MPa)；

L_i——相对于荷载p_i时的回弹变形(cm)。

本方法采用刚性承载板，压板下土基顶面的挠度为等值，不随坐标r而变化，故变形易于测量，压力容易控制。但是板底接触压力随r值的变化，成鞍形分布，如图13-6所示。

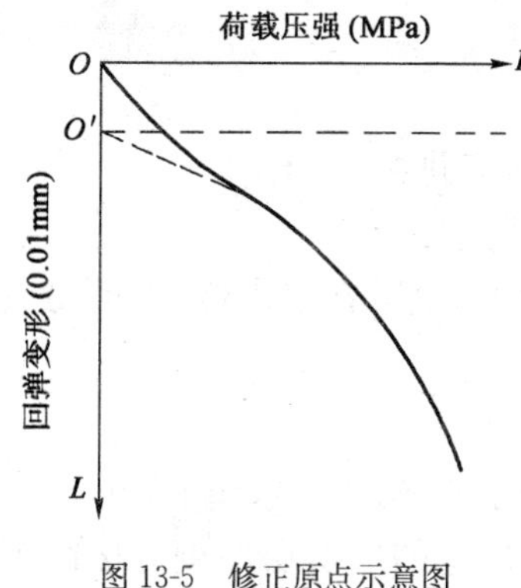

图13-5　修正原点示意图

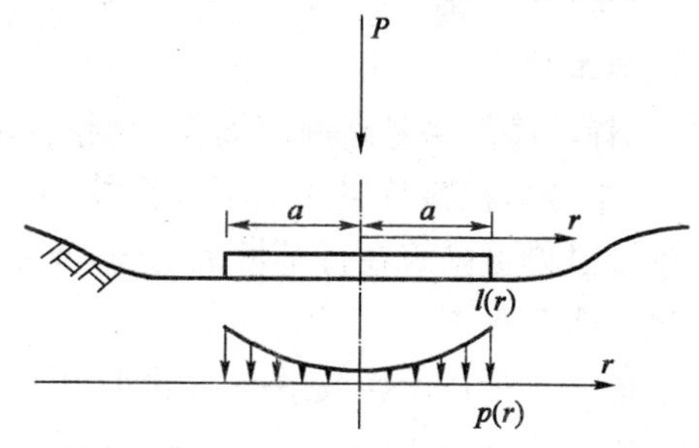

图13-6　刚性承载板力学模型

根据弹性体系理论，土基的弹性力学模型为半无限体，其板底挠度按下式计算：

$$l = \frac{pD(1-\mu^2)}{E}\frac{\pi}{4} \tag{13-4}$$

由上式可以得到反算回弹模量E的计算式，见式(13-3)。

(4)取结束试验前的各回弹变形值，按线性回归方法由下式计算土基回弹模量E_0值：

$$E_0 = \frac{\pi D}{4} \cdot \frac{\sum p_i}{\sum L_i}(1-\mu_0^2) \tag{13-5}$$

式中：E_0——土基回弹模量(MPa)；

μ_0——土的泊松比，根据设计规范规定选用；

L_i——结束试验前的各级实测回弹变形值；

p_i——对应于L_i的各级压力值。

计算路基回弹模量E_i值时，泊松比μ_0是必须用的指标，可根据有关设计规范的规定选用。当无规定时，非黏性土可取0.30，高黏性土取0.50，一般可取0.35或0.40。

第三节 贝克曼梁测定路基路面回弹模量试验方法

本方法是利用回弹弯沉反算回弹模量参数的简单应用，它避免了逐级加载卸载的复杂操作，利用弯沉检测数据，根据弹性层状体系理论，视土基为弹性半无限体，通过拟合实测弯沉与理论计算弯沉，从而实现反推土基回弹模量的目的。

一、目的与适用范围

本方法适用于在土基、厚度不小于 1m 的粒料整层表面，用弯沉仪测试各测点的回弹弯沉值，通过计算求得该材料的回弹模量值。也适用于在旧路表面测定路基路面的综合回弹模量。相对于承载板法，本方法实质上是采用了柔性承载板，通过回弹弯沉反算土基回弹模量。区别在于"柔性承载板"是由汽车轮胎来充当，简化力学模型则为圆形均布荷载下的弹性半无限体，如图 13-7 所示。

二、方法与步骤

1. 准备工作

(1)选择洁净的路基路面表面作为测点，在测点处做好标记并编号。

(2)无结合料粒料基层的整层试验段(试槽)应符合下列要求：

①整层试槽可修筑在行车带范围内，或路肩及其他合适处，也可在室内修筑，但均应适于用汽车测定弯沉。

②试槽应选择在干燥或中湿路段处，不得铺筑在软土基上。

③试槽面积不小于 3m×2m，厚度不宜小于 1m。铺筑时，先挖 3m×2m×1m(长×宽×深)的坑，然后用欲测定的同一种路面材料按有关施工规范规定的压实层厚度分层铺筑并压实，直至顶面，使其达到要求的压实度标准。应严格控制材料组成，级配均匀一致，符合施工质量要求。

④试槽表面的测点间距可按图 13-8 布置在中间 2m×1m 的范围内，可测定 23 点。

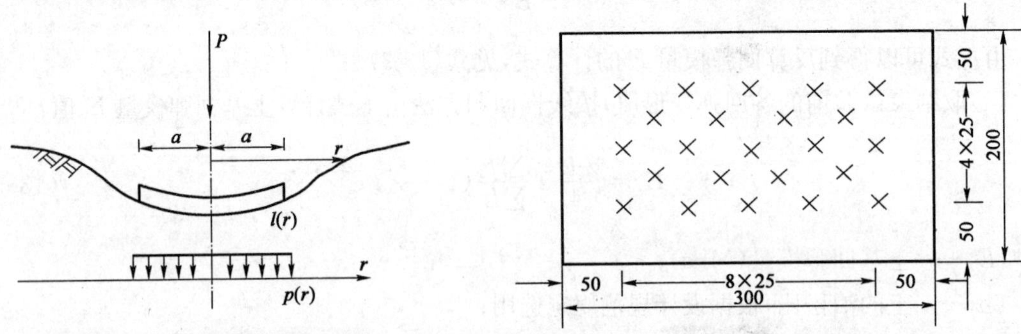

图 13-7 柔性承载板力学模型

图 13-8 试槽表面的测点布置(尺寸单位：cm)

2. 测试步骤

按本书第五章第二节的方法实测各测点处的路面回弹弯沉值 L_i。如在旧沥青面层上测定时，应读取温度，并进行测定弯沉值的温度修正，得到标准温度 20℃时的弯沉值。各测点的弯沉检测应有一定的时间间隔，以便给土基恢复弹性变形的时间。

三、计算

(1)按下式计算全部测定值的算术平均值($\overline{L}$)、单次测量的标准差(S_0)和自然误差(r_0)：

$$\overline{L}=\frac{\sum L_i}{N} \tag{13-6}$$

$$S=\sqrt{\frac{(L_i-\overline{L})^2}{(N-1)}} \tag{13-7}$$

$$r_0=0.675\times S \tag{13-8}$$

式中：$\overline{L}$——回弹弯沉的平均值(0.01mm)；

S——回弹弯沉测定值的标准差(0.01mm)；

r_0——回弹弯沉测定值的自然误差(0.01mm)；

L_i——各测点的回弹弯沉值(0.01mm)；

N——测点总数。

(2)计算各测点的测定值与算术平均值的偏差值 $d_i=L_i-\overline{L}$，并计算较大的偏差与自然误差之比 d_i/r_0。当某个测点的观测值的 d_i/r_0 值大于表13-5中的 d/r 极限值则应舍弃该测点。然后重复上述步骤，计算所余各测点的算术平均值($\overline{L}$)及标准差(S)。

相应于不同观测次数的 d/r 极限值　　表13-5

N	5	10	15	20	50
d/r	2.5	2.9	3.2	3.3	3.8

(3)按下式计算代表弯沉值：

$$L_1=\overline{L}+S \tag{13-9}$$

式中：L_1——计算代表弯沉；

$\overline{L}$——舍弃不合要求的测点后所余各测点弯沉的算术平均值；

S——舍弃不合要求的测点后所余各测点弯沉的标准差。

(4)按下式计算土基、整层材料的回弹模量(E_1)或旧路的综合回弹模量：

$$E_1=\frac{2p\delta}{L_1}(1-\mu^2)a\times 10^2 \tag{13-10}$$

式中：E_1——计算的土基、整层材料的回弹模量或旧路的综合回弹模量(MPa)；

p——测定车轮的平均垂直荷载(MPa)；

δ——测定用标准车双圆荷载单轮传压面当量圆的半径(mm)；

μ——测定层材料的泊松比，根据规范的规定取用；

a——弯沉系数，为0.712。

需要强调以下几点：

①采用贝克曼梁弯沉测试方法规定的标准车(BZZ—100)，轮胎接地压强 p=0.7MPa。

②双圆荷载单轮传压面当量圆的半径按下式计算：

$$\delta=\frac{1}{2}\sqrt{\frac{4P}{\pi p}} \tag{13-11}$$

式中：P——车轮上的荷载(kN)；

p——轮胎接地压力(kPa)。

对于 BZZ—100 标准车，当量圆半径 δ=10.65cm。

③材料泊松比是反算回弹模量的必要指标，而且对反算结果影响较大，其值随测定方法及边界条件不同而异。但我国历来取用相同的值，取用时可参照相应设计规范的值，其中路基 μ 值，我国通常习惯采用 0.35，沥青材料通常采用 0.25。当无相应依据时，可参考美国 AASHTO 路面设计指南(1987 年版)的规定(如表 13-6 所列，此表规定仅适用于弯沉计算)。

④弯沉系数的取值。贝克曼梁所测弯沉为轮隙中心的竖向变形。根据弹性层状体系下双圆均布荷载图式(图 13-9)可知，轮隙中心的计算弯沉值可由式(13-12)得出。

AASHTO 规定的道路材料供弯沉计算用的泊松比 μ 值 表 13-6

材　料	泊松比范围	备　考		常用泊松比
水泥混凝土	0.10～0.20			0.15
沥青混凝土、沥青碎石	0.15～0.45	温度(℃)	<0　20　30　40　>50	0.35
		μ	0.15　0.2　0.3　0.4　0.45	
水泥稳定基层	0.15～0.30	无裂缝、龄期长，取小值；裂缝多、龄期短，取大值		0.20
石灰粉煤灰稳定基层	0.15～0.30	同上		0.25
无结合料粒料基层	0.30～0.40	碎石取低值		0.35
土基	0.30～0.50	非黏性土 0.30，高黏性土可近似 0.50		0.40

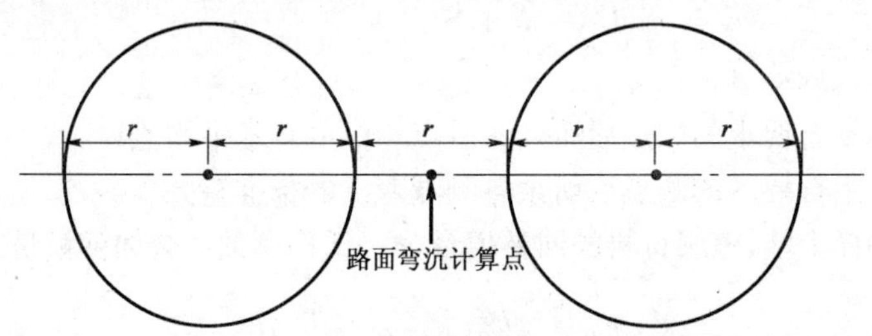

图 13-9　双圆均布荷载图式

$$W=-\frac{1+\mu_j}{E_j}q\delta\int_0^{\infty}\frac{J_0\left(\frac{r}{\delta}x\right)J_1(x)}{x}\left\{\left[A_j+\left(2-4\mu_j+\frac{z}{\delta}x\right)B_j\right]e^{-\frac{z}{\delta}x}+\left[C_j-\left(2-4\mu_j-\frac{z}{\delta}x\right)D_j\right]e^{-\frac{z}{\delta}x}\right\}dx \tag{13-12}$$

轮隙中心的计算弯沉值实际上是双圆在中心处产生竖向变形的叠加值，将其换算成当量圆单圆荷载下的弯沉，去除荷载、荷载半径、模量等常量的影响，即可得弯沉系数为a=0.712。

第四节 动力锥贯入仪测定路基路面回弹模量试验方法

动力锥贯入仪(Dynamic Cone Penetrometer,简称 DCP)在英国、美国、南非等国家被广泛用于测定路面结构性能,它是通过测定路基路面对锥杆的贯入阻力来评价强度的一种方法。对于 DCP 与回弹模量的关系,目前国内还处于探研阶段,实际应用中宜根据实际情况标定后采用。

一、目的与适用范围

本方法适用于动力锥贯入仪(DCP)现场快速测定或评估无结合料材料路基、路面的强度。实际使用中,对细粒土的检测效果较好,对于粗粒土、土石混填、压实后的粒料基层,检测过程有一定难度。

二、动力锥贯入仪的技术要求

结构与形状如图 13-10 所示,包括手柄、落锤、导向杆、联轴器(锤座)、扶手、夹紧环、探杆、1m 刻度尺及锥头。标准落锤质量为 8kg 或 10kg。锥头锥尖角度为 90°、60°或 30°等;最大直径 20mm。锥头最大允许磨损尺寸尖端为 4mm,直径为 10%,否则必须更换。

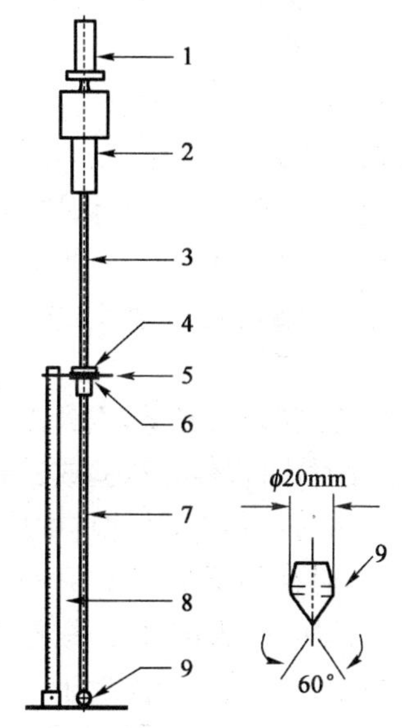

图 13-10 动力锥贯入仪的结构与形状示意图
1-手柄;2-落锤;3-导向杆;4-联轴器;5-扶手;6-夹紧环;7-探杆;8-1m 刻度尺;9-锥头

三、方法与步骤

1. 准备工作

(1)利用当地材料进行对比试验,建立现场 CBR 值或强度与用 DCP 测定的贯入度 D_d 或贯入阻力 Q_d 之间的相关关系。测点数宜不少于 15 个,相关系数 R 应不小于 0.95。

南非在使用中积累了 DN 值与土的弹性模量(E)、加州承载比(CBR)、无侧限抗压强度(UCS)等相应土性指标的关系,现列于下,以供参考。

DN 与 CBR 关系式:

$$\mathrm{CBR}=441\mathrm{DN}^{-1.31} \tag{13-13}$$

DN 与 E 关系式:

$$E=1\ 123\mathrm{DN}^{-1.064} \tag{13-14}$$

DN 与 UCS 关系式:

$$\mathrm{UCS}=3\ 218\mathrm{DN}^{-1.158} \tag{13-15}$$

(2)放入落锤,将仪器的导向杆与探杆在联轴器处紧固连接,保证不会松动。

(3)将 DCP 竖直立于硬地(如水泥混凝土)上,然后记录初始读数。

在实际现场试验时，往往由于以下两个原因，在装配好仪器后，一般直接在确定的测点位置垂直竖立起贯入仪，待平稳后读取初始读数。

①由于贯入仪及落锤自身的重力，竖立好仪器后在土质表面已经贯入少量深度，采用在硬质表面读取的初始读数就会带来误差。若在竖立贯入仪同时托起落锤不使其重力加在贯入杆上相对好一些，但操作困难。

②测试现场表面并不平整，米尺立点位置和贯入点位置的高差每次均不同。

(4)根据需要选择有代表性的测点，测点应位于平整的路基、路面基层、面层上。如果要探测的层位上面有难以穿透的坚硬结构层时，应钻孔或刨挖至其顶面。

2.测试步骤

(1)将 DCP 放至测点位置。一人手扶仪器手柄，使探杆保持竖直。一人提起落锤至导向杆顶端，然后松开，使之呈自由落体下落。如果试验中探杆稍有倾斜，不可扶正；如果倾斜较大，造成落锤不是自由落体，则该点试验应废弃。

(2)读取贯入深度。每贯入约 10mm 读一次数，记录锤击数和贯入量(mm)。

注：对于粒料基层，可能每 5 次或 10 次锤击读数一次；对于比较软弱的结构层，可能每 1～2 次锤击读数一次。

(3)连续锤击、测量，直到需要的结构层深度。当材料层坚硬，贯入量低到连续锤击 10 次而无变化时，可以停止试验或钻孔透过后继续试验。

(4)将落锤移走，从探坑中取出 DCP 仪器。

试验时往往至少需要 3～4 人，一人扶贯入杆，一人举升落锤，一人读取并记录贯入读数(或一人读数，一人记录)。根据贯入点土质的坚硬程度，可以选择锤击 1～5 次记录一次米尺读数，以使每次读数间隔大于 10mm，从而减少读数误差。

每个测试点建议进行两次平行测试，以作校验。

四、计算

(1)DCP 的测试结果可以用锤击次数为横坐标，贯入深度为纵坐标的贯入曲线表示，或使用专用的计算机程序进行处理，得出结构层材料的现场强度或 CBR 值等。

(2)通常可以计算出贯入度(平均每次的贯入量，mm/锤击次数)D_d，按得出的相关关系式(13-16)计算 CBR 值。

$$\lg(\mathrm{CBR}) = a - b \cdot \lg(D_d) \tag{13-16}$$

式中：CBR——结构层材料的现场 CBR 值；

D_d——贯入度(mm)；

a、b——回归系数。

(3)也可以按荷兰公式(13-17)计算出动贯入阻力 Q_d，按得出的相关关系式(13-18)计算 CBR 值。

$$Q_d = \frac{M}{M+m} \cdot \frac{MgH}{A} \tag{13-17}$$

式中：Q_d——动贯入阻力(kPa)；

m——贯入器即被打入部分(包括锥头、探杆、锤座和导向杆等)的质量(kg)；

M——落锤质量(kg)；

g——重力加速度($9.8m/s^2$)；

H——落距(m)；

A——探头截面积(cm^2)。

$$\lg(CBR)=a+b\cdot\lg(Q_d) \tag{13-18}$$

式中：CBR——结构层材料的现场CBR值；

Q_d——动贯入阻力(kPa)；

a、b——回归系数。

根据现场测试结果，一般需要整理计算贯入度，即平均每次的贯入量(mm/锤击次数)D_d，或利用专门计算机程序处理。以下举例说明贯入度计算方法。试验原始记录见表13-7。

试验原始记录　　表13-7

点位 / 锤击次数(1锤间隔)	K000+000	K000+001	点位 / 锤击次数(3锤间隔)	……
0	53	53	0	……
1	156	161	3	
2	281	257	6	
3	385	338	9	
4	440	410	12	
5	475	465	15	
6	518	505	18	

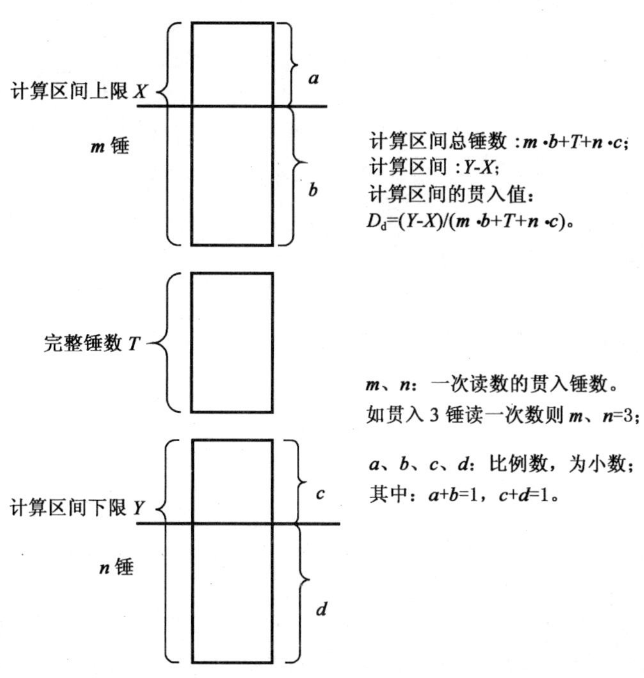

根据上述计算方法，计算出的分计贯入值如表 13-8 所示。

计算后的分计贯入值　　表 13-8

点位 锤击次数	1号	2号	点位 锤击次数	1号	2号
1	103	108	4	55	72
2	125	96	5	35	55
3	104	81	6	43	40

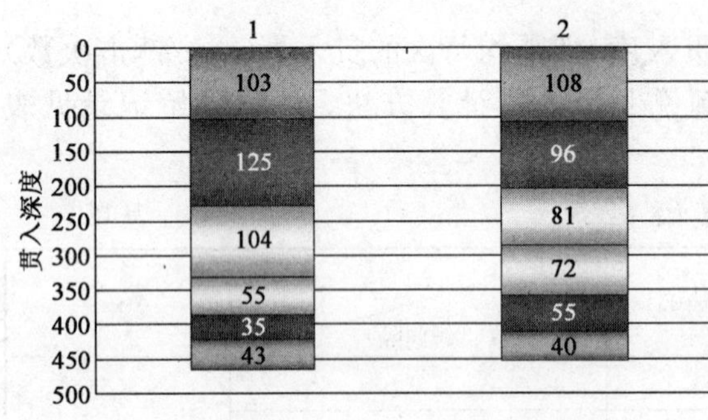

图 13-11　1、2 号点位贯入深度

如图 13-11 所示，采用等比例内插的方式，可以计算出任意区间的贯入度。以 1 号点位为例，计算 0～30cm 的 DN 值，过程如下：

由图 13-11 可知，第三锤已经穿过 30cm。第三锤累计贯入深度为 332mm，超过 30cm 部分 32mm，第三锤的分计贯入值是 104mm，因此第三锤在 30cm 以下部分所占比例为：32/104＝0.31，在 30cm 以上部分所占比例为 1－0.31＝0.69，所以仪器贯入 0～30cm 仅用了 2＋0.69＝2.69 锤，因此 D_d 值就是单位锤数贯入的深度 DN＝300mm/2.69＝111.5mm。

若求 30～60cm 范围的贯入值，则将跨过 30cm 及 60cm 的锤数按比例折算成小数计入总锤数。

第十四章

承载能力

通常所说的回弹弯沉值是指标准后轴载双轮组轮隙中心处的最大回弹弯沉值。国内外普遍采用回弹弯沉来表征路基路面的承载能力，回弹弯沉值越大，承载能力越小，反之则越大。然而值得一提的是，关于弯沉与承载能力之间关系的看法并不一致。国际上普遍认为，路面结构承载力的合理定义为：路面结构在达到不能接受的结构性破坏或功能性破坏之前，所能承受的一定类型车辆的通过次数。沥青路面开裂造成的结构性破坏主要与面层材料中的最大拉应力或最大拉应变有关，路面出现车辙或平整度降低造成的功能性破坏主要与基层或路基散粒体材料中的最大压应力或最大压应变有关。国际沥青路面协会1989年颁发的《沥青路面评价和罩面设计指南》曾推荐沥青路面承载能力计算公式如下：

对沥青面层

$$N = 10^6 \times \left[\frac{\varepsilon_t}{240} \times \left(\frac{E_{ac}}{3\,000}\right)^{0.85}\right]^{-3.29}$$

对散粒体材料(基层及路基)

$$N = 10^6 \times \left[\frac{\sigma_v}{0.164} \times \left(\frac{E_u}{160}\right)^{b}\right]^{-3.26}$$

式中：N——路面承载力，标准轴载下的容许累计当量次数；

ε_t——沥青面层的最大拉应变($mm/mm \times 10^{-6}$)；

E_{ac}——沥青面层的弹性模量(MPa)；

σ_v——基层或路基的最大压应力(MPa)；

E_u——相应基层或路基的弹性模量(MPa)。

其中，$E_u < 160$MPa时，$b = -1.16$，其他$b = -1.0$，N取各层中的最小值。我国沥青路面设计以回弹模量作为设计参数，路面结构层厚度计算以回弹弯沉和层底拉应力作为力学控制指标。虽然大量实践和研究资料表明，路面结构的承载能力与其回弹弯沉值并不存在简单的线性关系。但弯沉还是从一定程度上反映了路基路面的承载能力，而且直接应用表面弯沉作为承载力评估的指标具有明显的优点，因为野外测量容易，也不需要额外的计算分析。

回弹弯沉值在我国已广泛使用且有很多经验及研究成果，它不仅用于路面结构设计中，用于施工控制及施工验收中，同时还用在旧路补强设计中，是公路工程中一个重要的基本参数，所以正确的理解和测试具有重要的意义。

我们一般所检测的弯沉是指在规定的标准轴载作用下，路基或路面表面轮隙位置产生的总垂直变形(总弯沉)或垂直回弹变形值(回弹弯沉)，以0.01mm为单位。根据设计年限内一个车道上预测通过的累积当量轴次、公路等级、面层和基层类型而确定的弯沉是路面弯沉设计值。竣工验收弯沉值是检验路面是否达到设计要求的指标之一。当路面厚度计算以设计弯沉值为控制指标时，则竣工验收弯沉值应小于或等于设计弯沉值；当厚度计算以层底拉应力为控制指标时，应根据拉应力计算所得的结构厚度，重新计算路面弯沉值，该弯沉值即为竣工验收弯沉值。

第一节　贝克曼梁测定路基路面回弹弯沉试验方法

一、目的与适用范围

(1)本方法适用于测定各类路基路面的回弹弯沉以评定其整体承载能力，可供路面结构设计使用。

本方法测试的是路面结构体的静态回弹弯沉，而非总弯沉。总弯沉测定须采用后退加载法，对半刚性基层来说，弯沉影响范围大至 3～5m，汽车必须距离测定点很远，对驾驶员技术要求很高，精确测定十分困难。

(2)沥青路面的弯沉检测以沥青面层平均温度 20℃时为准，当路面平均温度在 20±2℃以内可不修正，在其他温度测试时，对沥青层厚度大于 5cm 的沥青路面，弯沉值应进行温度修正。

弯沉温度修正的控制温度只是沥青面层平均温度，并非路表温度，更不是气温。另外，该方法不适合在大风或雨雪天气采用，周围有重型交通或震动时，也不宜采用。

二、仪具与材料技术要求

(1)标准车：双轴，后轴双侧 4 轮的载货车，其标准轴荷载、轮胎尺寸、轮胎间隙及轮胎气压等主要参数应符合表 14-1 的要求。测试车应采用后轴 10t 标准轴载 BZZ—100 的汽车。

我国早期弯沉测试规定使用的两个荷载等级标准车技术参数主要源自解放牌 CA-10B 型及黄河牌 JN—150 型，目前这两种车型已基本消失，显然已不能作为实际使用的标准车型。因此目前统一采用 BZZ—100kN 的荷载等级，并且凡轴重、轮压、气压等主要参数符合要求的车型皆可使用，即双轴，后轴双侧 4 轮的载货车。根据国内外研究资料，影响路表弯沉测定的主要因素为荷载大小、轮胎尺寸、轮胎间距和轮胎压力，但需要指出的是，弯沉测试中最终要控制的指标是地面荷载压强。因此，标准车标准轴荷载、轮胎尺寸、轮胎间隙及轮胎气压等主要参数既可参照表 14-1，也可通过调节所选用型号轮胎的双轮间隙和轮胎气压来得到规定的当量圆面积，从而达到控制承载面压强的要求，建议可选择采用 10～20(in，1in＝0.025 4m)12PR 层级或者 11～20(in)12PR 层级型号轮胎。

弯沉测定用的标准车参数　　表 14-1

标准轴载等级	BZZ—100	轮胎充气压力(MPa)	0.70±0.05
后轴标准轴载 P(kN)	100±1	单轮传压面当量圆直径(cm)	21.30±0.5
一侧双轮荷载(kN)	50±0.5	轮隙宽度	应满足能自由插入 弯沉仪测头的测试要求

(2)路面弯沉仪：由贝克曼梁、百分表及表架组成，贝克曼梁由合金铝制成，上有水准泡，其前臂(接触路面)与后臂(装百分表)长度比为2∶1。弯沉仪长度有两种：一种长3.6m，前后臂分别为2.4m和1.2m；另一种加长的弯沉仪长5.4m，前后臂分别为3.6m和1.8m。当在半刚性基层沥青路面或水泥混凝土路面上测定时，应采用长度为5.4m的贝克曼梁弯沉仪；对柔性基层或混合式结构沥青路面可采用长度为3.6m的贝克曼梁弯沉仪测定。弯沉采用百分表量得，也可用自动记录装置进行测量。

为避免支点变形带来的麻烦，目前一般均采用5.4m的贝克曼梁进行检测。贝克曼梁弯沉仪是该方法的关键仪器，试验前，应按照贝克曼梁相关行业标准及检定规程，对仪器挠度、顺直度等关键性能指标进行必要的检验，为试验准确性提供保障。

(3)接触式路表温度计：端部为平头，分度不大于1℃。

三、方法与步骤

1.准备工作

(1)检查并保持测定用标准车的车况及制动性能良好、轮胎内胎符合规定充气压力。

(2)向汽车车槽中装载铁块或集料，并用地中衡称量后轴总质量及单侧轮荷载，均应符合要求的轴重规定，汽车行驶及测定过程中，轴重不得变化。

(3)测定轮胎接地面积：在平整光滑的硬质路面上用千斤顶将汽车后轴顶起，在轮胎下方铺一张新的复写纸，轻轻落下千斤顶，即在方格纸上印上轮胎印痕，用求积仪或数方格的方法测算轮胎接地面积，准确至0.1cm^2。

(4)检查弯沉仪百分表量测灵敏情况。

(5)当在沥青路面上测定时，用路表温度计测定试验时气温及路表温度(一天中气温不断变化，应随时测定)，并通过气象台了解前5d的平均气温(日最高气温与最低气温的平均值)。

(6)记录沥青路面修建或改建材料、结构、厚度、施工及养护等情况。

2.测试步骤

(1)在测试路段布置测点，其距离随测试需要而定。测点应在路面行车车道的轮迹带上，并用白油漆或粉笔画上标记。

(2)将试验车后轮轮隙对准测点后约3～5cm处的位置上。

(3)将弯沉仪插入汽车后轮之间的缝隙处，与汽车方向一致，梁臂不得碰到轮胎，弯沉仪测头置于测点上(轮隙中心前方3～5cm处)，并安装百分表于弯沉仪的测定杆上，百分表调零，用手指轻轻叩打弯沉仪，检查百分表应稳定回零。

弯沉仪可以是单侧测定，也可以是双侧同时测定。

(4)测定者吹哨发令指挥汽车缓缓前进，百分表随路面变形的增加而持续向前转动。当表针转动到最大值时，迅速读取初读数L_1。汽车仍在继续前进，表针反向回转，待汽车驶出弯沉影响半径(约3m以上)后，再次读取终读数L_2。汽车前进的速度宜为5km/h左右。

为了能够清晰地看到百分表正转和反转的过程，可适当加大轮隙与测点的距离，但不宜大于15cm，否则容易发生碰梁现象。

安装百分表时，应注意留有一定的余地，因为测试过程中，百分表既要正转，也要反转，应调节百分表架与测定杆到合适的接触深度。然后将百分表调零，用手指轻轻叩打弯沉仪，检查百分表是否稳定回零。连续测试时,可不每次调零,但须记录百分表初始读数,这样可以提高检测效率。

3. 弯沉仪的支点变形修正

(1)当采用长度为3.6m的弯沉仪进行弯沉测定时,有可能引起弯沉仪支座处变形,在测定时应检验支点有无变形。如果有变形,此时应用另一台检测用的弯沉仪安装在测定用弯沉仪的后方,其测点架于测定用弯沉仪的支点旁。当汽车开出时,同时测定两台弯沉仪的弯沉读数,如检验弯沉仪百分表有读数,即应该记录并进行支点变形修正。当在同一结构层上测定时,可在不同位置测定5次,求取平均值,以后每次测定时以此作为修正值。支点变形修正原理如图14-1所示。

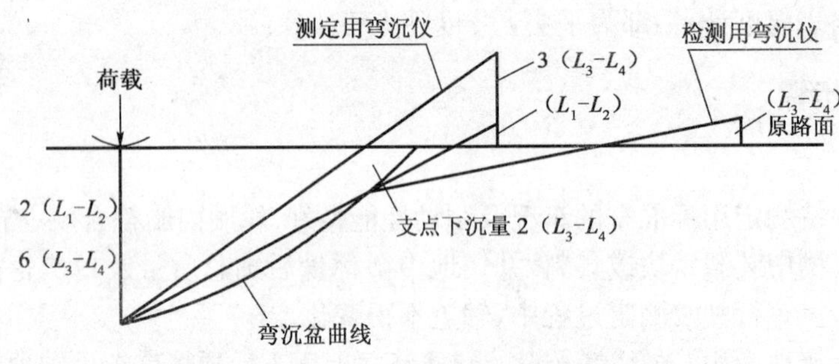

图14-1 弯沉仪支点变形修正原理

(2)当采用长度为5.4m的弯沉仪测定时,可不进行支点变形修正。

四、结果计算及温度修正

(1)路面测点的回弹弯沉值依下式计算:

$$l_T = (L_1 - L_2) \times 2 \tag{14-1}$$

式中:l_T——在路面温度T时的回弹弯沉值(0.01mm);

L_1——车轮中心临近弯沉仪测头时百分表的最大读数(0.01mm);

L_2——汽车驶出弯沉影响半径后百分表的终读数(0.01mm)。

(2)当需进行弯沉仪支点变形修正时,路面测点回弹弯沉值按下式计算:

$$l_T = (L_1 - L_2) \times 2 + (L_3 - L_4) \times 6 \tag{14-2}$$

式中:L_1——车轮中心临近弯沉仪测头时测定用弯沉仪的最大读数(0.01mm);

L_2——汽车驶出弯沉影响半径后测定用弯沉仪的最终读数(0.01mm);

L_3——车轮中心临近弯沉仪测头时检验用弯沉仪的最大读数(0.01mm);

L_4——汽车驶出弯沉影响半径后检验用弯沉仪的终读数(0.01mm)。

注:此式适用于测定用弯沉仪支座处有变形,但百分表架处路面已无变形的情况。

(3)沥青面层厚度大于5cm的沥青路面,回弹弯沉值应进行温度修正,温度修正及回弹弯沉的计算宜按下列步骤进行。

①测定时的沥青层平均温度按下式计算:

$$T = (T_{25} + T_m + T_e)/3 \tag{14-3}$$

式中:T——测定时沥青层平均温度(℃);

T_{25}——路表下 25mm 处的温度(℃);

T_m——沥青层中间深度的温度(℃);

T_e——沥青层底面处的温度(℃)。

可按《公路路基路面现场测试规程》(JTG E60—2008)的图解法,查出相应系数,按式(14-3)计算测定时沥青层平均温度 T,而后查出温度修正系数 K。

另外,温度修正也可参考现行《公路沥青路面设计规范》(JTG D50—2006)的公式法执行,即:

当 $T \geqslant 20$℃时

$$K = e^{\left(\frac{1}{T}-\frac{1}{20}\right)h}$$

当 $T < 20$℃时

$$K = e^{0.002(20-T)h}$$

式中:T——沥青面层平均温度(℃);

h——沥青面层厚度(cm)。

②沥青路面回弹弯沉按下式计算:

$$l_{20} = l_T \times K \tag{14-4}$$

式中:K——温度修正系数;

l_{20}——换算为 20℃的沥青路面回弹弯沉值(0.01mm);

l_T——测定时沥青面层的平均温度为 T 时的回弹弯沉值(0.01mm)。

第二节　自动弯沉仪测定路面弯沉试验方法

为提高测试效率和准确度,英、法等国于 20 世纪 70 年代末期利用快速发展的电子和计算机技术研制开发出了自动弯沉仪。自动弯沉仪的基本测试原理是模仿贝克曼梁的工作方式,只是采用位移传感器替换了百分表进行自动测量,同时改变了测臂的长度比例,通过工业微机固化程序控制测量机构自动运作,并将所测弯沉值直接自动记录到微机中,减轻了现场测试人员的劳动强度。

一、目的与适用范围

本方法适用于各类 Lacroix 型自动弯沉仪在新、改建路面工程的质量验收,无严重坑槽、车辙等病害的正常通车条件下连续采集沥青路面弯沉数据。

本方法测试的是路面结构体的静态总弯沉,而非回弹弯沉,与贝克曼梁弯沉有所区别。由于采取连续测量的方式,探测梁需要在被测路面上拖动,因此要求路面无严重坑槽、车辙等病害,避免损坏探测梁。

二、仪具与材料技术要求

(1)Lacroix 型自动弯沉仪由承载车、测量机架及控制系统、位移、温度和距离传感器、数据采集与处理系统等基本部分组成,如图 14-2 所示。

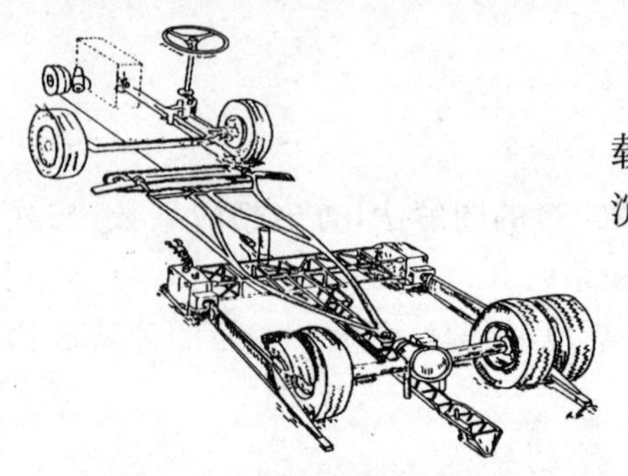

图 14-2 自动弯沉仪的测量机构

(2)设备承载车技术要求和参数：

自动弯沉仪的承载车辆应为单后轴、单侧双轮组的载重车，其标准条件参考贝克曼梁测定路基路面回弹弯沉试验方法中 BZZ—100 车型的标准参数。

(3)测试系统基本技术要求和参数：

位移传感器分辨率：0.01mm。

位移传感器有效量程：≥3mm。

设备工作环境温度：0～60℃。

距离标定误差：≤1%。

三、方法与步骤

1.准备工作

(1)位移传感器标定。每次测试之前必须按照设备使用手册规定的方法进行位移传感器的标定，记录下标定数据并存档。

(2)检查承载车轮胎气压。每次测试之前都必须检查后轴轮胎气压，应满足 0.70±0.05MPa要求。

(3)检查承载车轮载。一般每年检查一次，如果承载车因改装等原因改变了后轴载，也必须进行此项工作，后轴载应满足 100±1kN 要求。

(4)检查测量架的易损部件情况，及时更换损坏部件。

(5)打开设备电源，检查控制面板功能键、指示灯、显示器等应正常。

(6)开动承载车试测 2～3 个步距，观察测试机构应正常，否则需要调整。

一般来说，测试系统需要定期进行传感器标定，尤其长期停放或长距离行驶后再次使用时。此外，每次现场测试开始前，必须检查车辆轮胎气压，满足规定要求。

2.测试步骤

(1)测试系统在开始测试前需要通电预热，时间不少于设备操作手册要求，并开启工程警灯和导向标等警告标志。

(2)在测试路段前 20m 处将测量架放落在路面上，并检查各机构的部件情况。

(3)操作人员按照设备使用手册的规定和测试路段的现场技术要求设置完毕所需的测试状态。

(4)驾驶员缓慢加速承载车到正常测试速度，沿正常行车轨迹驶入测试路段。

(5)操作人员将测试路段起终点、桥涵等特殊位置的桩号输入到记录数据中。

(6)当测试车辆驶出测试路段后，操作人员停止数据采集和记录，并恢复仪器各部分至初始状态，驾驶员缓慢停止承载车，提起测量架。

(7)操作人员检查数据文件应完整，内容应正常，否则需要重新测试。

(8)关闭测试系统电源，结束测试。

四、计算

(1)采用自动弯沉仪采集路面弯沉盆峰值数据；

(2)数据组中左臂测值、右臂测值按单独弯沉处理；

(3)对原始弯沉测试数据进行温度、坡度、相关性等修正。

自动弯沉仪测定的是路面结构总弯沉，我国现行设计规范中所采用的设计弯沉值都是指路面回弹弯沉值，所以需要经过相关性修正后才能用于路面评价或设计。关于自动弯沉仪所采集的弯沉盆数据，目前还没有统一的认识，因为它所采集的弯沉盆，是在测点不变、荷载位置发生变化的情况下采集得到的，与 FWD 的弯沉盆不是一个概念，并非真正意义上的弯沉盆。

五、弯沉值的横坡修正

当路面横坡不超过 4%时，不进行超高影响修正，当横坡超过 4%时，超高影响的修正参照表 14-2 的规定进行。

弯沉值的横坡修正　　表 14-2

横坡范围	高位修正系数	低位修正系数
>4%	$\frac{1}{1-i}$	$\frac{1}{1+i}$

注：i 是路面横坡，单位%。

路面正常横坡一般在 1.5%～2.0%之间，但在一些小半径的平曲线路段，路面横坡的超高会使自动弯沉仪两侧轮重差异加大，从而导致两个轮迹在不同荷载条件下进行弯沉测试。为了量化路面超高对弯沉测值的影响，首先分析自动弯沉仪在路面上的受力情况，如图 14-3 所示。

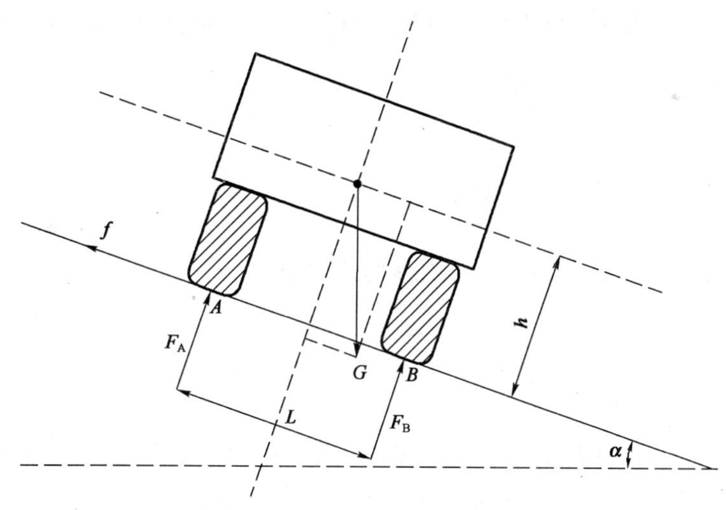

图 14-3　自动弯沉仪受力分析图

G-重力；L-轮距；h-重心距路面距离；α-路面倾角

从受力和力矩平衡原理分析，可以得到下面的受力平衡方程式：

$$\begin{cases} F_A + F_B = G \cdot \cos\alpha \\ f = G \cdot \sin\alpha \\ f \cdot h + F_A \cdot \dfrac{L}{2} = F_B \cdot \dfrac{L}{2} \end{cases}$$

由上述力矩平衡公式得到：

$$F_B = F_A + 2f\frac{h}{L} \tag{14-5}$$

从而得到：

$$\begin{aligned}&2F_A + 2G\cdot\sin\alpha\frac{h}{L} = G\cdot\cos\alpha\\&\Rightarrow F_A = G\left(\frac{1}{2}\cos\alpha - \frac{h}{L}\sin\alpha\right)\end{aligned} \tag{14-6}$$

$$2F_A - 2G\cdot\sin\alpha\cdot\frac{h}{L} = G\cdot\cos\alpha$$

$$\Rightarrow F_B = G\left(\frac{1}{2}\cos\alpha + \frac{h}{L}\sin\alpha\right) \tag{14-7}$$

从目前国内现有自动弯沉仪型号测量，L 近似为 h 的 2 倍。这样可以将式(14-6)、式(14-7)简化为下面公式：

$$F_A = \frac{G}{2}(\cos\alpha - \sin\alpha) = \frac{\sqrt{2}}{2}G\cdot\sin(45° - \alpha) \tag{14-8}$$

$$F_B = \frac{G}{2}(\cos\alpha + \sin\alpha) = \frac{\sqrt{2}}{2}G\cdot\sin(45° + \alpha) \tag{14-9}$$

由式(14-8)、式(14-9)可知，随着横坡的增加，自动弯沉仪两个轮子的轮重都在变化，高位轮重逐渐减少，低位轮重逐渐增大。当 α(弧度)很小，$\cos\alpha$ 近似为 1，$\alpha\approx\sin\alpha\approx\tan\alpha$，$\tan\alpha=i$。$F_A$可表示为：

$$F_A = \frac{1}{2}G\cdot(1-\alpha)$$

所以，高位修正系数为 $\frac{1}{1-i}$，低位修正系数为 $\frac{1}{1+i}$。

六、自动弯沉仪与贝克曼梁弯沉测值对比试验

1. 试验条件

(1)按弯沉值不同水平范围选择不少于 4 段路面结构相似的路段。路段长度可为 300～500m，标记好起终点位置。

(2)对比试验路段的路面应清洁干燥，温度应在 10～35℃范围内，并且温度变化不大的时间，天气宜选择在晴天无风条件，试验路段附近没有重型交通和震动。

2. 试验步骤

(1)按照自动弯沉仪测试步骤，令自动弯沉仪按照正常测试车速测试选定路段，工作人员仔细用油漆每隔三个测试步距或约 20m 标记测点位置。

(2)自动弯沉仪测试完毕后，等待 30min。然后，在每一个标记位置用贝克曼梁按照贝克曼梁测定路基路面回弹弯沉试验方法测定各点回弹弯沉值。

3. 试验数据处理

从自动弯沉仪的记录数据中按照路面标记点的相应桩号提出各试验点测值，并与贝克曼

梁测值一一对应，用数理统计的回归分析方法得到贝克曼梁测值和自动弯沉仪测值之间的相关关系方程，相关系数 R 不得小于 0.95。

由于路面结构和路基条件的不同都会影响相关关系式的建立，因此选择对比试验的路段时，路面路基条件应基本相同。对于一个地区而言，可以选择几种不同的路面结构及路基条件，分别建立相关关系式进行换算。为了使关系式更具有代表性，对比试验路段的弯沉分布范围应尽量宽。在做对比试验时，路段附近应没有重型交通和震动，这两种情况都对测值有较大影响。测试路段宜选在正常横坡、纵坡较小的路段。自动弯沉仪测试速度变化范围较小，一般不考虑测试速度的影响，但由于路面结构承受荷载作用需要一定的反应时间，测试速度不宜过快。

在做贝克曼梁测试时，承载车不可长时间作用在测点的路面上。因此，选择每隔三个测试步距确定一个对比点。为了给路面一个充分的恢复时间，当自动弯沉仪测完后，等待 30min 后再进行贝克曼梁弯沉测试。

自动弯沉仪测值不能直接用于路面结构设计或承载能力评价，需要换算成回弹弯沉，故报告中应给出与贝克曼梁测值的相关关系式及相关系数。

第三节 落锤式弯沉仪测定弯沉试验方法

一、目的与适用范围

本方法适用于测定在落锤式弯沉仪（FWD）标准质量的重锤落下一定高度发生的冲击荷载作用下，路基或路面表面所产生的瞬时变形，即测定在动态荷载作用下产生的动态弯沉及弯沉盆。并可由此反算路基路面各层材料的动态弹性模量，作为设计参数使用。所测结果经转换至回弹弯沉值后可用于评定道路承载能力，也可用于调查水泥混凝土路面接缝的传力效果，探查路面板下的空洞等。

落锤式弯沉仪（FWD）不仅可以测试通常所说的弯沉值，还可以快速地测出弯沉盆。其应用潜力较大，但需要说明以下几点：

（1）落锤式弯沉仪（FWD）采用的是冲击荷载，与贝克曼梁及自动弯沉仪的荷载形式有区别。从某种程度上讲，它的冲击荷载更好地模拟了车辆在实际行驶中对路面的作用。FWD 是测定在动态荷载作用下产生的动态弯沉及弯沉盆，而且 FWD 输出的弯沉峰值，是总弯沉，而不是回弹弯沉。因此，其值与贝克曼梁的静态弯沉不可直接对比。按照我国现行路面结构设计及评价体系，FWD 所测结果经转换至回弹弯沉值后才可用于评定道路承载能力。

（2）关于利用落锤式弯沉仪（FWD）数据反算路基路面各层材料弹性模量的技术，一直是国际上的热门研究课题，各种反算方法层出不穷，但目前，反算技术在我国的应用范围极为有限。

（3）通过对弯沉数据的分析，FWD 还可用于调查水泥混凝土路面接缝的传力效果，探查路面板下的空洞等。

（4）落锤式弯沉仪（FWD）是自动化设备，其检定/校准工作应引起足够重视，以保证其量值的准确性。

二、仪具与材料技术要求

落锤式弯沉仪，简称 FWD，由荷载发生装置、弯沉检测装置、运算控制系统与车辆牵引系统等组成。

(1)荷载发生装置，重锤的质量及落高根据使用目的与道路等级选择，荷载由传感器测定，如无特殊需要，重锤的质量为 200kg±10kg，可采用产生 50kN±2.5kN 的冲击荷载，承载板宜为十字对称分开成 4 部分且底部固定有橡胶片的承载板。承载板的直径一般为 300mm。

(2)弯沉检测装置，由一组高精度位移传感器组成，传感器可为差动变压器式位移计(LVDT)或地震检波器。自承载板中心开始，沿道路纵向隔开一定距离布设一组传感器，传感器总数不少于 7 个，建议布置在 0～250cm 范围以内，必须包括 0、30、60、90 四点，其他根据需要及设备性能决定。

(3)运算及控制装置，能在冲击荷载作用的瞬间内，记录冲击荷载及各个传感器所在位置测点的动态变形。

(4)牵引装置，牵引 FWD 并安装运算及控制装置的车辆。

三、方法与步骤

1. 准备工作

(1)调整重锤的质量及落高，使重锤的质量及产生的冲击荷载符合第二条的要求。

(2)在测试路段的路基或路面各层表面布置测点，其位置或距离随测试需要而定。当在路面表面测定时，测点宜布置在行车车道的轮迹带上。测试时，还可利用距离传感器定位。

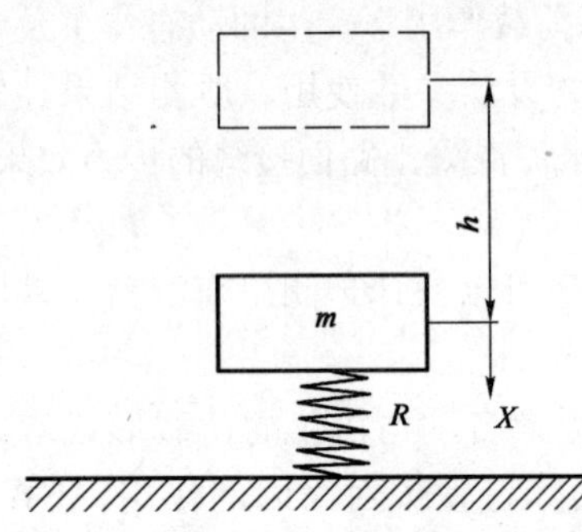

图 14-4 FWD 分析模型

(3)检查 FWD 的车况及使用性能，用手动操作检查，各项指标符合仪器规定要求。

(4)将 FWD 牵引至测定地点，将仪器打开，进入工作状态。牵引 FWD 行驶的速度不宜超过 50km/h。

(5)对位移传感器按仪器使用说明书进行标定，使之达到规定的精度要求。

落锤式弯沉仪(FWD)是通过一定质量的重物自由落下锤击一块具有一定刚性的承载板作用于路表，然后通过按一定间距布置的传感器测定路表的变形响应(即所谓的弯沉盆)。其分析模型如图 14-4 所示。

假定质量为 m 的落锤从 h 高度落下，根据能量转换公式：

$$mgh = \frac{1}{2}mv^2 \tag{14-10}$$

刚度为 k 承载板，受到落锤冲击后产生振动，其振动方程为：

$$z = C_1\cos\omega t + C_2\sin\omega t \tag{14-11}$$

式中：ω——振动频率；

t——时间；

C_1、C_2——待定系数。

由初始条件：$z_{t=0}=0 \quad \dot{z}_{t=0}=v$ 解得振动方程的系数：$C_1=0, C_2=\frac{\sqrt{2gh}}{\omega}$。

并注意到：$\omega=\sqrt{k/m}$。

则，将系数代入振动方程，并计算 z 的二阶导数得：

$$z''=\omega\sqrt{2gh}=\sqrt{\frac{2ghk}{m}}$$

最后可根据牛顿定律，得到路面所受的最大冲击力为：

$$F_{max}=Mz''=\sqrt{2ghkm} \tag{14-12}$$

由上式可知，通过改变落锤的质量和落高就可对路表施加不同级位的荷载。重锤提升方法一般有液压式和电动式两种，调整重锤质量及落高时，应注意整个系统的负荷条件，锤重或落高过大，可能会使系统负荷过重而发生故障，特别对于电动式的提升方法，更应注意。

2.测试步骤

(1)承载板中心位置对准测点，承载板自动落下，放下弯沉装置的各个传感器。

(2)启动落锤装置，落锤瞬即自由落下，冲击力作用于承载板上，又立即自动提升至原来位置固定。同时，各个传感器检测结构层表面变形，记录系统将位移信号输入计算机，并得到峰值，即路面弯沉，同时得到弯沉盆。每一测点重复测定应不少于 3 次，除去第一个测定值，取以后几次测定值的平均值作为计算依据。

(3)提起传感器及承载板，牵引车向前移动至下一个测点，重复上述步骤，进行测定。

每个测点落锤应不少于三次，一般认为第一锤可让路基结构基本稳定，第二锤仪器自身稳定，试验可直接取第三次落锤测值，也可取后两次测值的平均值。

四、落锤式弯沉仪与贝克曼梁弯沉仪对比试验步骤

1.路段选择

选择结构类型完全相同的路段，针对不同地区选择某种路面结构的代表性路段，进行两种测定方法的对比试验，以便将落锤式弯沉仪测定的动弯沉换算成贝克曼梁测定的回弹弯沉值。选择的对比路段长度 300～500m，弯沉值应有一定的变化幅度。落锤式弯沉仪传感器布置及应力作用状态示例如图 14-5 所示。

2.对比试验步骤

(1)采用与实际使用相同且符合要求的落锤式弯沉仪及贝克曼梁弯沉仪测定车。落锤式弯沉仪的冲击荷载应与贝克曼梁弯沉仪测定车的后轴双轮荷载相同。

(2)用油漆标记对比路段起点位置。

(3)用贝克曼梁定点测定回弹弯沉。测定车开走后，用粉笔以测点为圆心，在周围画一个半径为 15cm 的圆，标明测点位置。

(4)将落锤式弯沉仪的承载板对准圆圈，位置偏差不超过 30mm，按规范规定进行测定。两种仪器对同一点弯沉测试的时间间隔不应超过 10min。

(5)逐点对应计算两者的相关关系。

通过对比试验得出回归方程式 $L_B=a+bL_{FWD}$。式中，L_{FWD}、L_B分别为落锤式弯沉仪、贝克曼梁测定的弯沉值。回归方程式的相关系数 R 应不小于 0.95。

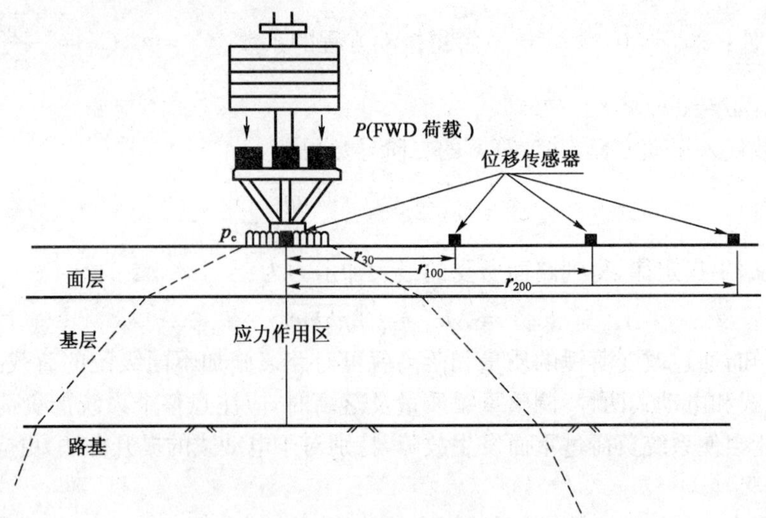

图 14-5 落锤式弯沉仪传感器布置及应力作用状态示例

注:由于不同路面结构和材料,路基状况、温度、水文条件、路面使用状况不同,对比关系也有所不同,为了提高数据的准确性,应分情况做此项对比试验。

在实际对比试验中,由于不同路面结构和材料,路基状况、温度、水文条件、路面使用状况不同以及动静弯沉的固有区别,两者的相关性很难达到要求,在这种情况下,一般可从以下两个因素考虑:

①综合考虑路面结构和材料,路基状况、温度、水文条件、路面使用状况等因素,对路面进行分类,分情况作此项对比试验。

②利用 FWD 的荷载及时程数据(图 14-6),换算出路面的回弹弯沉,再与贝克曼梁弯沉做对比分析。

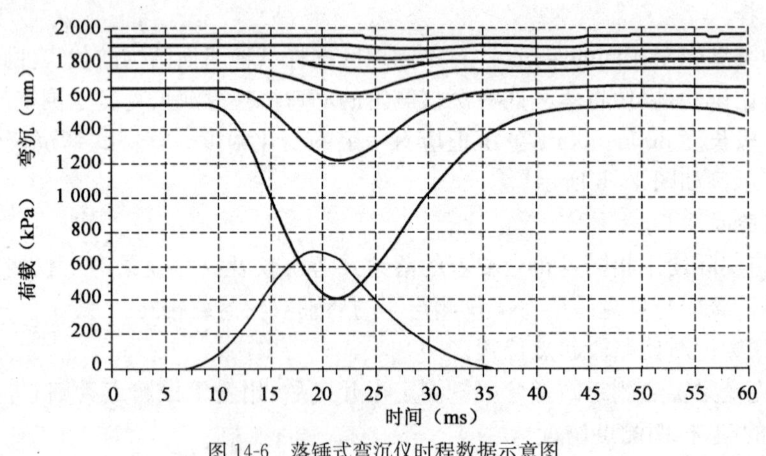

图 14-6 落锤式弯沉仪时程数据示意图

五、水泥混凝土路面板调查的方法与步骤

(1)在测试路段的水泥混凝土路面板表面布置测点,当调查水泥混凝土路面的接缝的传力效果时,测点布置在接缝的一侧,位移传感器分开在接缝两边布置;当探查路面板下的空洞

时，测点布置位置随测试需要而定，应在不同位置测定。

(2)应用落锤式弯沉仪(FWD)在水泥混凝土路面上进行接缝的传力效果及板下地基脱空的评定，实际上是通过分析接缝传荷效果及板下脱空对弯沉的影响规律来实现的。国内外在这方面已取得了很多成果，在路面使用性能评价中得到了广泛的应用。但由于评定方法仍未得到广泛认同，评定结果与实际情况仍存在不一致情况，因此需对脱空评定方法及其理论进行进一步的研究。

一般认为，脱空发生在刚性道面板的缝边与板角处，评定脱空状况的关键是区分脱空与接缝传荷能力变化分别对弯沉产生的影响。即利用 FWD 不同荷载等级下的路面弯沉，分析荷载一弯沉曲线的特征，区分脱空状况与接缝传荷状况对弯沉的影响，进而达到评定脱空状况。脱空的位置和范围，也可借助有限元进行分析。由缝边的板角弯沉值和接缝传荷系数，计算出基础的刚度参数，将此刚度系数与无脱空状态(均匀接触)时标准基础刚度进行比较，得出板下脱空的位置和范围。

六、注意事项

当利用贝克曼梁回弹弯沉值作为工程评价控制指标时，不可直接用 FWD 弯沉值与工程标准比较得出结论，而应先与贝克曼梁弯沉仪进行对比试验，得出相关关系式并换算成回弹弯沉后才可进行比较与评价。

第十五章

抗 滑 能 力

路面抗滑性能是路面的表面安全技术性能，是指车辆轮胎受到制动时，路面防止轮胎滑移的能力。影响抗滑性能的因素主要有路面表面特性、路面潮湿程度和行车速度。路面抗滑性能一般用轮胎与路面间的摩擦系数(如摆值、制动系数、横向力系数等)和表面宏观构造深度来表示。摩擦系数直接表征了道路表面防滑性能水平的高低；路表构造深度体现的是当道路表面有水存在时，路面防止车辆高速行驶情况下摩擦系数下降的能力。抗滑性能测试可采用的方法很多，目前常用的包括铺砂法，激光构造深度仪法，摆式仪法，单、双轮式横向力系数测试仪法等(表 15-1)。

路面抗滑性能测试方法 表 15-1

测试方法	测试指标	原　理	特点及适用范围
制动距离法	摩擦系数 F	以一定速度在潮湿路面上行驶的四轮小客车或轻货车，当各车轮被制动时，测试从车辆减速滑移到停止的距离，运用动力学原理，算出摩擦系数	测试速度快，结果直观
摆式仪法	摆值 BPN	摆式仪的摆锤底面装一橡胶滑块，当摆锤从一定高度自由下摆时，滑块面同试验表面接触。由于两者间的摩擦而损耗部分能量，使摆锤只能回摆到低于起始位置的高度。表面摩擦阻力越大，回摆高度越小，摆值越大	定点测量，原理简单易懂，操作方便；测试效率较低。其适用于沥青路面及水泥混凝土路面的抗滑性能测试
铺砂法	构造深度 TD(mm)	将已知体积的砂，摊铺在所要测试路表的测点上，以表面不留浮砂为原则，量取摊平覆盖的面积。砂的体积与所覆盖平均面积的比值，即为构造深度	定点测量，原理简单，设备成本低；测试效率低，受人为因素影响大。其适用于沥青路面及水泥混凝土路面的抗滑性能测试
激光构造深度仪法	构造深度 TD(mm)	采用激光测距的基本原理，以较高的采样频率，按一定的计算模型计算路面构造深度	测试效率高，设备成本较高。其适用于测试干燥的沥青路面构造深度，不适用于较多坑槽、显著不平整或裂缝过多的路段
单、双轮式横向力系数测试仪法	横向力系数 (SFC)	标准测试轮胎以与行车方向成一定角度连续行驶在潮湿路面上，轮胎受到的侧向摩阻力与轮胎的载重比值即为横向力系数	测试效率高，设备成本高。其适用于沥青路面及水泥混凝土路面的抗滑性能测试

续上表

测试方法	测试指标	原 理	特点及适用范围
动态旋转摩擦系数测试仪法	摩擦系数 F	测试仪转盘下方安装有三个橡胶滑块,并配有洒水装置,用于潮湿测试表面。测试时,当转盘加速到一定转速后被放到测试表面,使橡胶滑块与测试表面接触。在摩擦力的作用下转盘被减速,在此过程中测出由滑块所产生的力矩,并由此计算出摩擦系数	定点测量,可以一次测试出不同速度下的摩擦系数。其常用于科学研究,较少用于大规模工程检测

第一节 手工铺砂法测定路面构造深度试验方法

本方法适用于测定沥青路面及水泥混凝土路面表面构造深度,用以评定路面表面的宏观构造。对于具有较大不规则空隙或坑槽的沥青路面和具有防滑沟槽结构的水泥路面不适用,因为量砂在这些空隙或沟槽内产生体积积聚的状况,与理论计算公式的要求不符,因而测量结果也将产生很大误差。

一、主要仪具与材料

(1)人工砂铺仪:由圆筒、推平板组成。

①量砂筒:形状尺寸如图15-1所示,一端是封闭的,容积为25mL±0.15mL,可通过称量砂筒中水的质量以确定其容积V,并调整其高度,使其容积符合规定要求;带一专门的刮尺,可将筒口量砂刮平。

②推平板:形状尺寸如图15-2所示,推平板应为木制或铝制,直径50mm,底面粘一层厚1.5mm的橡胶片,上面有一圆柱把手。

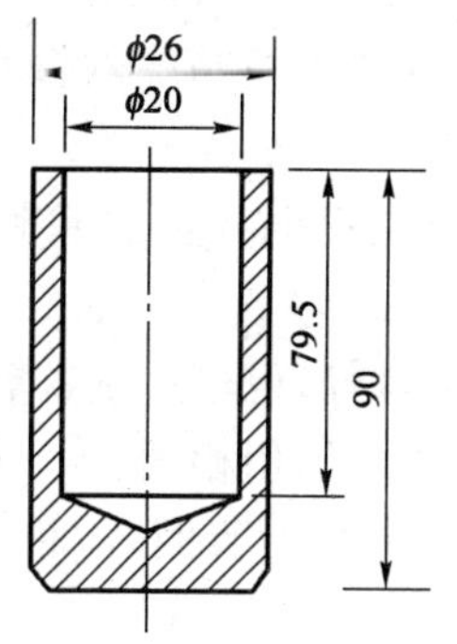

图15-1 量砂筒(尺寸单位:mm)

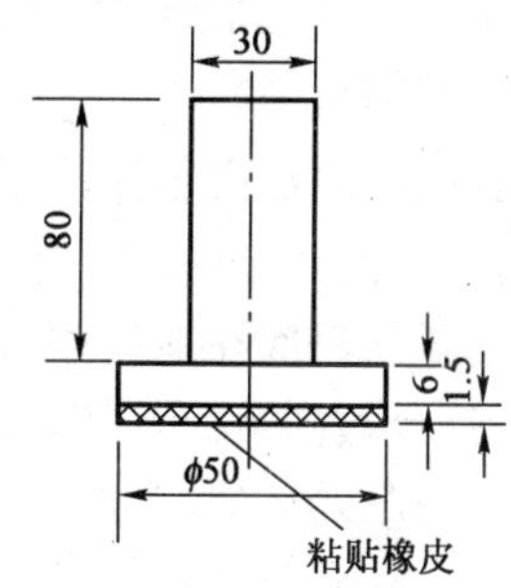

图15-2 推平板(尺寸单位:mm)

③刮平尺:可用30cm钢板尺代替。

(2)量砂:足够数量的干燥洁净的匀质砂,粒径为0.15~0.3mm。

(3)量尺:钢板尺、钢卷尺,或采用已按T 0961规定方法将直径换算成构造深度作为刻度单位的专用的构造深度尺。

(4)其他:装砂容器(小铲)、扫帚或毛刷、挡风板等。

对于使用量砂的粒径和体积,日本铺装试验法便览7-7规定,对粗糙的路面用0.15~0.3的砂50cm^3,对于致密的路面用0.075~0.15mm的砂10cm^3。该规定从理论上讲比较合理,不致使铺开的砂面积过小或过大，但操作起来不好掌握。我国试验规程规定使用0.15～0.3mm的砂25cm^3。量砂筒的尺寸与容积必须严格测量确定或经过检定，否则会严重影响测试结果。

使用专用构造深度尺时应注意刻度数的读取方向与一般长度尺的读取方向相反。

二、方法与步骤

1. 准备工作

(1)量砂准备：取洁净的细砂，晾干过筛，取0.15～0.3mm的砂置适当的容器中备用。量砂只能在路面上使用一次，不宜重复使用。

(2)按《公路路基路面现场测试规程》(JTG E60—2008)附录A的方法，对测试路段按随机取样选点的方法，决定测点所在横断面位置。测点应选在车道的轮迹带上，距路面边缘不应小于1m。

2. 测试步骤

(1)用扫帚或毛刷子将测点附近的路面清扫干净，面积不少于30cm×30cm。

(2)用小铲装砂沿筒向圆筒中注满砂，手提圆筒上方，在硬质路表面上轻轻地叩打3次，使砂密实，补足砂面用钢尺一次刮平。

注：不可直接用量砂筒装砂，以免影响量砂密度的均匀性。

(3)将砂倒在路面上，用底面粘有橡胶片的推平板，由里向外重复作摊铺运动，稍稍用力将砂细心地尽可能向外摊开，使砂填入凹凸不平的路表面的空隙中，尽可能将砂摊成圆形，并不得在表面上留有浮动余砂。注意摊铺时不可用力过大或向外推挤。

(4)用钢板尺测量所构成圆的两个垂直方向的直径，取其平均值，准确至5mm。

(5)按以上方法，同一处平行测定不少于3次，3个测点均位于轮迹带上，测点间距3～5m。对同一处测定应该由同一个试验员进行测定。该处的测定位置以中间测点的位置表示。

筛取0.15～0.3mm的量砂时，0.15mm的筛需经过足够时间和幅度的振筛，保证小于0.15mm的砂被筛掉。

铺砂试验处的路面必须保持干燥状态，不得有水分存在。清扫时还应去除附着在路面表面的污染物。

注满砂的量筒每次在地面叩打的力量要适度，不能过重或过轻；也可一手悬空提住量筒上部，另一手持钢尺敲击量筒下部3次，以保证每次装入量筒内砂的体积相同。

另外，当摊铺砂的形状不圆程度造成垂直量取的两个直径差值过大时，应重新操作，否则测试结果将与实际情况产生较大误差。

三、计算

路面表面构造深度测定结果按下式计算：

$$\mathrm{TD}=\frac{1\,000V}{\pi D^2/4}=\frac{31\,831}{D^2} \tag{15-1}$$

式中：TD——路面表面构造深度(mm)；

V——砂的体积(25cm^3)；

D——摊平砂的平均直径(mm)。

第二节 车载式激光构造深度仪测定路面构造深度试验方法

激光构造深度仪是利用激光测距的原理测量地面材料颗粒表面以及材料颗粒之间的深度变化的情况，其输出的测试结果是沿测线断面一定间距长度内的平均深度数据，因此与铺砂法的一定面积内的平均深度数据有所差别。

本方法适用于各类车载式激光构造深度仪在新、改建路面工程质量验收和无严重破损病害及无积水、积雪、泥浆等正常行车条件下测定连续采集路面构造深度，但不适用于带有沟槽构造的水泥路面构造深度的测定。

一、主要设备技术要求

最大测试速度：≥50km/h；

采样间隔：≤10mm；

传感器测试精度：0.1mm；

距离标定误差：<0.1%；

系统工作环境温度：0～60℃；

承载车要求：根据设备供应商的要求选择测试系统承载车辆。

车载式激光构造深度仪中，激光传感器的技术性能对测试结果和工作效率有直接影响，操作人员对此应有所了解。激光传感器响应频率和现场测试速度对测试结果有内在的影响关系，对不同类型设备无法直接限定激光传感器的性能参数，因此为满足该设备在现场车载方式使用的要求，可通过测试速度和采样间隔来间接控制激光传感器的参数。车载式激光构造深度仪一般可同时检测路面平整度，而且经常在通车的道路上作业，为了满足正常行车速度下测试构造深度，对激光传感器的响应频率必须有所要求。激光传感器的采集频率有16K、32K、64K等。如果系统包括构造深度的测试功能，用户在购买设备时应同时要求确认响应频率的参数。

二、方法与步骤

1. 准备工作

(1)设备安装到承载车上以后应进行相关性标定试验。

(2)根据设备操作手册的要求对测试系统各传感器进行校准。

(3)距离测量装置需要现场安装的，应根据设备操作手册说明进行安装，确保机械紧固装置安装牢固。

(4)测试系统各部分应符合测试要求，不应有明显的可视性破损。

(5)打开系统电源，启动控制程序，检查各部分的工作状态。

2. 测试步骤

(1)按照设备使用说明规定的预热时间对测试系统进行预热。

(2)测试车停在测试起点前50～100m处，启动测试系统程序，按照设备操作手册的规定和测试路段的现场技术要求设置完毕所需的测试状态。

(3)驾驶员应按照设备操作手册要求的测试速度范围驾驶测试车，避免急加速和急减速，急弯路段应放慢车速，沿正常行车轨迹驶入测试路段。

(4)进入测试路段后，测试人员启动系统的采集和记录程序，在测试过程中必须及时准确地将测试路段的起终点和其他需要特殊标记的位置输入测试数据记录中。

(5)当测试车辆驶出测试路段后，测试人员停止数据采集和记录，并恢复仪器各部分至初始状态。

(6)检查：测试数据文件应完整，内容应正常，否则需要重新测试。

(7)关闭测试系统电源，结束测试。

由于激光构造深度仪测试路面表面构造深度是通过激光传感器发射和接受漫反射信号的原理进行工作的，因此当路面有水、冰、雪、油等存在时，会影响测试结果的准确性。另外，存在较大坑槽的沥青路面和设有抗滑沟槽的水泥路面也不适合用该设备检测，系统的软件判别模式可能出现错误计算。

该类设备的激光传感器一般都安装在车轮的位置，而通车时间较长的车道上轮迹带位置和其他位置的构造深度值差异很大，因此检测车必须严格按正常行车轨迹行驶。

三、激光构造深度仪测值与铺砂法构造深度值相关关系对比试验

(1)选择构造深度分别在 0～0.3mm、0.3～0.55mm、0.55～0.8mm、0.8～1.2mm 范围的 4 个各长 100m 的试验路段。试验前将路面清扫干净，并在起终点做上标记。

(2)在每个试验路段上沿一侧行车轮迹用铺砂法测试至少 10 点的构造深度值，并计算平均值。

(3)驾驶测试车以 30～50km/h 速度驶过试验路段，并且保证激光构造深度仪的激光传感器探头沿铺砂法所测构造深度的行车轮迹运行，计算试验路段的构造深度平均值。

(4)建立两种方法的相关关系式，要求相关系数 R 不小于 0.97。

第三节 摆式仪测定路面摩擦系数试验方法

用于测定路面抗滑性能的手提摆式仪是由英国原道路和运输研究所(TRRL)发明的。BPN 是 British Pendulum Number 的缩写，即摆式仪的刻度值。此法是目前世界各国广泛采用的抗滑性能测试法，在我国也已普遍使用。本方法适用于以摆式摩擦系数测定仪(摆式仪)测定沥青路面、标线或其他材料试件的摆值，用以评定路面或路面材料试件在潮湿状态下的抗滑能力。

一、主要仪具及材料

(1)摆式仪：形状及结构如图 15-3 所示，摆及摆的连接部分总质量为 1 500g±30g，摆动中心至摆的重心距离为 410mm±5mm，测定时摆在路面上滑动长度为 126mm±1mm，摆上橡胶片端部距摆动中心的距离为 510mm，橡胶片对路面的正向静压力为 22.2N±0.5N。

(2)橡胶片：当用于测定路面抗滑值时的尺寸为 6.35mm×25.4mm×76.2mm，橡胶质量应符合表 15-2 的要求。当橡胶片使用后，端部在长度方向上磨耗超过 1.6mm 或边缘在宽度方向上磨耗超过 3.2mm，或有油类污染时，即应更换新橡胶片。新橡胶片应先在干燥路面上测试 10 次后再用于测试。橡胶片的有效使用期自出厂日期起算为 12 个月。

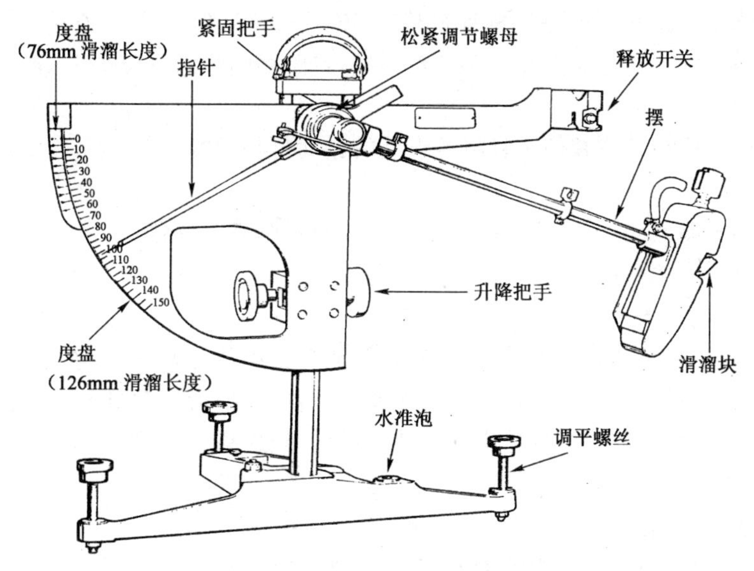

图 15-3 摆式仪结构示意图

橡胶物理性质技术要求 表 15-2

性质指标	温度(℃)				
	0	10	20	30	40
弹性(%)	43～49	58～65	66～73	71～77	74～79
硬度(IR)	55±5				

摆式仪测定结果受摆的橡胶片硬度等因素的影响。各国标准均规定橡胶片应符合英国 BS 812 天然橡胶或美国 ASTM E 501 规定的合成橡胶的要求。我国使用国产橡胶片,同样采用的是英国 BS 812 的标准。ASTM E 501 规定了合成橡胶的配方,表 15-3 是美国 ASTM E 501 对橡胶物理性质的主要技术要求,其中关于测试方法也有所规定。

橡胶物理性质的技术要求(ASTM E 501) 表 15-3

力 学 指 标	要 求	测试方法
橡胶片硫化(149℃),不少于(min)	30	ASTM D 3182
300%模量(MPa)	5.5±1.4	ASTM D 412
硬度	58±2	ASTM D 2240
恢复能	47±2	ASTM D 1054
拉伸强度(MPa)	13.8	ASTM D 412
伸长,不少于(%)	500	ASTM D 412

(3)滑动长度量尺(长 126mm)。

(4)喷水壶、硬毛刷、路面温度计(分度不大于 1℃)、扫帚、记录表格等。

二、方法与步骤

1. 准备工作

(1)检查摆式仪的调零灵敏情况,并定期进行仪器的标定。

(2)按《公路路基路面现场测试规程》(JTG E60—2008)附录A的方法,进行测试路段的取样选点。在横断面上测点应选在行车道轮迹处,且距路面边缘不应小于1m。

2.测试步骤

(1)清扫路面:用扫帚或其他工具将测点处的路面打扫干净。

(2)仪器调平:

①将仪器置于路面测点上,并使摆的摆动方向与行车方向一致。

②转动底座上的调平螺栓,使水准泡居中。

(3)调零:

①放松紧固把手,转动升降把手,使摆升高并能自由摆动,然后旋紧紧固把手。

②将摆固定在右侧悬臂上,使摆处于水平释放位置,并把指针拨至右端与摆杆平行处。

③按下释放开关,使摆向左带动指针摆动,当摆达到最高位置后下落时,用手将摆杆接住,此时指针应指零。

④若不指零,可稍旋紧或旋松摆的调节螺母。

⑤重复上述4个步骤,直至指针指零,调零允许误差为±1。

(4)校核滑动长度:

①让摆处于自然下垂状态,松开固定把手,转动升降把手,使摆下降;与此同时,提起举升柄使摆向左侧移动,然后放下举升柄使橡胶片下缘轻轻触地,紧靠橡胶片摆放滑动长度量尺,使量尺左端对准橡胶片下缘;再提起举升柄使摆向右侧移动,然后放下举升柄使橡胶片下缘轻轻触地,检查橡胶片下缘应与滑动长度量尺的右端齐平。若齐平,则说明橡胶片两次触地的距离(滑动长度)符合126mm的要求。校核滑动长度时,应以橡胶片长边刚刚接触路面为准,不可借摆的力量向前滑动,以免使标定的滑动长度与实际不符。

②若不齐平,升高或降低摆或仪器底座的高度。微调时,用旋转仪器底座上的调平螺丝调整仪器底座的高度的方法比较方便,但需注意保持水准泡居中。

③重复上述动作,直至滑动长度符合126mm的要求。

(5)将摆固定在右侧悬臂上,使摆处于水平释放位置,并把指针拨至右端与摆杆平行处。

(6)用喷水壶浇洒测点,使路面处于湿润状态。

(7)按下右侧悬臂上的释放开关,使摆在路面滑过,当摆杆回落时,用手接住读数,但不作记录。然后使摆杆和指针重新置于水平释放位置。

(8)重复(6)和(7)的操作5次,并读记每次测定的摆值。

单点测定的5个值中最大值与最小值的差值不得大于3。如差数大于3时,应检查产生的原因,并再次重复上述各项操作,至符合规定为止。

取5次测定的平均值作为单点的路面抗滑值(即摆值BPN_T,取整数)。

(9)在测点位置用温度计测记潮湿路表温度,准确1℃。

(10)每个测点由3个单点组成,即需按以上方法在同一测点处平行测定3次,以3次测定结果的平均值作为该测点的代表值(精确到1)。

3个单点均应位于轮迹带上,单点间距离为3~5m。该测点的位置以中间单点的位置表示。

上述试验操作步骤中可影响测试结果的环节包括:摆式仪橡胶滑块压力的标定、仪器调节水平、摆臂调零、滑动距离长度、测试位置地面洒水及准确读取指针读数等。现场试验时需严格按照每条步骤规定要求进行操作。

高等级路面采用的抗滑表层构造深度通常要求较大，水泥路面为增强抗滑性能还在施工中设专门的防滑沟槽。而摆式仪在上述类型路面进行测试时，在小尺寸范围内存在橡胶滑块振动过大的问题，导致测试结果反映的不仅是滑动能量损失，还包括振动产生的能量损失。根据摆式仪的工作原理，过大的表面构造将影响测试结果，而且会使每点 5 次测试值的差值超过标准的要求。因此，摆式仪不适用于上述类型的路面测试，在实际使用中操作人员应根据现场情况注意此问题。

三、抗滑值的温度修正

摆值受路面温度影响很大，一般以 20℃为标准温度，当路面为其他温度时应进行修正。

当路面温度为 T(℃)时测得的摆值为 BPN_T 必须按式(15-2)换算成标准温度 20℃的摆值 BPN_{20}。

$$BPN_{20}=BPN_T+\Delta BPN \tag{15-2}$$

式中：BPN_{20}——换算成标准温度 20℃时的摆值；

BPN_T——路面温度 T 时测得的摆值；

ΔBPN——温度修正值，按表 15-4 采用。

温度修正值 表 15-4

温度(℃)	0	5	10	15	20	25	30	35	40
温度修正值 ΔBPN	−6	−4	−3	−1	0	+2	+3	+5	+7

第四节 单轮式横向力系数测试系统测定路面摩擦系数试验方法

本方法适用于工作原理和结构与 SCRIM 测试车相同的横向力系数测试系统在新、改建路面工程质量验收和无严重坑槽、车辙等病害的正常行车条件下连续采集路面的横向力系数。

SCRIM 系统是英国 TRRL 研究所研制并由英国 WDM 公司生产的一种大型路面摩擦系数自动测试系统。其英文全称是 Sideway Force Coefficient Routine Investigation Machine。我国所使用的该类设备绝大部分为国内厂家生产，设备的主要技术标准和技术参数与英国 BS 7941-1：1999 标准和英国原型机一致，而且在我国路面设计规范中的路面抗滑技术标准也是使用英国标准设备和轮胎采集的数据而制定的。

一、仪具与材料技术要求

1. 测试系统

由承载车辆、距离测试装置、横向力测试装置、供水装置和主控制系统组成，见图 15-4。主控制系统除实施对测试装置和供水装置的操作控制外，同时还控制数据的传输、记录与计算等环节。

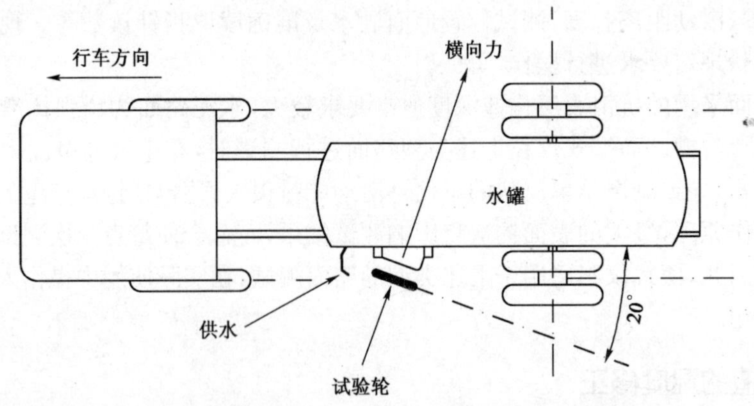

图 15-4 单轮式横向力系数测试系统机构示意图

2. 设备承载车基本技术要求和参数

横向力系数测试系统的承载车辆应为能够固定和安装测试、储供水、控制和记录等系统的载货车底盘，具有在水罐满载状态下最高车速大于 100km/h 的性能。

3. 测试系统技术要求和参数

测试轮胎类型：光面天然橡胶充气轮胎；

测试轮胎规格：3.00/20；

测试轮胎标准气压：3.5kPa±0.2kPa；

测试轮偏置角：19.5°～21°；

测试轮静态垂直标准荷载：2 000N±20N；

拉力传感器非线性误差：＜0.05％；

拉力传感器有效量程：0～2 000N；

距离标定误差：＜2％。

测试轮胎的质量和性能对测试结果有很大影响。我国工程技术标准中有关路面抗滑性能的横向力系数指标是使用英国 BS 7941-1:1999 中规定的轮胎进行试验的。然而由于进口轮胎价格昂贵且供货周期较长，给测试系统的使用带来众多不便。目前，国产测试轮胎的行业标准(JT/T 752—2009)已发布实施，用户可购买符合该标准技术要求的专用轮胎，用于单轮式横向力系数测试系统。

二、方法与步骤

1. 准备工作

(1)每个测试项目开始前或连续测试超过 1 000km 后，必须按照设备使用手册规定的方法进行测试系统的标定，记录下标定数据并存档。

(2)检查测试车轮胎气压，应达到车辆轮胎规定的标准气压。

(3)检查测试轮胎磨损情况，当其直径比新轮胎减小达 6mm(即胎面磨损 3 mm)以上或有明显磨损裂口时，必须立即更换新轮胎。更换的新轮胎在正式测试前应试测 2km。

(4)检测测试轮气压，应达到 3.5kPa±0.2kPa 的要求。

(5)检查测试轮固定螺栓应拧紧。将测试轮放到正常测试时的位置，检查其应能够沿两侧滑柱上下自由升降。

(6)根据测试里程的需要向水罐加注清洁测试用水。

(7)检查洒水口出水情况是否正常;洒水位置应在测试轮触地面中点沿行驶方向前方400mm±50mm处,洒水宽度应为中心线两侧各不小于75mm。

(8)将控制面板电源打开,检查各项控制功能键、指示灯和技术参数选择状态是否正常。

测试轮的气压和磨损对测试结果均有影响,应严格检查。直接准确测量轮胎直径变化比较困难,国外产品一般在轮胎表面设置有3mm深的测厚孔,用以判断表面磨损情况。

设备喷水的水量和位置也将直接影响测试结果,因此每次检测开始前必须检查喷水系统工作状况。测试最好使用洁净的自来水,尤其不能使用有油污污染或混有杂物的水,否则会影响测试结果或堵塞供水管路。

2.测试步骤

(1)正式开始测试前首先应按设备操作手册规定的时间要求对系统进行通电预热。

(2)进入测试路段前应将测试轮胎降至路面上预跑约500m。

(3)按照设备操作手册的规定和测试路段的现场技术要求设置完毕所需的测试状态。

(4)驾驶员在进入测试路段前应保持车速在规定的测试速度范围内,沿正常行车轨迹驶入测试路段。

(5)进入测试路段后,测试人员启动系统的采集和记录程序,在测试过程中必须及时准确地将测试路段的起终点和其他需要特殊标记点的位置输入测试数据记录中。

(6)当测试车辆驶出测试路段后,仪器操作人员停止数据采集和记录,提升测量轮并恢复仪器各部分至初始状态。

(7)操作人员检查数据文件应完整,内容应正常,否则需要重新测试。

(8)关闭测试系统电源,结束测试。

经过长期车辆通行的道路,其在横断面上路面材料的磨光状况分布存在较大差异,轮迹带的摩擦系数明显低于车道其他位置,而路面抗滑性能评价就是要找出路面最不安全的状态,因此进行检测时测试车辆应该尽量按正常轨迹行驶。

三、SFC值的修正

1.SFC值的速度修正

测试系统的标准测试速度范围规定为50km/h±4km/h,其他速度条件下测试的SFC值必须通过下式转换至标准速度下的等效SFC值。

$$SFC_{标} = SFC_{测} - 0.22(v_{标} - v_{测}) \tag{15-3}$$

式中:$SFC_{标}$——标准测试速度下的等效SFC值;

$SFC_{测}$——现场实际测试速度条件下的SFC测试值;

$v_{标}$——标准测试速度,取值50km/h;

$v_{测}$——现场实际测试速度。

通常路面摩擦系数试验方法的测试结果会随测试速度发生变化,速度越快,测试越低。此测试方法要求测试车辆按50km/h的时速进行检测,但在实际应用中受到其他行驶车辆的影响，测试速度很难保证一直不变，而路面抗滑安全标准是根据50km/h的速度制定的，因此使用实际测试结果数据进行评价时，还是要将各种测试速度下得到的横向力系数转换成50km/h的值。

2. SFC值的温度修正

测试系统的标准现场测试地面温度范围为20℃±5℃，其他地面温度条件下测试的SFC值必须通过表15-5转换至标准温度下的等效SFC值。系统测试要求地面温度控制在8～60℃的范围内。

SFC值的温度修正(℃) 表15-5

温度	10	15	20	25	30	35	40	45	50	55	60
修正	−3	−1	0	+1	+3	+4	+6	+7	+8	+9	+10

温度对路面摩擦系数的测试结果具有显著影响。根据交通运输部公路科学研究所在我国所做的横向力系数长期季节与温度观测试验，得到了表15-5的温度修正值。因此，我们在进行摩擦系数的检测时，同时还应该进行地面温度的测试。

四、不同类型摩擦系数测试设备间相关关系对比试验

1. 基本要求

不同类型摩擦系数测试设备的测值应换算成SFC值后使用，所以制动式摩擦系数测试设备和其他类型横向力式测试设备在使用时必须和单轮式横向力系数测试系统进行对比试验，建立测试结果与单轮式横向力系数测试系统测值SFC值的相关关系。

2. 试验条件

(1)按SFC值0～30、30～50、50～70、70～100的范围选择4段不同摩擦系数的路段，路段长度可为100～300m。

(2)对比试验路段地面应清洁干燥，地面温度应在10～30℃范围内，宜选择在晴天无风条件下测试。

3. 试验步骤

(1)测试系统和需要进行对比试验的其他类型设备分别按规定的方法及其操作手册规定的程序准备就绪。

(2)两套设备分别以40km/h、50km/h、60km/h、70km/h、80km/h的速度在所选择的4种试验路段上各测试3次，3次测试的平均值的绝对差值不得大于5，否则重测。

(3)两种试验设备设置的采样频率差值不应超过1倍，每个试验路段的采样数据量不应少于10个。

4. 试验数据处理

(1)分别计算出每种速度下各路段3次测试结果的总平均值和标准差，超过3倍标准差的值应予以舍弃。

(2)用数理统计的回归分析方法建立试验设备测值与速度的相关关系式，相关系数R不得小于0.95。

(3)建立不同速度下试验设备测值SFC的相关关系式，相关系数R不得小于0.95。

第五节 双轮式横向力系数测试系统测定路面摩擦系数试验方法

本方法适用于工作原理和结构与 Mu—Meter 相同的摩擦系数测试系统在新建、改建路面工程的质量验收和无严重坑槽、车辙等病害的正常行车条件下测定沥青路面或水泥混凝土路面的摩擦系数。

本方法所使用设备的测试结果是横向力摩擦系数的一种，但其设备机构和测值与单轮式横向力系数(SCRIM)测试系统有所区别。该设备目前在一些国家已得到使用，美国 ASTM 标准和英国 BS 标准都对该设备作出了相关规定。近年来，该设备在我国的使用程度不断提高，且已经有国产设备投入市场。

一、仪具与材料技术要求

1. 测定系统

测定系统主要由牵引车、供水系统、测量机构(包括荷载传感器)、电子控制和数据处理系统、标定装置等组成，见图 15-5 和图 15-6。

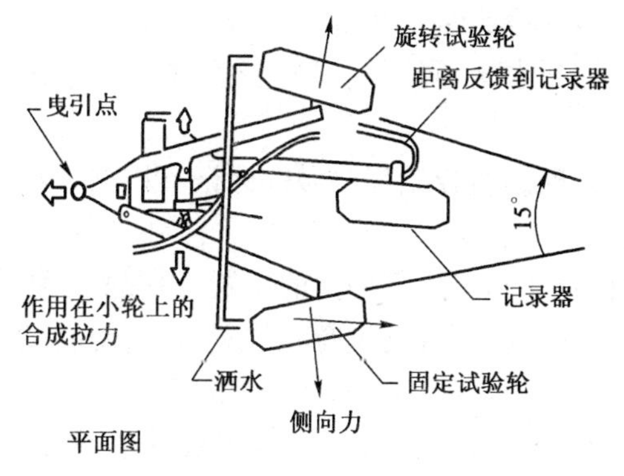

图 15-5 平面示意图

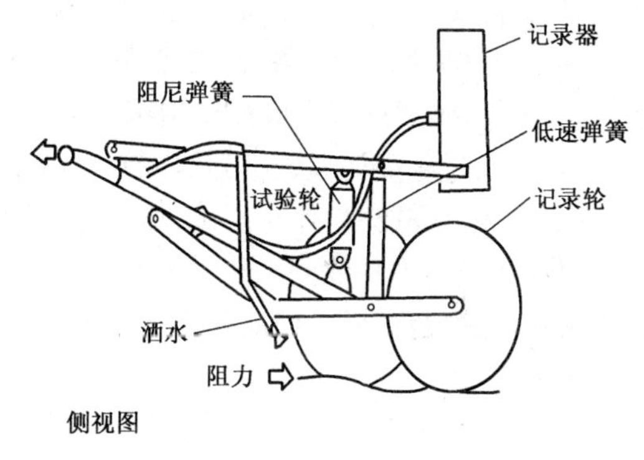

图 15-6 侧视示意图

2. 设备牵引车基本技术要求和参数

牵引车最高行驶车速应大于 80km/h，车辆后部可安装专用拖挂的装置，车辆应配备警灯及相关警示标志。

3. 测试系统技术要求和参数

测试仪总重：256kg；

单轮静态标准荷载：1.27kN；

测试轮夹角：15°；

测试轮标准气压：70kPa±3.5kPa；

测试轮规格：4.00/4.80-8 光面轮胎；

洒水量：路面水膜厚度 0.5～1.0mm；

测试速度范围：40～60km/h。

二、方法与步骤

1. 准备工作

(1)按照仪器设备技术手册或使用说明书对测试系统进行标定。将专门的标定板放在地面上,人工将测试仪从板上拖拉3遍,系统自动判断标定是否通过,标定通过后才能用于路面测试。

(2)测试前,设备预热10min左右,并检查汽油机是否能正常工作,机油是否需要更换。

(3)测试仪及洒水车轮胎胎压应满足测试要求。野外测试时间较长时,应带上气压表和充气泵,以便随时检查测试车轮胎气压是否正常,必要时及时补气。系统各部分轮胎气压要求如下:

摩擦测试轮:70kPa±3.5kPa;

距离测试轮:210kPa±13.7 kPa;

水车轮胎:根据轮胎标示气压值。

(4)降下测试轮,打开水阀进行检查,水流情况应正常,水流应符合要求,检查仪表各项指数正常后升起测试轮。

(5)将牵引车及洒水车、测试仪及控制线路连接线依次连好后,拔出测试车插销,打开电脑进入测试状态,同时发动汽油机,打开水阀,准备测试。

2. 测试步骤

(1)在测试路段起点前约500m处停住,开机预热时间不少于10min。

(2)将车辆驶向测试路段,提前100～200m处打开水阀,降下测试轮。测试时的车速为40～60km/h,测试过程中应保持匀速。

(3)测试过程中如遇数值异常或其他特征点,应及时通过控制程序做好标记,以备后查。

(4)当测试完成时,停止测试过程,存储数据文件。

双轮式横向力系数测试装置为拖挂结构,其一般位于拖车后部中间的位置,而摩擦系数测试要求在轮迹位置进行,因此在车道上测试时要求驾驶员控制好拖车行驶位置,尽量使测试轮沿轮迹带运行。

另外,由于两测试轮角度的关系,在弯道和大横纵坡测试时的数据可能出现异常,测试人员需要注意记录并在后期处理时删除。

三、测试数据处理

测定的摩擦系数数据存储在计算机磁盘中。测试系统提供数据处理程序软件可计算和打印出每一个计算区间的摩擦系数值、行程距离、行驶速度、统计个数、平均值及标准差,同时还可打印出摩擦系数的变化图。

四、数据类型相关性转换

本试验方法得到的直接数据结果应参照本章第四节的内容,将其转换为标准SFC值后才可进行相关的质量检验和评价。

该设备测试参数类型虽然也属于横向力系数,但由于其荷载压力、轮胎规格、受力角度等参数均与单轮式横向力系数设备不同,因此其测试结果必须通过建立与SFC的相关关系并进行转换后才能用于工程检验和评价。

第十六章

渗　　水

沥青路面的水损害破坏，近年来频频发生。由于设计、施工及材料方面的原因，有些高速公路的沥青路面在通车1～2年内出现大面积的松散、坑槽。这不仅在经济上造成很大的损失，而且社会影响也很坏。因此路面的渗水问题，越来越引起公路部门的重视。许多单位已经采用了各种方法检查路面的密水性能和渗水情况：

(1)往路面上倒水，观察水的渗透情况；

(2)向钻孔试件上倒水，观察水的流出情况；

(3)在钻孔中灌水，观察水的存留和渗透情况；

(4)进行渗水试验；

(5)有的单位还研制了各种类型的渗水仪。

由此可见，沥青路面的渗水试验对检测路面的密实度、密水性至关重要。沥青路面渗水性能不仅是反映路面沥青混合料级配组成的一个间接指标，也是沥青路面水稳定性的一个重要指标。所以路面渗水系数已作为评价路面使用性能的一个重要指标被列入到相关的技术规范中。

一、主要仪具与材料

(1)路面渗水仪：形状及尺寸如图16-1所示，上部盛水量筒由透明有机玻璃制成，容积600mL，上有刻度，在100mL及500mL处有粗标线，下方通过ϕ10mm的细管与底座相接，中间有一开关。量筒通过支架连接，底座下方开口内径ϕ150 mm，外径ϕ220mm，仪器附不锈钢圈压重2个，每个质量约5kg，内径160mm。

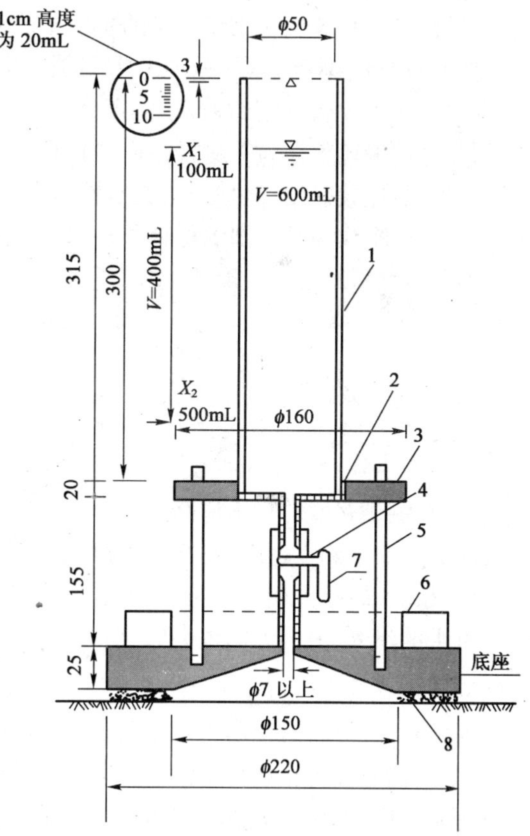

图16-1　渗水仪结构图(尺寸单位:mm)

1-透明有机玻璃筒；2-螺纹连接；3-顶板；4-阀；5-立柱支架；6-压重钢圈；7-把手；8-密封材料

2008年版测试规程对渗水仪做了较大调整，增大了底座的外围直径，由原来的16.5cm增大为22cm，这样底盘的圆环宽度由原来的 0.75cm 增大为 3.5cm；增加了渗水仪的高度，由原来的 31cm 增加为 51.5cm；增加了和底盘形状面积一样的塑料环。改进后的渗水仪，接地面积是原来的 5.5 倍，且具有以下的优点：

①由于是一段式渗水仪，因此初始水头和结束水头的读取比较简单。

②底座接地面积改进后，大大改善了密封性能。

③通过使用塑料环画圈，可以比较精确地控制渗水面积，而且采取的密封措施可以使渗水面积在试验过程中不会发生改变。

④操作起来比较方便、快捷。

(2)密封材料：防水腻子、油灰或橡皮泥。用于渗水试验的密封材料对于试验的成败非常重要，因此下面介绍密封剂的选用和需要注意的问题。

面粉：来源比较方便，对路面污染小，试验后易于清洗，但是存放时间长了容易发酵变质，不宜重复使用。

黄油：对路面的污染比较厉害，残留在路面上的黄油会危及车辆的行使，因此不宜采用黄油作为密封剂。

防水腻子：来源比较广，残留在路面也不会对行车造成危害，而且可以回收再次利用。腻子具有一定的韧性，在一定的水头作用下不至于漏水，但是要注意选用新鲜的腻子，存放时要注意密封，当时间较长或比较干燥的腻子不能再使用。

玻璃密封胶：玻璃胶是一种很理想的密封材料，密封效果好，完全不污染路面，测试完成后，基本上在 15min 后密封胶就可以凝固成一层皮，轻轻一拉就可以全部清除，完全不留痕迹，但是采用玻璃胶作为密封材料成本较高。

橡皮泥：比较好用，但是试验成本较高。

可见，用来作为密封剂的材料很多，各使用单位可以根据自己的试验经验，通过实践选择合适的密封剂材料。一般地，防水腻子、橡皮泥较为常用。

(3)秒表、水等。

二、方法与步骤

1.准备工作

(1)在测试路段的行车道路面上，按规范规定的随机取样方法选择测试位置，每一个检测路段应测定 5 个测点，并用粉笔画上测试标记。

(2)试验前，首先用扫帚清扫表面，并用刷子将路面表面的杂物刷去。杂物的存在一方面会影响水的渗入，另一方面也会影响渗水仪和路面或者试件的密封效果。

2.测试步骤

对密封时的操作，以防水腻子为例，介绍一下密封剂的使用方法及具体的操作步骤。

(1)将塑料圈置于试件中央或者路表面的测点上(图 16-2)，用粉笔分别沿塑料圈的内侧和外侧画上圈(图 16-3)，在外环和内环之间的部分就是需要用密封材料进行密封的区域(图 16-4)。

如果在密封区域内发现有构造深度较大的部位时，必须先用密封剂对这些部位的纹理深度进行填充，防止渗水试验时水通过这些表面纹理渗出从而影响试验结果(图 16-5)。对较大的纹理进行处理后，再用密封剂对环状密封区域进行处理，用刮刀将密封剂均匀地涂抹在此区域内的试件表面上，用刮刀刮平，可以防止渗水仪压上去后密封剂被挤到内圈而改变渗水面积（图 16-6）。

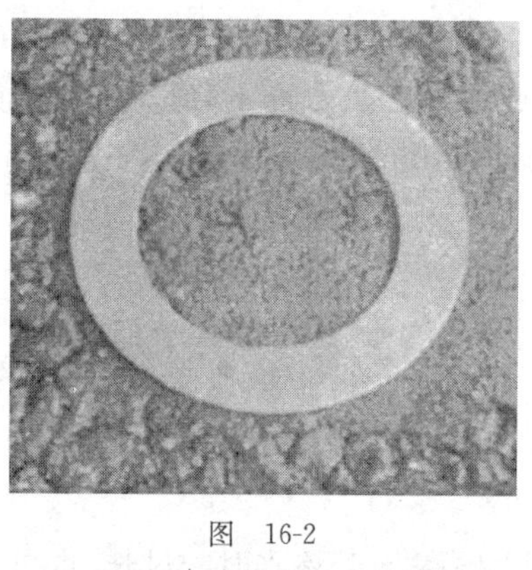

图　16-2

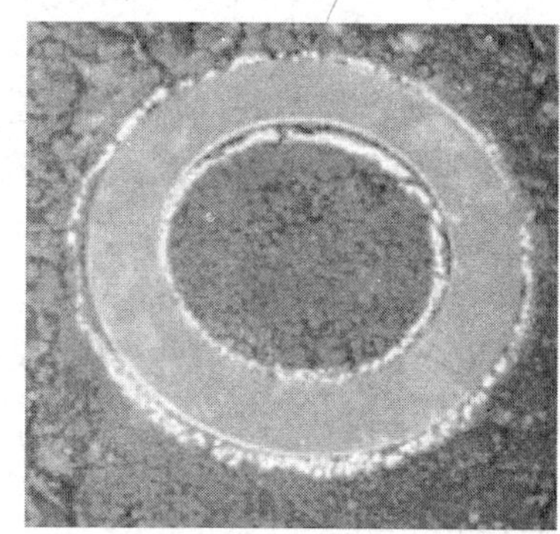

图　16-3

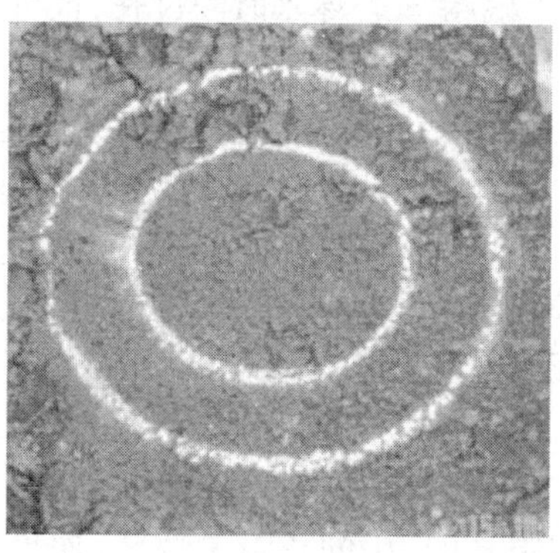

图　16-4

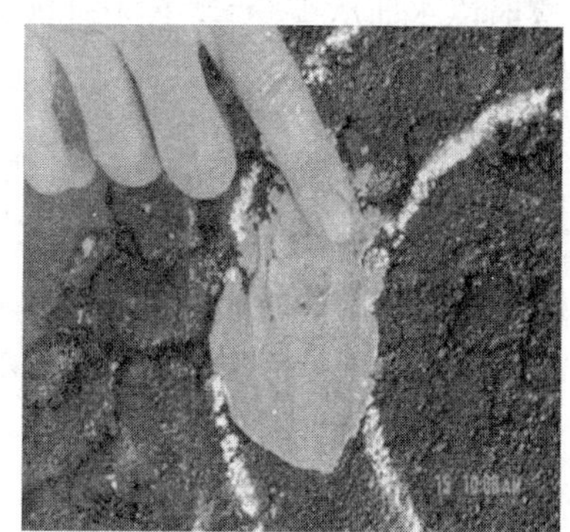

图　16-5

（2）用密封材料对环状密封区域进行密封处理，注意不要使密封材料进入内圈，如果密封材料不小心进入内圈，必须用刮刀将其刮走。然后再将搓成拇指粗细的条状密封材料摞在环状密封区域的中央，并且摞成一圈（图 16-7）。

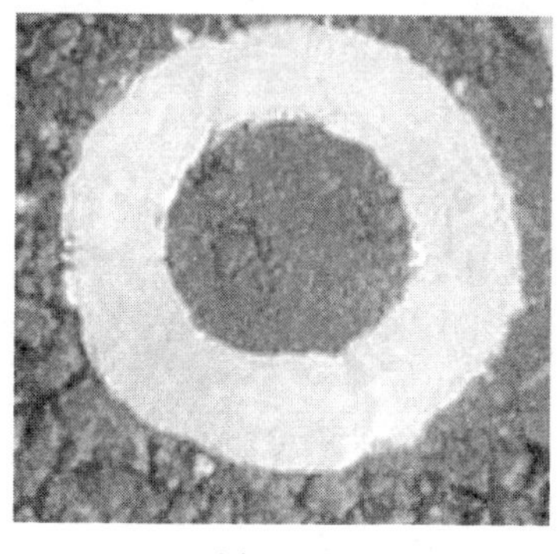

图　16-6

图　16-7

（3）将渗水仪放在试件或者路表面的测点上，注意使渗水仪的中心尽量和圆环中心重合，然后略微使劲将渗水仪压在条状密封材料表面，再将配重加上，以防压力水从底座与路面间流出。

(4)将开关关闭，向量筒中注水至规定水位后打开开关，同时打开排气孔阀门。当排气孔有水流出后，关闭排气孔阀门和开关，并再次向量筒中注水至规定水位。

(5)将开关打开，待水面下降至 100mL 刻度时，立即开动秒表开始计时，每间隔 60s，读记仪器管的刻度一次，至水面下降 500mL 时为止。测试过程中，如水从底座与密封材料间渗出，说明底座与路面密封不好，应移至附近干燥路面处重新操作。当水面下降速度较慢，则测定 3min 的渗水量即可停止；如果水面下降速度较快，在不到 3min 的时间内到达了 500mL 刻度线，则记录到达 500mL 刻度线时的时间；若水面下降至一定程度后基本保持不动，说明基本不透水或根本不透水，应在报告中注明。

(6)按以上步骤在同一个检测路段选择 5 个测点测定渗水系数，取其平均值，作为检测结果。

三、计算

计算时以水面从 100mL 下降到 500mL 所需的时间为标准，若渗水时间过长，也可以采用 3min 通过的水量计算。

$$C_W = \frac{V_2 - V_1}{t_2 - t_1} \times 60 \tag{16-1}$$

式中：C_W——路面渗水系数(mL/min)；

V_1——第一次计时时的水量(mL)，通常为 100mL；

V_2——第二次计时时的水量(mL)，通常为 500mL；

t_1——第一次计时的时间(s)；

t_2——第二次计时的时间(s)。

对渗水较快，水面从 100mL 降至 500mL 的时间不很长时，中间也可不读数；如果渗水太慢，则从水面降至 100mL 时开始，测记 3min 即可中止试验；若水面基本不动，说明路面不透水，则在报告中注明即可。

第十七章

错　　台

错台为《公路技术状况评定标准》(JTG H20—2008)中定义的一种路面病害,而在《检评标准》(JTG F80/1—2004)和交通部2004年3号令《公路工程竣(交)工验收办法》中对水泥混凝土路面的错台称为相邻板高差。

一、方法与步骤

(1)非经注明,错台的测定位置,以行车车道错台最大处纵断面为准,根据需要也可以其他代表性纵断面为测定位置。

(2)选择需要测定的断面,记录位置及桩号,描述发生错台的原因。

(3)构造物端部由于沉降造成的接头错台的测试步骤如下。

①将精密水平仪架在距构造物端部不远的路面平顺处调平。

②从构造物端部无沉降或鼓包的断面位置起,沿路线纵向用皮尺量取一定距离,作为测点,在该处立起塔尺,测量高程。再向前量取一定距离,作为测点,测量高程。如此重复,直至无明显沉降的断面为止。无特殊需要,从构造物端部起的2m内应每隔0.2m量测一次,2~5m宜每隔0.5m量测一次,5m以上可每隔1m量测一次,由此得出沉降纵断面及最大沉降值,即最大错台高度(D_m),准确至1mm。

(4)测定由水泥混凝土路面或桥梁的伸缩缝或路面横向开裂造成的接缝错台、裂缝错台时,可按上述方法用水平仪测定接缝或裂缝两侧一定范围内的道路纵断面,确定最大错台的位置及高度(D_m),准确至1mm。

(5)当发生错台变形的范围不足3m时,可在错台最大位置沿路线纵向用3m直尺架在路面上,其一端位于错台的高出的一侧,另一端位于无明显沉降变形处,作为基准线。用钢板尺或钢卷尺每隔0.2m量取路面与基准线之间高度(D),同时测记最大错台高度(D_m),准确至1mm。目前还有一种金属制的深度测量尺,使用较为方便,也可用来测量错台。

二、资料整理

以测定的错台读数D与各测点的距离绘成纵断面图作为测定结果,图中应标明相应断面的设计纵断面高程、最大错台的位置与高度D_m,准确至0.001m。

第十八章

车　　辙

沥青路面是用沥青材料作结合料黏结矿料修筑面层与各类基层和垫层一起所组成的路面结构。从路面类型来分,沥青路面属柔性路面,其强度与稳定性在很大程度上取决于土基和基层的特性。沥青混合料的特点是强度和抗变形能力随温度的升降而产生变化,温度升高时,沥青的黏滞度降低,矿料之间的黏结力削弱,导致强度降低,温度降低时恰好相反。由于沥青混合料强度的这种变化,导致沥青路面稳定性和工作状况变坏,使用性能降低。

车辙则是路面结构层在行车荷载作用下的补充压实以及结构层中材料的侧向位移产生的累积永久变形。这种变形出现在行车轮迹带处,形成路面的纵向带状凹陷。在公路行业,用路面横断面方向上的车辙深度衡量路面车辙的大小,以毫米(mm)为单位。车辙深度的测试方法由最初的手工及半自动化设备(3m 直尺、线绳、横断面尺及路面横断面仪等)发展到现在的自动化设备,如多点激光或超声波车辙仪、线激光车辙仪和线扫描激光车辙仪等。它们均是通过激光测距技术或激光成像和数字图像分析技术得到车道横断面线形(以相对高程),而后按规定模式计算车辙深度。车辙深度的计算模式各国不尽相同,我国则是采用 5 个高程控制点的计算模式,即根据车道两侧及车道中心 3 点的高差作出车辙基线,以轮迹处最低 2 点离基线距离的最大值作为车辙深度。据此,我国公路行业规范提出了 7 种典型的路面车辙模型,并根据 5 点计算模式,给出了相应的车辙深度计算方法,如图 18-1 所示。

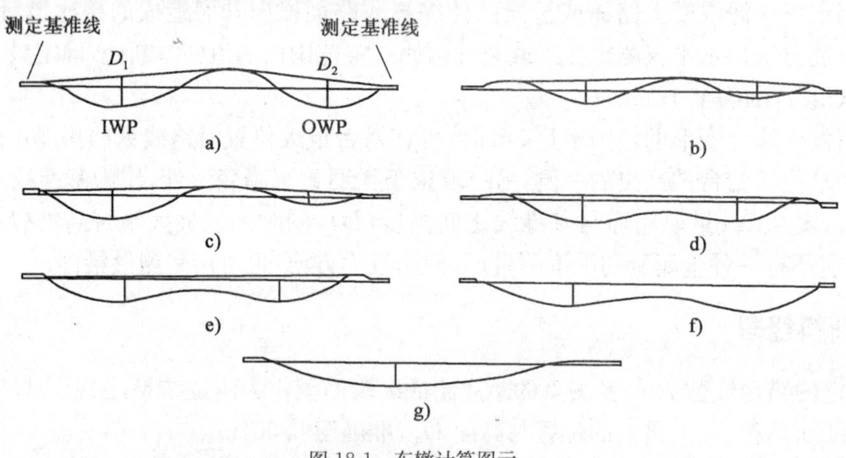

图 18-1　车辙计算图示

沥青路面车辙的常用测试方法优缺点如下:

(1)以直尺、线绳或横断面尺等为代表的人工操作方法,这些检测手段测试效率极低,只适合在车流量小的路段上少量抽检使用,而且存在现场维护安全的问题,完全不适宜运营中的高速公路路况调查。

(2)以横断面仪或多点高程计为代表的半自动化测试方法,这类方法测试精度高、性能稳定,但是测试效率并不高,一般用于科研或高级别比对试验。代表性设备如英国TRRL横断面仪、澳大利亚ARRB手推式断面仪、新西兰TPB横断面仪、日本TOKIMEC路面横断面形状测定仪等。

(3)以激光测距技术为代表的多激光连续测试方法,这类方法测试效率高,安全性较高,但测试准确性受到采样点数量和测试宽度的限制。新西兰所做的传感器数量与车辙深度测试结果误差之间的关系表明,测试结果稳定性变化曲线的拐点出现在传感器数量10~20之间,因此世界大部分国家对该类设备的传感器数量选择在11~17范围之间,目前的发展趋势是增加更多的传感器数量,在最新技术的测试系统中甚至达到40个传感器数量。另外,传感器数量的确定还与各国规定车辙深度计算模型有关。在我国,考虑到车辆行驶过程中需要测定5个控制点的高程以及车辙形状分布的规律,最终确定横断面不得少于13个测点的要求。

(4)以激光图像技术为代表的线激光连续测试方法,这类方法测试效率高,安全性较高,测试准确性不受采样点数量的限制,设备成本相对较低,但测试精度却稍差一些。

一、方法与步骤

1. 车辙测定的基准测量宽度应符合的规定

(1)对高速公路及一级公路,以一个车道的宽度,即车道区划线中到中的距离为基准测量宽度。

(2)对二级及二级以下公路,有车道区划线时,以一个车道的宽度,为基准测量宽度;无车道区划线时,以中线两侧形成车辙部位的一个车道的宽度,作为基准测量宽度。

2. 车辙测定断面应符合的规定

以一个评定路段为单位,用激光车辙仪连续检测时,测定断面间隔不大于10m。用其他方法非连续测定时,在车道上每隔50m作为一测定断面,用粉笔画上标记进行测定。根据需要也可按《公路路基路面现场测试规程》(JTG E60—2008)附录A的方法在行车道上随机选取测定断面,在特殊需要的路段如交叉口前后可予加密。

3. 用激光或超声波等连续式车辙仪的测试步骤

(1)将检测车辆就位于测定区间起点前。

(2)启动并设定检测系统参数。

(3)启动车辙和距离测试装置,开动测试车沿车道轮迹位置且平行车道线平稳行驶,测试系统自动记录出每个横断面和距离数据。

(4)到达测定区间终点后,结束测定。

(5)系统处理软件按照图18-1规定的模式,通过各横断面相对高程数据计算车辙深度。

传感器数量较多的设备,能够采集到全部计算控制点的高程,因此车辆在车道上的行驶位置对测试结果的影响不大;但传感器数量少的设备,必须保证车辆严格在行车轨迹上行驶,否则将导致传感器与车辙计算控制点错位,采集不到控制点高程数据,进而计算出错误的车辙深度。

4. 用路面横断面仪等半自动化方法的测试步骤

(1)将路面横断面仪就位于测定断面上，方向与道路中心线垂直，两端支脚立于测定车道的两侧边缘，记录断面桩号。

(2)调整两端支脚高度，使其等高。

(3)移动横断面仪的测量器，从测定车道的一端移至另一端，记录出断面形状。

5. 用横断面尺等手工方法的测试步骤

(1)将横断面尺就位于测定断面上，两端支脚置于测定车道两侧。

(2)沿横断面尺每隔 20cm 一点，用量尺垂直立于路面上，用目平视，测记横断面尺顶面与路面之间的距离，准确至 1mm；如断面的最高处或最低处明显不在测定点上，应加测该点距离。

(3)记录测定读数，绘出断面图，最后连接成圆滑的横断面曲线。

(4)横断面尺也可用线绳代替。

(5)当不需要测定横断面，仅需要测定最大车辙时，亦可用不带支脚的横断面尺架在路面上由目测确定最大车辙位置用尺量取。

二、计算

(1)将断面线按图 18-1 的方法画出横断面图及顶面基准线，通常为其中之一种形式。

(2)在图上确定车辙深度 D_1 及 D_2，读至 1mm，以其中最大值作为断面的最大车辙深度。

(3)求取各测定断面最大车辙深度的平均值作为该评定路段的平均车辙深度。

世界各国采用的车辙深度计算方法有所不同。例如，美国以 2 条车辙中部最高点与车辙最低点的 2 个高差的平均值作为测试断面的车辙深度，这种模式只要测横断面上 3 点的高程即可；而我国将车辙分为图 18-1 的 7 种形式，先通过控制点画出基准线，再以车辙最低点到基准线的距离作为车辙深度，并且只取同一断面上的最大深度作为测试结果。

第十九章 施工控制

第一节 热拌沥青混合料施工温度测试方法

一、目的与适用范围

本方法适用于检测热拌热铺沥青混合料的施工温度，包括拌和厂沥青混合料的出厂温度、施工现场的摊铺温度、碾压开始时混合料的内部温度及碾压终了的内部温度等，供施工质量检验和控制使用。

二、主要仪具与材料技术要求

温度计：常温至300℃，最小读数1℃，宜采用有数字显示或度盘指针显示的金属杆插入式热电偶温度计，测杆的长度不小于300mm。

三、方法与步骤

1. 在运料货车上测试

(1)混合料出厂温度或运输至现场温度应在运料货车上测试，每车检测一次。当运料货车的侧面中部有专用的温度检测孔(距底板高约300mm)时，可采用如图19-1所示的方法，用插入式温度计直接插入测试孔内的混合料中测试；当运料货车无专用的温度检测孔时，可在运料车的混合料堆上部侧面测试，在拌和厂检测的为混合料出厂温度，在运输至现场后检测的为现场温度。

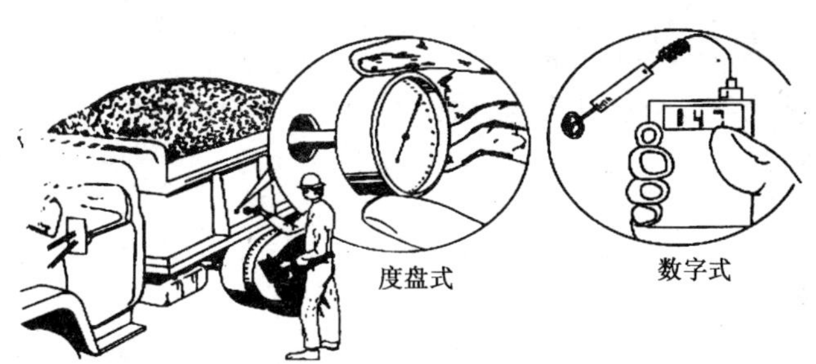

图19-1 在运料车上测试沥青混合料温度的方法

(2)测试时，温度计插入深度不小于150mm，注视温度变化直至不再继续上升为止，读记温度，准确至1℃。

2. 在摊铺现场检测

(1)混合料摊铺温度宜在摊铺机的一侧拨料器前方的混合料堆上测试。在测试位置插入温度计 150mm 以上,并跟着向前走,如料堆向前滚,拔出后重新插入,注视温度变化直至不再继续上升为止,读记温度,准确至 1℃。

(2)摊铺温度应每车检测一次,要求符合公路沥青路面施工技术规范的相关规定。

3. 在沥青混合料碾压过程中测定压实温度

(1)根据需要,随时选择初压开始、复压或终压成型等各个阶段的测点,供测试碾压温度及碾压终了温度用。

(2)将温度计仔细插入路面混合料压实层一半深度,轻轻压紧温度计旁被松动的混合料,当温度上升停止后,立即拔出并再次插入旁边的混合料层中测量。当测杆插入路面较困难时,可用改锥先插一孔后再插入温度计。注视温度变化至不再继续上升为止,读记温度,准确至 1℃。

(3)压实温度一次检测不得少于 3 个测点,取平均值作为测试温度。

四、报告

(1)每车沥青混合料的出厂温度、到达现场温度、摊铺温度。

(2)压实温度,取 3 次以上测定值的平均值。

(3)气候状况、测定时间、层位、测定位置等。

第二节 沥青喷洒法施工沥青用量测试方法

一、目的与适用范围

本方法适用于检测沥青表面处治、沥青贯入式、透层、黏层等采用喷洒法施工的沥青材料喷洒数量,供施工质量检验和控制使用。

二、仪具与材料技术要求

(1)天平或磅秤,感量不大于 10g。

(2)受样盘:浅搪瓷盘或自制铁皮盘,面积不小于 1 000cm^2,也可用硬质牛皮纸代替。

(3)钢卷尺或皮尺。

(4)地磅。

三、方法与步骤

(1)用钢卷尺测量受样盘开口面积或牛皮纸的面积,计算准确至 0.1cm^2,并称取受样盘或牛皮纸的质量(m_1)准确至 1g。

(2)根据沥青洒布车的沥青用量预计洒布的路段长度,在距两端 1/3 长度附近的洒布宽度的任意位置上,放置 2 个搪瓷盘或硬质牛皮纸,但应躲开车轮轨迹。

(3)沥青洒布车按正常施工速度和洒布方法喷洒沥青。

(4)将已接收有沥青的搪瓷盘或牛皮纸仔细取走,称取总质量(m_2),准确至1g。当采用牛皮纸时,应待沥青稍凝固并将四角稍稍抬起,以防沥青流失。

(5)搪瓷盘或牛皮纸取走后的空白处,应采用适当方式补洒沥青。

(6)沥青洒布车喷洒的沥青用量亦可用洒布车喷洒沥青的总质量及洒布总面积相除求得。此时,洒布车喷洒前后的质量应由地磅称重正确测定,洒布总面积由皮尺测量求得。

四、计算

(1)洒布的沥青用量按下式计算。

$$Q=\frac{m_2-m_1}{F} \tag{19-1}$$

式中:Q——沥青洒布车洒布的沥青用量(kg/m^2);

m_1——搪瓷盘或牛皮纸质量(kg);

m_2——搪瓷盘或牛皮纸与沥青的合计质量(kg);

F——搪瓷盘或牛皮纸面积(m^2)。

(2)计算所放置的各搪瓷盘或牛皮纸测定值的平均值,当两个测定值的误差不超过平均值的10%时,取两个数据的平均值作为洒布沥青用量的报告值。

五、报告

(1)试验时洒布车的车速、挡数等数据。

(2)施工路段(桩号),洒布沥青用量的逐次测定值及平均值。

第三节 沥青混合料质量总量检验方法

一、目的与适用范围

沥青路面的过程控制是保证在施工过程中不出次品的手段,它往往比事后检查更为有效。但就我们目前的施工水平而言,能够做到真正意义上的过程控制的项目并不多。为此,本方法是通过拌和厂对混合料生产质量的总量检验,计算摊铺层的平均压实层厚度,再通过对沥青混合料的质量进行抽提筛分,与总量检验的准确性(关键是称重传感器)互相校验。本方法主要适用于热拌沥青混凝土路面在施工过程中各层沥青混合料的厚度、矿料级配、油石比及拌和温度的现场监测。

二、仪具与材料技术要求

(1)拌和机类型:按公路沥青路面施工技术规范的规定选用。

(2)高速公路和一级公路宜采用间歇式拌和机生产沥青混合料,拌和机必须配备计算机自动采集及记录打印数据的装置,进行沥青混合料的总量检验。

三、方法与步骤

1.准备工作

(1)对拌和机的各种称重传感器逐个认真标定,自动采集、记录打印的结果应经过校验,如与实际数量有差值时应求出修正系数,保证各项施工参数的准确性。

(2)开始拌和前应设定每拌和一盘沥青混合料的生产量,各个热料仓、矿粉、沥青等的标准配合比用量,设定各项施工温度。

2.沥青混合料质量总量测试步骤

(1)拌和过程中计算机通过传感器采集每拌和一盘混合料的各项数据,由计算机自动处理或者逐盘打印这些数据,进行沥青混合料质量的在线监测。当计算机能够实时监测、自动处理、显示、保存所采集的各项数据时,也允许不逐锅打印数据,只打印汇总统计值。

(2)计算机必须逐盘采集各项数据,按各个料仓的筛分曲线,逐锅计算出矿料级配,与工程设计级配范围及容许的施工波动范围进行比较,实时评定矿料级配是否符合要求。当发现有不合格的情况,必须引起注意,如果连续 3 锅以上都出现不合格情况时,宜对设定值作适当调整。

(3)计算机必须逐盘采集沥青结合料的实际使用量及沥青混合料的生产量,计算油石比(或沥青用量),与设计值及容许的波动范围相比较,评定是否符合要求。如果连续 3 锅以上不符合要求时,宜对设定值适当调整。

(4)计算机必须实时监测和采集与沥青混合料生产有关的各种施工温度,与施工规范的要求进行比较,评定是否符合要求。

3.沥青混合料总量检验的计算方法

(1)总量检验的报告周期可以是一个工作日或一个台班。施工停止时,计算机应自动计算并及时打印出各项数据的统计结果。

(2)对沥青混合料的矿料级配打印可以是全部筛孔的结果,但评定是否符合要求可只对 5 个控制性筛孔(0.075mm、2.36mm、4.75mm、公称最大粒径、一档较粗的控制性粒径等筛孔),并按式(19-2)~式(19-4)计算全过程各种指标的平均值、标准差、变异系数,进行沥青混合料生产质量的总量检验。

$$K_0=\frac{K_1+K_2+\cdots+K_N}{N} \tag{19-2}$$

$$S=\sqrt{\frac{(K_1-K_0)^2+(K_2-K_0)^2+\cdots+(K_N-K_0)^2}{N-1}} \tag{19-3}$$

$$C_v=\frac{S}{K_0} \tag{19-4}$$

式中: K_0——该报告周期的平均值(%);

S——一个报告周期的测定值的标准差(%);

C_v——一个报告周期的测定值的变异系数(%);

$K_1,K_2,\cdots,K_N$——该报告周期内每一盘的测定值(%);

N——该报告周期内总的拌和盘数，其自由度为 $N-1$。

4.计算平均压实厚度

利用一个评定周期的沥青混合料总生产量、施工总面积、沥青混合料密度按下式计算该摊铺层的平均压实厚度。

$$H=\frac{\sum m_i}{A\times d}\times 1\,000 \tag{19-5}$$

式中：H——该评定周期沥青路面摊铺层的平均施工压实厚度(mm)；

m_i——每一盘沥青混合料的质量(t)；

i——依次记录的盘次；

$\sum m_i$——为一个评定周期内沥青混合料的总生产量(t)；

A——该评定周期沥青路面摊铺层的实际总面积(m^2)；

d——评定周期内摊铺层的现场压实密度的平均值，由钻孔试件的干燥密度(即试验室标准密度乘以压实度)测定得到(t/m^3)。

沥青混合料生产过程中的动态质量管理按公路沥青路面施工技术规范的相关方法进行。一个沥青层全部铺筑完成后，应绘制出各个检测指标的变化过程，并计算总的平均值、标准差、变异系数，计算各个指标的总合格率，作为施工质量检验的依据。

计算机采集、计算的沥青混合料过程控制及施工质量总量检验的数据图表，均必须按要求随工程档案一起存档。

第四节 半刚性基层透层油渗透深度测试方法

一、目的与适用范围

众所周知，在半刚性基层上喷洒的透层油有着以下重要的作用。

(1)层间连接作用

沥青路面设计理论采用的是多层弹性连续体系理论，下面层与基层紧密结合是保证各层完全连续接触的必要条件。透层油渗透以后的基层材料较前模量降低，黏韧性提高。透层油可以使沥青面层与基层间结合紧密，有利于提高路面结构的整体性，防止层间滑移。

(2)养生作用

在新铺就的基层上面及时喷施透层油，透层油渗入基层表面，封闭了基层表面及其一定深度内半刚性材料的空隙，既可防止雨水渗入浸湿，软化基层，又可防止施工不久基层材料中的水分蒸发，起到对基层养生的作用。

(3)密封防水

由于沥青混合料空隙率的客观存在，沥青面层都存在渗水到基层表面的现象，这部分水分在行车的作用下，在面层与基层之间产生反复流动、冲刷，将基层表面软化，甚至将泥浆唧出路面面层外，破坏了面层和基层的连接状况，加快了面层出现网裂、龟裂，大大减少了面层使用寿命。通过透层油的渗透作用,可以封闭基层混合料的开口空隙,从而形成一个渗透深度上的防水层,较大程度提高了基层抵御动水和静水破坏能力。

(4)基层的保护层作用

基层上洒布透层油相当于对基层做了减尘处治,并使基层表面强度稳定性和抗磨耗性提高,可防止和减少表面裂纹及施工车辆通行对基层的不利影响。由于某些原因推迟铺筑面层时,透层可以对基层提供临时防护,以防止降雨后短期轻交通量带来的不利影响。由此可见,透层油的作用是不容忽视的,如果处理不当,其后果往往是严重的。

为保证透层油的效果,关键是要"透"才能起到透层的作用。然而我国2004年版以前的公路沥青路面施工技术规范中,一直没有明确半刚性基层上喷洒透层油的渗透深度要求,加上长期以来由于半刚性基层上透层油的渗透效果不好以及部分工程技术人员对透层油的渗透效果不重视,造成道路建设过程中普遍存在透层油"洒而不透"的现状,致使基层和面层之间没有黏结成一整体,成为我国沥青路面早期损坏的主要因素之一。

因此,《公路沥青路面施工技术规范》(JTG F40—2004)中明确要求:"根据基层类型选择渗透性好的透层油"。喷洒后通过钻孔或挖掘确认透层油渗透入基层的深度宜不小于5mm(无机结合料稳定集料基层),但是如何确认没有标准的方法。根据近几年的工程实践经验,《公路路基路面现场测试规程》(JTG E60—2008)提出了测定半刚性基层透层油渗透效果的方法,本方法适用于测定半刚性基层透层油的渗透深度,以评价透层油的渗透效果。

二、仪具与材料技术要求

(1)路面取芯钻机。

(2)钢板尺:量程不大于200 mm,最小刻度1mm。

(3)填补钻孔材料:与基层材料相同。

(4)填补钻孔用具:夯、锤等。

(5)其他:毛刷、量角器、棉布等。

三、方法与步骤

1.准备工作

在透层油基本渗透或喷洒48h后,在测试段内随机选取芯样位置,按测试规程T 0901"路面取样方法"中的钻孔法钻取芯样。芯样直径宜为100mm,也可为150mm,芯样高度不宜小于50mm。

2.测试步骤

(1)用水和毛刷(或棉布等)轻轻地将芯样表面黏附的粉尘除净。

(2)将芯样晾干,使其能分辨出芯样侧立面透层油的下渗情况。

(3)用钢板尺或量角器将芯样顶面圆周随机分成约8等份,分别量测圆周上各等分点处透层油渗透的深度(mm),估读至0.5mm,分别以d_i(i=1,2…8)表示,如图19-2所示。

3.填补钻孔

(1)清理孔中残留物,钻孔时留下的积水应用棉布吸干。

(2)采用与基层相同的材料(包括配比)进行填补并用夯、锤击实。

四、计算

1. 单个芯样渗透深度的计算

去掉 3 个最小值,计算其他 5 点渗透深度的算术平均值。

2. 测试路段渗透深度的计算

取所有芯样渗透深度的算术平均值。

注:检查频度每 5 000m² 取 1 组,每组 3 个芯样。

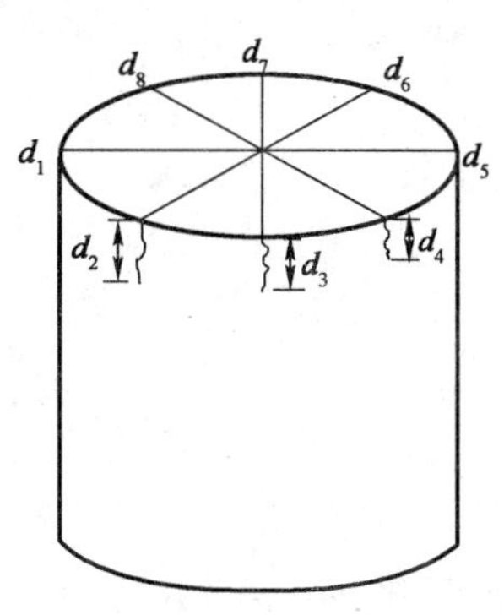

图 19-2 透层油渗透深度测试示意图

在半刚性基层上喷洒透层油后通过钻芯取样可以发现,如果基层表面的某处刚好有一块石料,那么该处透层油无论如何都不会下渗,即下渗深度接近零。这种情况其实与透层油的渗透效果没有关系,此时应将该点作为奇异点剔出。

通过多次试验发现,一个芯样上按顶面圆周 8 等分后的各渗透点表面可能碰到石料的平均次数约为 3 个,因此在测试方法中规定每个芯样剔除 3 个最小值后再取剩余 5 点的平均值作为该芯样的渗透深度。

由于《公路沥青路面施工技术规范》(JTG F40—2004)中没有规定透层油渗透深度测试时的取样频度,本方法建议检查频度每 5 000m² 取 1 组,每组 3 个芯样,以渗透深度的算术平均值评价是否达到规范的要求。

五、报告

透层油渗透深度的报告应记录各测点的位置及各个芯样的渗透深度测试值。

参 考 文 献

[1] 交通运输部工程质量监督局,交通运输部职业资格中心.公路水运工程试验检测人员考试大纲(2012年版).北京:人民交通出版社,2012.

[2] 中华人民共和国行业标准.JTG B01—2003 公路工程技术标准.北京:人民交通出版社,2003.

[3] 中华人民共和国行业标准.JTG D30—2004 公路路基设计规范.北京:人民交通出版社,2004.

[4] 中华人民共和国行业标准.JTG F80/1—2004 公路工程质量检验评定标准 第一册 土建工程.北京:人民交通出版社,2004.

[5] 中华人民共和国行业标准.JTG F40—2004 公路沥青路面施工技术规范.北京:人民交通出版社,2004.

[6] 中华人民共和国行业标准.JTG D50—2006 公路沥青路面设计规范.北京:人民交通出版社,1997.

[7] 中华人民共和国行业标准.JTG D40—2003 公路水泥混凝土路面设计规范.北京:人民交通出版社,2003.

[8] 中华人民共和国行业标准.JTG E60—2008 公路路基路面现场测试规程.北京:人民交通出版社,2008.

[9] 张超,郑南翔,王建设,等.路基路面试验检测技术.北京:人民交通出版社,2004.